PROMENADE

SUR

LES BORDS DU CANAL DE MARSEILLE,

PAR E. DE SAINTFERRÉOL,

AGENT-VOYER EN CHEF DU DÉPARTEMENT DU GARD,

Ancien Chef de Section au Canal de Marseille
et au Chemin de Fer de Marseille à Avignon.

NIMES.
DE L'IMPRIMERIE BALLIVET,
RUE DE L'HÔTEL-DE-VILLE, 11.

1854.

V.

PROMENADE

SUR

LES BORDS DU CANAL DE MARSEILLE,

PAR E. DE SAINTFERRÉOL,

AGENT-VOYER EN CHEF DU DÉPARTEMENT DU GARD

Ancien Chef de Section au Canal de Marseille
et au Chemin de Fer de Marseille à Avignon.

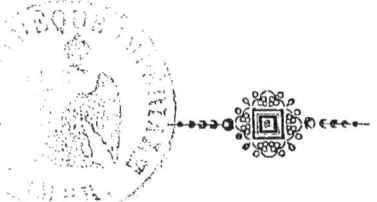

NIMES.

DE L'IMPRIMERIE BALLIVET,

RUE DE L'HÔTEL-DE-VILLE, 11.

1854.

PROMENADE

SUR

LES BORDS DU CANAL DE MARSEILLE.

---oo;o;oo---

INTRODUCTION.

La ville de Nimes a depuis bien longtemps l'intention de dériver les eaux du Gardon ou celles du Rhône, pour l'alimentation de ses fontaines, l'assainissement de ses rues et l'irrigation des vastes plaines qui l'environnent. Dejà, plusieurs projets très-louables ont été présentés pour satisfaire au désir de la ville de Nimes, et l'un de ces projets serait certainement en pleine exécution aujourd'hui si la révolution de Février n'eût éclaté au moment de la mise en train des travaux. Il est très-probable, cependant, que cette idée générale d'une dérivation des eaux du Gardon ou du Rhône, si digne de toute la sollicitude de la noble fille de l'antique *Colonia Nemausensis*, ne restera pas longtemps encore à l'état de simple projet, et que nous verrons, dans peu de temps, se développer une œuvre qui sera, pour la richesse et la salubrité publiques, le digne complément de cette élégante restauration de nos boulevarts et de ce délicieux rajeunissement de nos rues, dont nous sommes redevables au talent des habiles architectes que nous avons aujourd'hui le bonheur de posséder dans notre cité.

A l'idée des travaux fort importants qui seront exécutés pour amener jusqu'à Nimes les eaux de l'un des fleuves qui baignent le département du Gard, nous avons pensé qu'il serait agréable aux habitants de ce beau département d'assister, par la pensée, aux immenses travaux qui ont été exécutés par la ville de Marseille pour dériver jusque dans son territoire et dans ses rues les eaux de la Durance. Ayant eu le bonheur d'apporter notre bien faible contingent dans l'exécution de ces travaux, nous ferons tous nos efforts pour faire comprendre au lecteur bienveillant tout ce qu'il a fallu d'audace, de persévérance et d'énergique volonté, pour amener à bonne fin des ouvrages dont tout autre peut-être que le Directeur de ces travaux (1) n'eût osé se rendre maître d'une manière aussi complète. Puissions-nous éveiller l'intérêt spécial de quelques-uns et plaire pourtant au plus grand nombre en racontant les diverses phases par lesquelles ont passé ces gigantesques travaux exécutés par Marseille, notre ville natale, heureux de pou-

(1) M. de Mont-Richer, ingénieur en chef des Ponts-et-Chaussées dans le département des Bouches-du-Rhône, et Directeur des travaux du canal de Marseille.

voir dire, *à peu près*, comme le héros de l'Enéïde :

Et quorum pars...... parva fui.

Afin de suivre un ordre méthodique dans l'exposé de ces travaux, nous commencerons par esquisser à grands traits le tracé général du canal de Marseille, et nous reviendrons ensuite sur nos pas pour examiner en détail, à partir de la prise d'eau à la Durance, les principaux ouvrages sur la construction desquels reposent, à bien juste titre, la réputation de l'ingénieur qui les a conçus et la gloire de Marseille, dont les idées grandes et généreuses ont permis de les exécuter.

TRACÉ GÉNÉRAL DU CANAL DE MARSEILLE.

L'œuvre du canal de Marseille n'est point sortie d'un seul jet du cerveau d'un homme de génie, comme Minerve naquit un jour du cerveau de Jupiter. Depuis des siècles, la question d'une dérivation des eaux de la Durance avait occupé les esprits les plus éminents et provoqué les études les plus sérieuses ; à tel point que, si l'on examinait aujourd'hui une carte du département des Bouches-du-Rhône sur laquelle on aurait tracé les divers projets étudiés jusqu'en 1838, on y verrait les sinuosités les plus compliquées et les bariolages les plus étincelants qu'il soit permis de contempler. Ne pouvant mentionner en détail tous les projets qui furent étudiés pour dériver les eaux de la Durance jusqu'à Marseille, nous nous bornerons à citer les principaux.

Le célèbre ingénieur Adam de Craponne n'est pas le premier qui ait eu l'idée d'un projet de dérivation des eaux de la Durance ; nous devons toutefois une mention particulière à cet homme illustre auquel le département du Bouches-du-Rhône, qui s'honore de le compter au nombre de ses enfants (1), rend aujourd'hui une justice bien méritée, mais, hélas ! aussi, bien tardive. Adam de Craponne s'occupa, vers 1558, du projet d'un canal qui, prenant ses eaux dans la

(1) Adam de Craponne, né en 1519, à Salon, dans le département des Bouches-du-Rhône, n'eut pas le bonheur de voir achever le canal qui porte son nom dans ce département. Cet illustre ingénieur mourut victime des plus mauvaises passions humaines ; car, ayant été appelé à Nantes par le roi Henri II, pour donner son avis sur la construction d'une citadelle qui avait coûté des sommes immenses, Craponne n'hésita pas à démontrer les vices de construction de cet ouvrage, et, peu de temps après, mourut empoisonné, victime de la vengeance des entrepreneurs.

Une polémique très-intéressante s'est élevée dernièrement entre deux savants des Bouches-du-Rhône, pour établir le vrai lieu de la naissance d'Adam de Craponne ; d'après les débats, il nous paraît aujourd'hui parfaitement acquis à la science que c'est à bon droit que le département des Bouches-du-Rhône revendique l'honneur de compter au nombre de ses enfants Adam de Craponne, qui est bien réellement né à Salon, et de parents d'origine italienne.

Durance, au rocher de Canteperdrix, un peu en aval du pont de Mirabeau, devait passer par Aix et venait ensuite arroser le territoire de Marseille. Ce canal, étant destiné à arroser la plus grande partie de la Provence, devait prendre le nom de cette pittoresque contrée, et c'est, en effet, sous le nom de canal de Provence que l'on étudia pendant très-longtemps tous les projets qui devaient arroser principalement les territoires d'Aix et de Marseille.

Sans nous arrêter à toutes les études qui furent faites pendant les deux cents ans qui s'écoulèrent entre l'existence d'Adam de Craponne et celle de Floquet, nous dirons qu'en 1750 Floquet conçut aussi le projet et commença l'exécution d'un canal qui, prenant ses eaux à la Durance, au rocher de Canteperdrix, devait venir se jeter dans le bassin de Marseille, après avoir arrosé le territoire d'Aix. Mais les travaux de ce canal, qui reçurent un commencement d'exécution, furent bientôt gênés par des embarras financiers, et ce projet, malgré toutes les tentatives qu'on fit à diverses époques, ne fut jamais repris.

Vers l'année 1820, M. Garella, ingénieur des ponts-et-chaussées, étudia un projet de canal de Provence, qui devait prendre à la Durance environ trente-cinq mètres cubes d'eau, pour être distribués entre les territoires d'Aix et de Marseille.

Plus tard, en 1834, M. Bazin, honorable

négociant de Marseille, présenta un projet de canal qui devait prendre environ vingt-cinq mètres cubes d'eau à la Durance et qui devait arroser à la fois les territoires d'Aix et de Marseille. Cette dernière ville adopta ce projet, de préférence à tous les autres, et se chargea des deux tiers de la dépense, laissant l'autre tiers à la charge du département des Bouches-du-Rhône et de la ville d'Aix. Mais le Conseil-général de cette époque ne s'associa point à cette pensée généreuse ; le projet fut ajourné, ce qui équivalait à un refus, et la ville de Marseille comprit alors que, si elle voulait avoir un canal, elle devait le faire à ses frais et rester à la fois maîtresse absolue de ses dépenses et de ses eaux.

C'est alors que fut résolue l'idée de créer, non plus un canal de Provence, mais un canal de Marseille.

Cette décision fut encore plus vivement excitée par la sècheresse extraordinaire de 1834, et, malgré les puits artésiens que l'on creusa à cette époque, Marseille se trouva bien cruellement éprouvée.

Ce fut dans ces circonstances que le conseil municipal, ému par les souffrances de la ville, dont il était la plus exacte représentation, prit cette décision énergique :

« L'exécution du canal est une résolution irré-
» vocable ; quoi qu'il advienne, quoi qu'il en
» coûte, le canal s'exécutera...... »

Un nouvel appel à la science et à l'industrie amena la production de quatre nouveaux projets et d'offres à forfait : ces projets furent examinés avec le plus grand soin par le conseil municipal, et, après un long et consciencieux examen, ce conseil reconnut qu'une œuvre aussi importante, une œuvre qui touchait de si près aux plus précieux intérêts de la ville de Marseille, ne pouvait être l'objet d'une spéculation industrielle, mais devait rester une œuvre municipale. Dèslors, le conseil municipal entra résolument dans cette voie et chargea deux ingénieurs des ponts-et-chaussées (1) d'examiner tous les projets présentés et de rechercher eux-mêmes s'il n'existait pas un tracé meilleur que tous ceux étudiés jusqu'à ce jour.

Le résultat de cet examen et de ces études est le canal qui est aujourd'hui exécuté.

Il sera facile à tous nos lecteurs d'observer qu'à mesure que l'idée du canal de Provence se modifie successivement jusqu'au point de devenir canal de Marseille, non-seulement le tracé se modifie aussi de manière à amener les eaux plus directement que jamais dans le territoire de cette ville, mais encore les quantités d'eau portées par cette dérivation deviennent moindres. Ainsi, le canal de Floquet, qui devait arroser presque toute la Provence, était fait sur de très-grandes dimensions, et c'est peut-être ce qui détermina

(1) MM. Kermaingant et de Mont-Richer.

d'une manière si prompte la ruine de cette entreprise. Le canal projeté par M. Garella devait emprunter à la Durance trente-cinq mètres cubes, et celui projeté par M. Bazin devait porter vingt-cinq mètres cubes, quoiqu'ils dussent être faits l'un et l'autre aux frais du département des Bouches-du-Rhône. Enfin, le canal de Marseille n'a aujourd'hui qu'une concession de 5 m. 75 c. à l'étiage ; mais aussi la dépense de la construction ne doit être supportée que par la ville de Marseille seule, et naturellement le tracé a été le plus direct possible.

Il ne faudrait pas croire, toutefois, que Marseille ait été favorisée par une concession, sans qu'Aix ait eu la même faveur. Ainsi, la même loi du 4 juillet 1838, qui autorise la ville de Marseille à dériver 5 m. 75 c. de la Durance, autorise aussi la ville d'Aix à dériver de la même rivière 1 m. 50 c. d'eau pour son usage personnel, et cela, malgré les oppositions les plus vives qui furent faites dans le département de Vaucluse et dans celui des Bouches-du-Rhône, par les propriétaires de canaux dérivés de la Durance. Il faut ajouter seulement que Marseille, étant riche par son commerce et son industrie, a pu fournir aux dépenses nécessitées par la construction de son canal, tandis que la ville d'Aix, moins bien partagée que sa voisine, en est encore à attendre le bienfait des eaux de la Durance.

Une fois la loi du 4 juillet 1838 promulguée, le conseil municipal de Marseille s'empressa de voter les voies et moyens dont il crut pouvoir disposer pour payer les dépenses, et les travaux furent mis en train sur le tracé général que nous allons développer à grands traits.

Afin de bien comprendre quelles ont été les difficultés du tracé qui devait être suivi pour le parcours du canal de Marseille, il est utile de jeter un coup-d'œil rapide sur la configuration topographique du département des Bouches-du-Rhône.

C'est une vérité bien connue que, partout, le globe terrestre est parsemé de montagnes et de vallées, c'est-à-dire, de hauteurs et de profondeurs. Cette vérité apparaît encore plus réelle que jamais, lorsqu'on parcourt cette contrée si pittoresque de la Provence, où les différences de niveau produites par la configuration topographique du sol sont particulièrement remarquables par leur bizarrerie.

On peut considérer le département des Bouches-du-Rhône comme divisé en quatre vallées principales, qui sont, en commençant du côté de la mer, celles de l'Huveaune, de l'Arc, de la Touloubre et de la Durance. Ces vallées sont séparées entr'elles et de la mer Méditerranée par des chaînes de montagnes qui s'élèvent à diverses hauteurs et affectent des formes et des prolongements très-variés.

La première de ces chaînes porte le nom de la Ste-Baume et se trouve entre la rivière de l'Huveaune et la mer. Elle court de l'est à l'ouest et se divise en plusieurs chaînons secondaires qui suivent diverses directions.

La seconde chaîne est celle de l'Etoile, qui sépare la vallée de l'Huveaune de celle de l'Arc. Cette chaîne court, comme la précédente, de l'est à l'ouest, et offre la particularité bien remarquable de se rapprocher souvent de la chaîne de la Ste-Baume de si près, qu'on ne peut mettre en doute (surtout après l'examen géologique des terrains) qu'autrefois l'Huveaune n'était ni une rivière, ni un ruisseau, mais seulement une succession de bassins ou de lacs superposés, communiquant les uns aux autres par une étroite gorge, de sorte que ce n'a été qu'à la suite et par la force du temps que cette succession de lacs s'est transformée en une rivière importante. Il est, d'ailleurs, évident que cette première configuration de l'Huveaune doit remonter à une époque fort reculée, et on peut très-bien supposer qu'après avoir laissé faire au temps une très-grande partie du travail de nivellement dont nous parlons, les hommes auront pu avoir l'heureuse idée de venir en aide au temps en faisant disparaître les derniers obstacles qui s'opposaient au libre cours des eaux.

La chaîne de l'Etoile se prolonge jusqu'au plateau de la Viste et là se bifurque en deux chaînons qui se dirigent, l'un de l'est à l'ouest, vers les Martigues, et l'autre du sud au nord, vers Vitrolles. Il n'est personne qui, en arrivant à Marseille par l'une de ces nombreuses messageries qui existaient avant l'ouverture du chemin de fer, n'ait été frappé du magnifique coup-d'œil qui se présentait à lui lorsque, à l'entrée du bassin de Marseille, se développaient sous ses yeux toutes les magnificences de la terre et de la mer. De ce point culminant, qui a reçu le nom si parfaitement juste de *la Viste*, le voyageur, surtout celui qui arrivait pour la première fois sous le beau ciel de Marseille, ne pouvait se lasser de contempler, à sa gauche, les nombreuses *Bastides* parsemées sur le territoire marseillais, et à sa droite, les splendeurs étincelantes d'une mer si pittoresquement embellie par les îles qui se détachent de son sein. Aujourd'hui, le chemin de fer a supprimé un très-grand nombre de messageries ; mais il n'a pu supprimer l'admirable toile peinte par Dieu lui-même, et il n'est aucun de nous qui, en arrivant à Marseille par le chemin de fer, n'éprouve, en sortant du souterrain de la Nerthe, une sensation indescriptible, quoique vivement saisissante, à la vue du magnifique tableau qui se déroule sous ses yeux. Le point culminant, désigné sous le nom de *la Viste*, appartient à la chaîne de l'Etoile, dont nous venons de parler et se trouve à la naissance de son versant méridional. Le souterrain de la Nerthe, cette œuvre grandiose d'un célèbre ingénieur bien connu dans le département du Gard par les immenses services qu'il a rendus à ce pays, est ouvert dans la chaîne de l'Etoile, au point où commence le chaînon de l'Estaque, dont la direction tend vers les Martigues, en courant de l'est à l'ouest.

La troisième chaîne est celle de Ste-Victoire, qui sépare la vallée de l'Arc de celle de la Touloubre. Cette chaîne ne présente rien de remarquable, si ce n'est qu'après avoir été assez peu large tant qu'elle a été comprise entre les deux rivières précitées, elle s'élargit ensuite et s'agrandit tout-à-coup au point d'occuper une surface presque triple de celle qu'elle occupait auparavant.

La quatrième chaîne est celle de la Trévaresse, qui sépare la vallée de la Touloubre de celle de la Durance. Cette chaîne offre cette particularité fort remarquable d'être séparée par un simple col (1) de la chaîne des Alpines, qui se trouve aussi dans le département des Bouches-du-Rhône, mais dont la composition géologique est la même que celle de la grande et majestueuse chaîne des Alpes, tandis que la composition géologique de la chaîne de la Trévaresse n'a aucune analogie avec celle des Alpines. Le département des Bouches-du-Rhône possède

(1) Le col de Lamanon.

ainsi dans l'espace compris entre la Durance et le Rhône, quatre chaînes de montagnes dont la constitution géologique est la même pour toutes, tandis qu'une cinquième chaîne, séparée par un simple col de l'une des quatre premières, possède une constitution géologique toute différente de celle de ses voisines. Les savants auteurs de la *Statistique des Bouches-du-Rhône* ont donné l'explication de cette singularité remarquable, en disant qu'à une époque, probablement fort reculée, les Alpines étaient complètement séparées des quatre chaînes précédemment désignées, par la rivière même de la Durance, qui, au lieu de se jeter comme aujourd'hui dans le Rhône en suivant son cours de l'est à l'ouest, faisait un brusque contour vers le sud, un peu au-dessus de Mallemort, et venait se jeter dans la Crau, qui n'était alors qu'un golfe intérieur formant le prolongement du golfe de Lyon. D'après cette explication, qui suppose un état des lieux dont l'existence se rapporterait à une époque dont il est impossible de fixer la date, même d'une manière approximative, la Durance aurait eu à sa droite les Alpines, dernier chaînon se rapportant parfaitement à la grande chaîne des Alpes, et à sa gauche les chaînes que nous avons indiquées précédemment, et dont la composition géologique est parfaitement analogue entr'elles et à celle de la Corse.

On conçoit aisément que nous ne pouvons

entrer ici dans de plus grands détails ; mais ce que nous venons de dire sur la topographie du département des Bouches-du-Rhône donnera facilement à comprendre que, pour arriver à Marseille par la ligne la plus directe possible, le canal dont nous nous occupons n'a pas eu à se diriger à travers un sol peu accidenté ; mais, au contraire, qu'il lui a fallu franchir des terrains très-variés, des suites continuelles de chaînes et de vallées, et que pour surmonter tous ces obstacles de la manière la plus directe et la plus économique possible, il n'a fallu rien moins que des études sérieuses et péniblement faites par des hommes rompus au métier.

Le tracé général, adopté définitivement à la suite de ces études, commence un peu en aval du pont de Pertuis, et la prise d'eau à la Durance se trouve placée parallèlement au lit de la rivière, tandis que celle du canal de Craponne, établie à 15 kilomètres en aval, est placée perpendiculairement au lit de la Durance. Immédiatement après la prise, le canal de Marseille se dirige en ligne droite vers les plaines cultivées du Puy-Ste-Réparade et se trouve ensuite suspendu aux flancs escarpés qui forment le versant nord de la chaîne de la Trévaresse. Arrivé, en suivant ces coteaux, près de la route nationale de Paris à Antibes, le canal quitte la vallée de la Durance et fait un brusque retour vers le sud, où il rencontre le faîte de la chaîne de la Tréyaresse, qu'il traverse, sous le chaînon des Côtes, au moyen du souterrain si connu sous le nom des Taillades. En sortant de ce souterrain, le canal se trouve dans la plaine de Lambesc, et y fait un contour assez grand, après quoi il traverse quelques contreforts pour arriver dans la vallée de la Touloubre qu'il franchit sur un pont-aqueduc de 27 mètres de hauteur et 200 mètres de longueur. Il se trouve alors sur le versant nord de la chaîne de Ste-Victoire, et après avoir percé, par un souterrain, un petit chaînon de cette chaîne et avoir traversé le bois de Labarben, le canal vient attaquer une des portions les plus arides et les plus sinueuses de son parcours. On a été obligé, sur ce point, de percer successivement onze souterrains ayant ensemble une longueur de plus de 2,800 mètres, et après s'être développé le long des coteaux de Coudoux et avoir traversé la route départementale d'Aix à Berre, le canal arrive près des rochers escarpés de Roquefavour, sur le versant nord de la vallée de l'Arc. C'est en ce point qu'est établi l'important ouvrage que tout le monde connaît aujourd'hui sous le nom de pont de Roquefavour. Après avoir traversé la vallée de l'Arc, le canal se trouve sur le versant nord de la chaîne de l'Etoile ; mais il entre aussitôt dans le vallon de la Mérindolle qu'il parcourt en sens inverse de son ravin et dont il perce les contreforts au moyen de quatorze souterrains dont la longueur cumulée est d'environ 1,400 mètres. Arrivé à la naissance du vallon de la Mérindolle, le canal rencontre le chaînon secondaire de l'Etoile, qui se dirige du côté de Vitrolles et il le perce au moyen du souterrain de l'Assassin, de 3,474 mètres de longueur, et immédiatement après il rencontre le chaînon secondaire de la même chaîne de l'Etoile, qui se dirige du côté des Martigues, qu'il perce encore au moyen du souterrain de Notre-Dame, de 3,492 mètres de longueur. Après ces deux souterrains, le canal arrive facilement jusqu'au ruisseau de la Gavotte et se trouve alors amené jusqu'aux portes du territoire de Marseille.

Le développement de cette partie du canal est d'environ 84 kilomètres, dont 67 à ciel-ouvert et 17 en souterrains. On trouve sur cette partie quarante-cinq souterrains, le grand pont-aqueduc de Roquefavour, trois autres aqueducs à un seul rang d'arcades de neuf à dix-sept arches, cinq aqueducs de deux à cinq arches, et en outre deux cent vingt ouvrages d'art consistant en aqueducs ou ponts d'une seule arche, prises d'eau, déversoirs, etc.

Le canal étant amené jusqu'à l'entrée du territoire de Marseille, la première et la principale œuvre de l'ingénieur était accomplie ; mais il restait encore à étudier le tracé de la branche-mère et celui de ses dérivations dans le bassin de Marseille. Ces études furent faites pendant que l'on construisait les premiers ouvrages sur la ligne principale, et nous allons en indiquer le résumé en quelques lignes pour les lecteurs que ce travail peut intéresser.

Arrivée au ruisseau de la Gavotte, la branche-mère du canal de Marseille se divise en deux branches secondaires dont l'une, après 500 mètres environ de développement, se partage à son tour en deux nouvelles dérivations dites de St-André et de St-Louis, suivant les noms des principaux villages dont elles traversent les territoires, et dont l'autre, après avoir parcouru les nombreux détours des vallons des Tuves et des Aygalades, se dirige vers le village de Château-Gombert. C'est sur cette dernière branche que se trouve la prise de la dérivation de Longchamp, exécutée pour les eaux destinées spécialement à l'usage de la ville de Marseille. En aval de cette prise, la branche principale continue à porter les eaux de la Durance vers le village de Château-Gombert, entre sur le territoire de la commune d'Allauch, qu'elle abandonne un peu au-dessus du village des Olives, et après être arrivée par le souterrain de la Marionne sur le versant méridional du coteau de St-Julien, se partage en trois dérivations, dont l'une se dirige vers St-Barnabé, l'autre vers les Camoins, et la dernière passe au village de la Valentine et traverse la rivière de l'Huveaune pour se jeter à la mer vers Montredon, après avoir suivi les coteaux de St-Marcel, de St-Loup, de Ste-Marguerite, et les plaines sablonneuses du Château du roi d'Espagne.

Le développement de cette seconde partie du canal est de 77 kilomètres pour la branche principale et les dérivations. Dans cette longueur, on a creusé trente-neuf souterrains, présentant ensemble une longueur de 4 kilomètres, et on a construit environ cinq cents ponts et aqueducs.

Telle est la description sommaire du tracé général du canal de Marseille. Pour achever ce que nous avons à dire sur ce tracé, nous ajouterons que la loi du 4 juillet 1838 ayant autorisé la dérivation d'un volume de 5 m. 75 c. par seconde à l'étiage de la Durance, la section et la pente du canal ont été calculées de manière à débiter ce volume d'eau avec un mouillage de 1^m 50 et une vitesse moyenne de 0,84 environ par seconde. On a rempli cette condition en donnant au canal une largeur de 3 mètres à la cuvette, de 7 mètres à la ligne d'étiage, et une pente de 0,30 c. par kilomètre. La profondeur totale du canal est d'ailleurs de 2 m. 40 c., et sa largeur de 9 m. 40 c. au sommet. Dans ces conditions, les eaux peuvent atteindre, sans inconvénient, une hauteur de 0,50 c. au-dessus de l'étiage ; elles acquièrent alors une vitesse de 0,90 c. environ et fournissent 10 mètres cubes d'eau par seconde. Nous verrons, en parlant de la prise d'eau, que cette quantité de dix mètres cubes peut-être regardée comme le produit habituel du canal. Dans les souterrains, la largeur a été réduite à 3 m. 40 c. avec une hauteur de 3 m 70 sous clé; mais, en même temps, la pente a été portée à un mètre par kilomètre, de manière à déterminer une vitesse d'écoulement de 1m 55 c. par seconde et à maintenir ainsi le débit ordinaire de 10 mètres cubes.

Telles sont les dimensions et le débit du canal dans tout le parcours de la branche-mère; mais on conçoit que, dès son arrivée sur le territoire de Marseille, ce canal a dû fournir à l'arrosage des terrains inférieurs, de telle sorte qu'au fur et à mesure de son approche vers la mer, ses dimensions et son débit diminuent proportionnellement à la quantité d'eau absorbée par les irrigations. C'est ainsi que la branche-mère, qui arrive à l'entrée du territoire avec un débit de 10 mètres cubes, n'en porte plus que 9 aux Aygalades, 7 à Château-Gombert, 5,50 à Allauch, 2,50 à la Valentine, 1,50 à St-Loup, et enfin 0,50 à Montredon, près de la mer.

La dérivation de Longchamp, qui prend naissance entre les Aygalades et Château-Gombert, doit porter deux mètres cubes, dont 0,50 sont destinés à l'irrigation des terrains qui se trouvent au-dessous de son parcours, et 1 m. 50 sont destinés à l'usage exclusif de la ville de Marseille et devront être distribués entre les maisons particulières, les bornes-fontaines et fontaines monumentales, les usines et les terrains aux abords.

Après avoir présenté une idée générale du canal de Marseille, nous devons dire un mot des dépenses auxquelles il a donné lieu ; car nous avons à cœur de combattre cette idée, si faussement répandue dans le public, que l'œuvre du canal de Marseille avait été présentée et reçue en principe comme ne devant coûter que dix millions, tandis que le chiffre total de la dépense s'élève aujourd'hui à près de trente-cinq millions.

Nous avons dit que le Conseil municipal de Marseille, fermement résolu à faire du canal une œuvre uniquement marseillaise, chargea deux ingénieurs des Ponts-et-Chaussées de vérifier tous les projets présentés pour la construction de cet important ouvrage, de désigner le plus convenable et de rechercher, en outre, s'il ne serait pas possible de tracer quelque ligne plus favorable encore pour la dérivation des eaux. L'avant-projet rédigé d'après les bases arrêtées de concert entre les deux ingénieurs, fut d'abord soumis à l'approbation du Conseil municipal, qui l'adopta le 14 novembre 1836. Dès-lors, cet avant-projet fut soumis à l'examen du conseil général des Ponts-et-Chaussées, contradictoirement avec ceux qui avaient été dressés antérieurement. Cet avant-projet, accompagné d'un devis approximatif de dix millions, ne portait pas cependant l'indication précise de la dépense ; car il avait dû être dressé d'après les éléments des prix adoptés dans les autres projets. En effet, toute comparaison devenait impossible entr'eux, s'ils n'avaient eu des bases communes.

Le chiffre de dix millions fut donc le résultat d'évaluations comparatives plutôt que réelles ; aussi, le conseil général des Ponts-et-Chaussées, tout en approuvant, le 27 avril 1838, le projet déjà adopté par le Conseil municipal, se borna-t-il à déclarer, quant à la dépense, que ce projet était dans le rapport de 2 à 3 au meilleur projet qui était présenté en concours, c'est-à-dire, que si le projet actuel devait coûter dix millions, celui des projets rivaux qui offrait les conditions les plus favorables n'en aurait pas coûté moins de quinze. Il était donc bien entendu pour tout le monde que les estimations faites n'étaient pas définitives et que des études détaillées et des travaux préparatoires importants pouvaient seuls fournir les éléments nécessaires pour arriver à une évaluation exacte des dépenses.

Ces éléments, on ne les a trouvés, en réalité, que dans l'étude des projets détaillés des diverses parties du canal qui fut faite dans le courant des années 1839 et 1840, après qu'on eut exécuté quelques travaux préparatoires, et la dépense de la branche-mère et de ses dérivations dans le territoire fut alors évaluée à 14,360,000 f.

Cette somme, ainsi que le premier chiffre comparatif de dix millions, n'était relative qu'aux travaux proprement dits, et ne comprenait pas les dépenses de personnel, administration, intérêts d'emprunts, police et autres dépenses accessoires qui ne s'élèvent pas aujourd'hui à moins de dix millions.

Ainsi donc, pour apprécier équitablement la différence entre les travaux prévus et les travaux exécutés, ce n'est pas le chiffre comparatif de dix millions qu'il faut prendre pour point de départ ; mais bien celui de 14,360,000 fr., montant des divers projets successivement étudiés. C'est même celui de 24,360,000 fr., si l'on veut y joindre, comme on doit le faire, les frais de personnel, opérations, intérêts d'emprunts, etc., qui viennent grossir la dépense des travaux, bien qu'ils y soient étrangers.

On ne s'étonnera donc pas de voir porter les frais de construction de la ligne principale et de ses dérivations dans le territoire, à une somme bien supérieure à dix millions. Ce chiffre n'a jamais existé dans les prévisions du Conseil municipal de Marseille ; ce qui le prouve, c'est le vote simultané d'un emprunt de dix millions et d'une taxe sur les farines, dont le produit, accumulé jusqu'à la fin de l'année 1848, époque présumée de la fin des travaux, devait fournir un capital supplémentaire de plus de six millions et demi. Les voies et moyens créés en vue du canal s'élevaient donc en principe à 16,600,000 f. et faisaient, par conséquent, équilibre à toutes les dépenses qu'on pouvait alors prévoir. Cependant, une partie du Conseil municipal voulait créer des ressources plus considérables encore et proposait de demander immédiatement l'autorisation d'emprunter quinze millions, c'est-à-dire, de porter, dès ce moment, le crédit, y compris le revenu sur les farines, à 21,600,000 fr. Si la majorité maintint le chiffre de dix millions, ce n'est pas qu'elle crût possible de restreindre dans ces limites la dépense d'une œuvre dont elle avait compris toute la portée ; mais elle pensa qu'on serait à temps de voter plus tard un nouvel emprunt et qu'on le ferait alors en pleine connaissance de cause et dans la mesure exacte des besoins nouveaux.

Tels sont les termes de la délibération prise, le 13 février 1837, par le Conseil municipal de Marseille.

Il est vrai que les estimations primitives ont été dépassées d'une somme considérable ; car, en ne tenant pas compte des articles de dépense cités précédemment, on trouve que les travaux de la branche-mère et de ses dérivations dans le territoire se sont élevés à dix-huit millions environ; mais nous croyons qu'on ne sera pas étonné de cet excédant de dépenses si l'on a égard aux difficultés de toute espèce et aux incertitudes sans nombre que présentait à chaque pas l'établissement d'un canal à travers un pays aussi accidenté que la Provence, et qui parcourt une étendue de 84 kilomètres avant d'atteindre le territoire de Marseille. Il suffit de rappeler les 17 kilomètres de souterrains, le pont-aqueduc de Roquefavour, les 250 ouvrages d'art exécutés entre la prise et le territoire de Marseille, pour comprendre que des travaux si nombreux, si distants les uns des autres et dont plusieurs sont si considérables, ont dû nécessairement présenter des éventualités et donner lieu à des augmentations de dépenses. Ainsi, au souterrain des Taillades, on a trouvé des masses énormes d'eau et au souterrain de Notre-Dame on a dû maçonner sur presque toute la longueur. Sur ces deux points seulement, l'excédant de dépense a été très-considérable.

Le pont-aqueduc de Roquefavour a 83 mètres de hauteur au-dessus des fondations, et 400 mètres de longueur. C'est une construction dont on trouve bien peu d'exemples dans les temps modernes. Diverses éventualités survenues en cours d'exécution ont amené un surcroît de dépenses de près d'un million dans la construction de ce magnifique ouvrage.

Une autre cause de l'augmentation des dépenses, cause qu'il était également impossible de prévoir, a été le renchérissement de la main-d'œuvre, de 1844 à 1848, par suite de la construction du chemin de fer de Marseille à Avignon. La simultanéité des travaux sur ces deux vastes chantiers, si rapprochés l'un de l'autre, a naturellement accru les salaires des travailleurs, et il en est résulté une aggravation considérable de charges.

Enfin, on a exécuté sur la branche-mère et sur les dérivations un cube énorme de revêtements en maçonnerie ou en béton, dans la cuvette et sur les parois du canal. Ces travaux n'avaient pas été prévus, et rigoureusement on aurait pu se dispenser de les faire ; mais, outre qu'ils ont servi à occuper, pendant une époque critique, environ 1500 ouvriers sans travail, ces ouvrages ont eu pour résultat d'assurer le service immédiat des eaux, de consolider le canal et d'économiser ainsi à la ville de Marseille des frais considérables d'entretien.

On voit donc que la dépense de 18 millions, pour la construction de la branche-mère du canal et de ses dérivations, est parfaitement motivée.

En résumé, il nous semble bien établi par tout ce qui précède:

1º Que le canal de Marseille n'a jamais été évalué à dix millions, puisque ce chiffre n'a été indiqué que, comparativement, d'après les éléments de prix adoptés dans les autres avant-projets ;

2º Que le Conseil municipal de Marseille comptait si bien sur une dépense de beaucoup supérieure, que, dès le 13 février 1837, une partie de ses membres proposait d'emprunter d'emblée une somme de quinze millions ;

3° Qu'en effet, l'étude des projets détaillés des diverses sections, en 1839 et 1840, fit élever la dépense à 14,360,000 fr. ;

4° Que cette somme, exclusivement relative aux travaux proprement dits, ne comprenait ni les intérêts d'emprunt, pour lesquels un fonds spécial avait été créé, ni les dépenses de personnel, administration, etc. ;

5° Qu'enfin, s'il y a eu sur divers points, et notamment aux souterrains des Taillades et de Notre-Dame, des excédants de dépenses considérables, on doit cependant reconnaître que les travaux, considérés isolément, ont été exécutés avec toute l'économie possible.

Si, maintenant, à la somme de dix-huit millions, qui ne comprend que la dépense des travaux, ainsi que cela avait été bien entendu en principe, on ajoute celle de dix millions, qui se rapporte aux indemnités de terrain et dommages, aux intérêts d'emprunts, au personnel, aux travaux préparatoires, à la police, etc., on aura une somme totale de 28 millions pour la dépense de la construction du canal de Marseille et de ses dérivations dans le territoire.

Nous ajouterons maintenant que tout ce qui a été dépensé en sus de la somme de 28 millions se rapporte à des travaux complètement étrangers au premier projet du canal. En effet, les eaux de la Durance étant prêtes à fournir aux irrigations de tout le territoire et à pénétrer dans la ville même de Marseille, la tâche du directeur des travaux était remplie, et son œuvre se trouvait, suivant l'expression consacrée, en état de réception. Mais on conçoit aisément que le Conseil municipal, représentant direct des intérêts de Marseille, ne pouvait laisser son ouvrage inachevé, et comme il lui eût été impossible de rencontrer un ingénieur plus actif, plus dévoué et aussi plus au courant de toutes les idées marseillaises relativement aux eaux du canal, on comprendra que le même directeur fût choisi pour continuer et compléter l'œuvre commencée et eût alors à diriger à la fois l'entretien des travaux déjà faits et la construction des travaux à faire pour la distribution des eaux dans la ville de Marseille.

Le projet de cette distribution a été dressé en 1847 et s'exécute en ce moment. Il s'élève à la somme de 6,500,000 fr., et en y ajoutant les intérêts d'emprunts, la dépense prévue est de 7 millions, qui, ajoutés aux 28 millions déjà dépensés, forment une somme totale de 35 millions, qui est indispensable pour mener à bonne fin cette utile et glorieuse entreprise.

Après avoir réfuté par des documents officiels une erreur trop légèrement accueillie par le public, nous allons passer à l'examen un peu uetaillé, quoique bien rapide encore, des principaux ouvrages exécutés sur la branche-mère du canal de Marseille.

PRISE D'EAU A LA DURANCE.

Il n'est peut-être aucune rivière, en France, qui mérite à meilleur titre que la Durance les épithètes de capricieuse et de folle qu'on lui donne dans toute la vallée qu'elle parcourt. En effet, non-seulement les crues de cette rivière arrivent avec une rapidité extrême; mais encore les quantités d'eau transportées varient entre les limites les plus éloignées. C'est ainsi que le volume de ces eaux, qui s'abaisse quelquefois jusqu'à 60 mètres cubes pendant la saison de l'étiage, peut s'élever, dans l'espace de 24 heures, à celui de 2,000 mètres et plus dans les fortes crues. On conçoit dès-lors que l'établissement de la prise d'eau du canal de Marseille ne pût être commencé, sans qu'on eût fait préalablement et pendant longtemps des observations suivies sur le régime de la Durance. Ces observations, en effet, ont eu lieu chaque jour pendant quatre années consécutives, au moyen d'un Durançomètre sur lequel un garde spécial venait lire trois fois par jour la hauteur des eaux. La liste de ces hauteurs a été compulsée à l'expiration de ces quatre années, et on a reconnu ainsi que les eaux de la Durance n'ont été à leur étiage que pendant quatre jours, placés entre le 23 et le 26 octobre, qu'elles ont été de zéro à 0,10 au-dessus de l'étiage pendant 14 jours ; de 0,10 à 0,20 pendant 34 jours ; de 0,20 à 0,30 pendant 122 jours, et de 0,30 à 0,40 et au-dessus pendant 779 jours.

On a donc pu, au moyen de ces observations, calculer approximativement qu'en moyenne on n'aurait 5,75 d'eau que pendant un jour par an, et qu'on pourrait prendre à la Durance huit, dix et même douze mètres cubes d'eau pendant tout le reste de l'année.

L'avant-projet soumis, à la fin de l'année 1841, à l'examen du conseil général des Ponts-et-Chaussées, avait placé la prise du canal de Marseille un peu en amont du pont suspendu de Pertuis, sur la route départementale d'Aix à Pertuis. Après avoir consulté les ingénieurs des Bouches-du-Rhône et de Vaucluse, ce conseil pensa qu'au lieu de placer la prise en amont du pont de Pertuis, il était préférable de la reporter un peu en aval, pour éviter tout prétexte de difficultés avec le concessionnaire de ce pont, et sur les indications de la savante assemblée, le projet définitif fut dressé en fixant la prise en aval du pont de Pertuis, avec des digues de défense de chaque côté, un seuil ou radier général ayant une largeur de sept mètres au couronnement et une inclinaison d'un mètre sur deux cents mètres, à partir de la rive droite et en plaçant contre la prise établie sur la rive gauche un pertuis d'écoulement de 40 mètres environ de largeur et d'un mètre et demi de profondeur maximum.

On comprend facilement que ces dispositions avaient pour but de forcer les eaux de la Durance au moment de l'étiage, à passer toutes devant la prise d'eau et à établir ainsi, à côté du radier général, un passage facile pour les radeaux qui viennent des Basses et des Hautes-Alpes.

Les premiers travaux de la prise consistant en fouilles pour le radier, établissements de digues et déblais aux abords, furent commencés au mois d'août 1843, et les maçonneries furent mises en train au mois de septembre. Tout marchait convenablement, lorsque, le 1er novembre 1843, arriva une crue extraordinaire, inouïe, qui emporta six ponts construits sur diverses routes, en des points différents de la Durance, et fit des ravages incalculables dans cette vallée. Tous les chantiers furent à refaire ; cependant, cette contrariété servit à démontrer une fois de plus la vérité de cet adage si connu : *A quelque chose malheur est bon*; car elle servit à indiquer, dès le commencement des travaux, quels étaient les ouvrages nécessaires pour protéger les abords de la prise. Ainsi cette crue fit sentir la nécessité d'exhausser les levées du pont de Pertuis et elle amena ce résultat satisfaisant, de faire comprendre l'urgente nécessité de l'exécution, soit par l'Etat, soit par la compagnie du pont suspendu, des travaux de défense destinés à empêcher à l'avenir la rupture des levées et, par suite, la destruction du canal au-dessous de la prise.

Pendant le mois de novembre, on répara les dégâts occasionnés par la crue, et on se remit au travail.

Pendant les années 1844 et 1845, on construisit la plus grande partie du radier, on posa une petite machine à vapeur pour les épuisements, on établit deux maisons de garde et on éleva les digues entre le pont de Pertuis et la prise. Pendant les années 1845 et 1846, les travaux furent encore très-contrariés par des crues nombreuses, dont la plus considérable arriva vers le mois d'octobre 1846 ; elle franchit l'obstacle que lui opposait la levée de la route départementale d'Aix à Pertuis, et vint se jeter dans le canal en faisant une brèche sur la levée de gauche. Le canal supporta très-bien cet échec ; seulement, dès que les eaux furent parties, on profita de l'expérience acquise pour construire en ce point une partie couverte (1),

---

(1) On désigne sous le nom de *partie couverte* une portion de canal exécutée d'abord en tranchée, puis maçonnée en forme de voûte ; de telle sorte, qu'en couvrant cette voûte avec les déblais de la tranchée, on rétablisse le sol supérieur dans l'état où il se trouvait avant les travaux. Une partie couverte possède ainsi tous les avantages d'un souterrain, tout en coûtant infiniment moins cher que ce

afin de protéger à l'avenir le canal contre l'éventualité d'une nouvelle inondation.

Les eaux de la Durance, entraînées vers le pertuis d'écoulement par l'inclinaison du radier général, s'introduisent dans le canal de Marseille par sept ouvertures d'un mètre de largeur sur deux de hauteur. Ces ouvertures sont fermées par des vannes en fonte, que l'on soulève à la hauteur nécessaire pour laisser entrer dans le canal le volume d'eau demandé par les besoins du service. A la suite de ces ouvertures, se trouve une partie couverte, formée par un pont surbaissé, portant une plaque sur laquelle on lit cette inscription : CANAL DE MARSEILLE, et dont on a sculpté la clé aux armes de cette ville. En aval de la partie couverte, le canal est construit à ciel-ouvert, avec une largeur de 11 mètres à la cuvette; cette largeur diminue d'ailleurs d'une manière très-sensible après la prise, de sorte qu'après environ cent mètres de déve-

---

dernier mode de construction. Les parties couvertes sont exécutées surtout aux abords des maisons de campagne où il est convenable de faire disparaître toutes les chances d'accident que peut occasionner la présence d'une tranchée constamment ouverte sous les pas des propriétaires. On l'emploie aussi, comme dans le cas cité à propos de la prise du canal de Marseille, lorsqu'on veut protéger le canal lui-même contre tout ce qui pourrait tomber entre ses bords, notamment des eaux d'inondation, des masses de sable ou de poussière, d'énormes quantités de paille entraînées par les vents à l'époque de la foulaison des blés, etc.

loppement, le canal prend les dimensions normales que nous avons indiquées précédemment et qu'il conserve jusqu'à l'entrée du territoire de Marseille.

Il y a d'ailleurs, à deux kilomètres environ de la prise, deux déversoirs de fond et deux déversoirs de superficie destinés à régler d'une manière définitive l'eau introduite dans le canal.

Les travaux de la prise étaient à peine achevés depuis un an, que déjà l'on pouvait juger de leur excellent résultat sous le double rapport de l'entrée de l'eau dans le canal et de la facilité du flottage. Cependant, lorsqu'un peu plus tard les eaux de la Durance arrivèrent à peu près à l'étiage, on put remarquer que le pertuis d'écoulement était presque entièrement encombré de graviers et que la plus grande partie des eaux de la Durance, dont le niveau était relevé par ces graviers, passait par dessus le radier général, au lieu de suivre le pertuis d'écoulement de la rive gauche.

Il n'a pas été difficile de reconnaître que cet état de choses provenait de ce que, lors des crues moyennes, le courant principal de la Durance, au lieu d'être dirigé parallèlement à la vallée et perpendiculairement au pont de Pertuis, partait au contraire de la culée gauche de ce pont et se dirigeait avec violence sur la rive droite. Alors, ces eaux chargées de limon et de graviers formaient des dépôts sur la rive gauche, élevaient le niveau du fond de la rivière jusqu'à celui de la partie droite du radier général et passaient près de la digue droite de la rive, en abandonnant la rive gauche et le pertuis d'écoulement.

Cependant, il a toujours été possible de mettre l'eau dans le canal ; mais on n'a jamais pu éviter d'y introduire en même temps une certaine quantité de graviers, ce qui entraîne de fréquents curages et beaucoup d'autres inconvénients ; mais le flottage a encore bien plus à souffrir de cet état de choses que le canal lui-même. En effet, ce n'est qu'avec un grand danger que les radeaux peuvent se hasarder à franchir le barrage, et même, dans quelques cas, ce passage a été à peu près impossible. Il était donc indispensable de remédier à cet inconvénient soit dans l'intérêt du flottage, soit dans celui du canal.

On pensa, vers la fin de l'année 1846, à adopter le moyen le moins dispendieux pour assurer le libre écoulement des eaux dans le pertuis ; c'eût été d'établir un épi partant de la pile du pont suspendu de Pertuis et dirigé sur la prise d'eau du canal. Cet épi, qui aurait eu une longueur de 60 mètres environ, eût été élevé seulement à une hauteur de 1 m. 25 au-dessus de l'étiage, de manière à ne pas gêner l'écoulement des eaux, lors des grandes crues. Dans les eaux moyennes, le courant principal se serait dirigé nécessairement vers le pertuis du radier général, et l'on eût été assuré de faire disparaître les dépôts de graviers accumulés sur la rive gauche, qui empêchent le flottage et qui s'introduisent dans le canal avec l'eau, lorsqu'on ouvre les vannes de la prise.

Cette idée, à la fois très-simple et très-ingénieuse de la construction d'un épi, quoique adoptée en principe par le Conseil municipal de Marseille, ne fut pas mise en exécution par des motifs qu'il serait hors de propos de développer dans un cadre aussi restreint que celui où nous nous renfermons aujourd'hui. Mais comme le mal que l'on avait remarqué dès les premiers temps se perpétuait, on a placé sur le raider général un barrage mobile, destiné à exhausser les eaux et à les chasser du côté de la prise, lorsqu'elles sont un peu au-dessus de l'étiage. Ce barrage mobile, uniquement formé de tirants en fer et de vannes en bois, est construit de manière à ne fonctionner que pendant les basses eaux. Lorsque la Durance n'est pas considérable, on relève toutes les vannes du barrage mobile en les fixant solidement sur le radier général au moyen de tirants en fer, et les eaux, ainsi gonflées par ce nouvel obstacle, se dirigent vers le pertuis de la prise et tendent à entraîner avec elles tout le gravier qui pourrait obstruer l'entrée du canal. Lorsqu'à des signes à peu près certains on prévoit qu'une crue est sur le point d'arriver, on baisse toutes les vannes qui s'appliquent alors sur la maçonnerie du radier général, et les eaux de la Durance passent sur tout le système sans éprouver aucun empêchement.

Toutefois, ce barrage mobile n'étant d'un bon emploi que pendant les basses eaux, les graves inconvénients de la déviation des eaux pendant les crues, subsistaient toujours. Pour parer aux éventualités des fortes inondations, il a fallu décidément en arriver à l'emploi des grands principes, et l'on a reconnu qu'il était absolument nécessaire de procéder à l'endiguement de la Durance en amont du pont de Pertuis sur environ cinq à six cents mètres de longueur, pour que le radier général remplît parfaitement le but qu'il devait atteindre, et depuis près de deux ans on a construit dans le territoire de Meyrargues, en amont du pont de Pertuis, une digue puissante qui, après être entrée de près de 400 mètres dans le lit de la Durance, retourne vers le pont de manière à diriger les eaux perpendiculairement à son axe, et sera même prolongée jusqu'à sa culée gauche, si cela est nécessaire.

La construction de la prise du canal de Marseille et de tous ses accessoires a coûté environ 630,000 fr., y compris le premier kilomètre du canal qui suit immédiatement la prise et sur lequel on a construit divers ouvrages d'art destinés à préserver le canal des invasions de la Durance et à régler la quantité d'eau introduite dans le canal. Sur la somme que nous avons indiquée, les épuisements sont entrés pour 40,000 fr. environ, et les enrochements, soit pour les digues de défense, soit pour le radier général, ont coûté environ 90,000 fr.

Dès qu'on a quitté la prise, on peut suivre le canal, qui se développe sur une seule ligne droite d'environ trois kilomètres de longueur, et qui offre le coup-d'œil le plus majestueux par la belle nappe d'eau qu'elle présente et par la régularité et la beauté des plantations faites sur les deux levées. Le canal arrose ensuite les belles plaines du Puy-Ste-Réparade, en suivant diverses courbes, et arrive directement sur le village de St-Estève-de-Janson. Le tracé, naturellement indiqué par la situation du terrain, aurait dû traverser le village ; mais, pour éviter les inconvénients de tout genre qui seraient résultés de cette traversée, le tracé a été un peu remonté dans l'exécution et on a dû percer le contrefort auquel est adossé le village de St-Estève. On rencontre ainsi le premier des 84 souterrains qui ont été exécutés sur la ligne principale et ses dérivations. Ce souterrain, ouvert dans une argile rouge, très-dure à exploiter, mais qui se délitait rapidement au contact de l'air, a nécessité l'emploi de boisages pour le soutien du sol, et, après son percement, on a dû le revêtir en entier d'une voûte et de piédroits en maçonnerie, reposant sur un radier également maçonné. Ce souterrain a 81 m. 15 c. de longueur et a coûté environ 350 fr. par mètre courant.

BASSIN D'ÉPURATION DE PONSEROT.

A deux kilomètres environ du souterrain de St-Estève et à dix kilomètres de la prise, on rencontre l'ouvrage très-remarquable désigné sous le nom de *Bassin d'épuration de Ponserot*.

La nécessité d'épurer les eaux du canal de Marseille a été reconnue dès l'origine des travaux. On sait combien sont troubles les eaux de la Durance, et on peut d'ailleurs juger par l'état des eaux du canal de Craponne, à Arles, de ce que seraient les eaux du canal de Marseille, sans un moyen énergique d'épuration. On pourrait, à la rigueur, se dispenser d'épurer les eaux de la Durance en hiver; mais il est absolument nécessaire de le faire aux mois d'avril et novembre, époques de la fonte des neiges et des pluies d'automne. On a donc songé à tirer un utile parti de quelques levées jetées sur des vallons secondaires pour obtenir de grands bassins destinés à effectuer cette épuration. Ces bassins, formés par les flancs des vallons et par la levée du canal faisant office de barrage, reçoivent l'eau du canal à une de leurs extrémités et la rendent à l'autre. L'étendue de leurs dimensions obligeant l'eau à y séjourner longtemps en ne lui laissant qu'une vitesse à peu près nulle, on conçoit que l'eau est ainsi réduite presqu'à l'état de repos et doit se dépouiller des matières qu'elle tient en suspension. Telle est l'idée la plus générale qui a présidé à la formation de ces bassins d'épuration, et on a pu trouver réunies toutes les conditions désirables, dans trois vallons, dont le premier est celui de Ponserot, et dont les deux autres, que nous décrirons plus tard, sont situés à 60 kilomètres environ de la prise.

La levée de Ponserot a 130 mètres de longueur sur 19 mètres de hauteur maximum, et le vallon qu'elle barre présente 170 mètres de longueur sur 70 mètres de largeur moyenne. La levée a été revêtue en maçonnerie du côté du vallon, et on a ainsi obtenu un bassin d'une capacité d'environ 120,000 mètres cubes. Sans entrer ici dans tous les détails de construction nécessités pour la manœuvre des eaux, nous dirons seulement que les eaux troubles arrivant de la Durance, tombent dans le bassin par une ouverture à vanne faite à la banquette du côté d'amont. Le bassin se remplit peu à peu et les eaux s'élèvent jusqu'à la hauteur d'une échancrure pratiquée à 0,50 environ en contrebas de la banquette située du côté du bassin. Cette échancrure, dont le sol est maçonné, est terminée, du côté du canal, par un mur plein sur toute sa longueur, sauf une ouverture à vanne à son extrémité aval, et du côté du bassin par un mur percé d'un grand nombre de petits trous carrés d'environ 0,20 de côté. On a formé ainsi, au moyen de cette échancrure, une sorte de canal latéral communiquant, par les petits trous, avec le bassin, et par son ouverture à vanne avec la branche principale. On conçoit maintenant que dès que les eaux du bassin se sont élevées jusqu'à la hauteur des petits trous du canal latéral, elles entrent dans ce canal, dont le sol est couvert d'une couche de sable fin, et le remplissent jusqu'à ce qu'arrivées à une hauteur convenable, on leur ouvre la vanne d'aval pour les faire entrer dans la branche principale. On obtient ainsi une couche d'environ 0,30 d'eau, aussi bien épurée que possible, qui tombe d'une manière continue dans le canal, et cette opération peut se prolonger aussi longtemps qu'on le juge nécessaire. Dès qu'il n'est plus besoin d'épurer les eaux, on ferme la vanne qui sert à l'introduction des eaux troubles dans le bassin, et tout reprend son cours naturel.

On comprend néanmoins que le limon et la vase déposés par les eaux finiraient par encombrer le bassin, si on n'avait soin de le nettoyer à de fréquents intervalles. Ce nettoyage s'opère d'abord, en grande partie, par l'expulsion des **eaux accumulées dans le bassin par l'opération** du filtrage. Cette expulsion se fait par un tuyau en fonte de 0,60 de diamètre, fermé par un robinet vanne et placé dans un aqueduc en maçonnerie construit sous la levée de Ponserot. Dès qu'on ouvre le robinet vanne, la pression énorme de 19 mètres de hauteur d'eau qui agit sur l'ouverture du tuyau, chasse les eaux qui entraînent avec elles les vases et le limon déposés par l'épuration. Cependant, cette expulsion des eaux par le tuyau en fonte n'est pas toujours suffisante pour entraîner tous les dépôts, et bien souvent, malgré la pression considérable qui détermine cette expulsion, l'entraînement des matières vaseuses ne se fait que dans un rayon de 20 à 30 mètres, au plus, autour de l'ouverture du robinet vanne. On a remédié à cet inconvénient en construisant sur les deux flancs du vallon un canal de ceinture percé, sur toute sa longueur, d'ouvertures pourvues de vannes en bois et mis en communication directe avec les eaux de la branche-mère. En levant successivement les vannes, on jette les eaux du canal dans les différentes parties du bassin, et l'on y détermine des chasses qui enlèvent les dépôts limoneux accumulés par les eaux et les dirigent vers le robinet évacuateur placé sous l'aqueduc de la levée.

On a obtenu ainsi de très-bons résultats de l'emploi de ce bassin d'épuration, et si les eaux ne rentrent pas dans le canal tout-à-fait pures, au moins subissent-elles une forte diminution dans la quantité des matières terreuses qu'elles tiennent en suspension depuis leur sortie de la Durance.

A une petite distance du bassin d'épuration de Ponserot, on rencontre le second souterrain du canal désigné sous le nom de St-Christophe, et dont l'exécution a présenté les plus grandes difficultés par suite du peu de consistance du sol argileux dans lequel on avait à ouvrir la galerie. Il a même fallu complètement interrompre le creusement de la galerie pendant l'hiver, à cause du danger qu'il présentait. Ce souterrain, long de 297 mètres, est maçonné d'un bout à l'autre, et a coûté environ 350 fr. par mètre courant.

Non loin du souterrain de St-Christophe, et à un kilomètre environ en aval de la prise du canal de Craponne, on rencontre, sur la droite du canal de Marseille, les ruines de l'abbaye de Sylvacane. Cette abbaye fut fondée, en 1147, à l'usage des religieux de Citeaux, par Raymond des Baux, qui voulut y être enterré. Elle était située alors dans une immense forêt, dont l'étendue se prolongeait jusqu'aux bords de la Durance et que l'on désignait sous le nom de *Sylva cana*, forêt antique, à cause des vieux troncs qui l'encombraient. Les religieux de l'abbaye de Sylvacane commencèrent le défrichement du pays et il se forma un hameau à l'endroit où est aujourd'hui le village de la Roque-d'Anthéron. En 1158, la chapelle de ce hameau fut érigée en paroisse et le chapitre d'Aix en confia la direction aux moines de Sylvacane. Les défrichements continuant, la population augmenta et réciproquement ; depuis cette augmentation de population, la coupe des bois s'étendit dans la plaine et arriva enfin jusqu'aux bords de la Durance. En 1440, cette rivière ne trouvant plus d'obstacles, déborda et détruisit une partie des bâtiments de l'abbaye de Sylvacane. Alors les moines l'abandonnèrent, et la paroisse de la Roque-d'Anthéron fut desservie par un curé à la collation du chapitre de la métropole d'Aix.

Il ne reste plus aujourd'hui, de l'antique abbaye de Sylvacane, que des ruines ravissantes, mais qui disparaissent chaque jour davantage, par l'effet des injures du temps et de l'abandon coupable de leurs propriétaires (1). Ces ruines ont été parfaitement décrites par M. le marquis de Gallifet, dans ses charmantes lettres intitulées : *Souvenirs de voyage dans l'ancienne Provence*, et nous ne pouvons mieux rendre l'impression que produisit sur nous la vue de ces déli-

(1) En 1845, l'Etat fit l'acquisition de l'église principale. Mais le cloître et plusieurs pièces très-remarquables de l'ancien édifice n'ont point été achetés ; ils seraient cependant indispensables pour conserver au monument sa physionomie complète et même pour assurer la conservation de l'église contre laquelle ils sont appuyés.

cieux restes du moyen-âge qu'en citant les paroles du savant marquis :

« Des lierres et une puissante végétation recouvrent en partie les murs épais de ce qui fut autrefois l'abbaye de Sylvacane. On y entrait par un beau cloître dont les voûtes arrondies et les arceaux, encore résistans, soutenus par des colonnes doubles, ont défié les injures du temps. Le réfectoire à voussures en ogives, à nervures plusieurs fois répétées et portées par des pilastres cannelés, est devenu une étable, mais sans autres mutilations ; la cuisine de la ferme a remplacé un élégant cellier ; à gauche de l'entrée, une première église sert d'asile à de nombreux pigeons ; c'est la partie au nord de l'édifice. De l'autre côté, se trouve l'église principale, formée d'une triple nef communiquant par trois travées, en face desquelles étaient placés autant d'autels. La croix latine est formée par deux doubles travées encadrant l'autel principal. Les jours, ménagés par des ouvertures larges au-dehors et se rétrécissant vers les parois intérieures, donnaient à l'édifice une teinte mystérieuse si favorable à la méditation. A l'extérieur, vers l'est, les logements des Pères dominaient de vastes jardins arrosés par une source abondante et limpide et tout le cours en amont de la Durance. Un campanille carré, au milieu duquel une colonnette placée sur chaque face, formait un double cintre surmonté par quatre flèches élégantes, contenait la cloche qui annonçait au loin le recueillement et la prière.

» Sylvacane est une des dégradations les moins maltraitées de notre époque. Je ne saurais compter sur sa restauration. Contentons-nous de dormir en paix sur ce qui reste. »

Après avoir fait une visite de bon souvenir aux ruines de l'abbaye de Sylvacane, le promeneur qui suit les bords du canal de Marseille, arrive dans le joli village de la Roque-d'Anthéron, dont les fontaines tirent leurs eaux des sources qui jaillissent des flancs de la Trévaresse, et traversent le canal de Marseille au moyen d'un syphon en maçonnerie. Depuis la Roque-d'Antnéron jusqu'à l'entrée des plaines de Charleval, le canal est suspendu aux coteaux escarpés qui forment le versant méridional de la vallée de la Durance, et on peut voir en ce point, se côtoyer pendant assez longtemps les deux canaux de Marseille et de Craponne, ce dernier en contrebas du premier et séparé de lui par une distance horizontale de 50 mètres au plus. C'est dans cette partie que l'on trouve aussi les deux ponts-aqueducs si élégants de Jacourelle et de Valbonette, qui furent les premiers ouvrages d'art de quelque importance exécutés sur le canal de Marseille.

Le pont-aqueduc de Jacourelle est composé de neuf arches de 6 mètres d'ouverture en plein cintre, et d'une hauteur maximum de 21 mètres avec piles de 2 m. 50 d'épaisseur aux naissances des voûtes. Il a été commencé en 1841 et fini en 1842. Pendant la belle saison de 1843, on exécuta dans la cuvette un revêtement complet en bitume que l'on recouvrit d'une chemise en briques, et pour préserver du contact de l'air quelques pierres de taille d'une nature un peu tendre, on les enduisit d'une couche d'huile bouillante détrempée avec de la litharge. L'exécution de cet ouvrage d'art a coûté environ 75,000 fr.

Le pont-aqueduc de Valbonnette franchit le vallon de ce nom et se compose de onze arches de 6 mètres d'ouverture en plein cintre, supportées par des piles de 2 m. 50 d'épaisseur à leur partie supérieure. La hauteur totale de l'aqueduc, depuis le fond de la vallée jusqu'au dessus du parapet, est de 19 m. environ. Il a été commencé à la fin de l'année 1841 et fini en novembre 1842. Il a reçu dans la cuvette, en 1843, un revêtement en bitume qui, lui-même, a été recouvert d'une chemise en briques, et on a passé sur quelques pierres de taille un peu tendres une couche d'huile bouillante mêlée avec de la litharge, ainsi qu'on l'avait pratiqué pour l'aqueduc de Jacourelle. L'exécution de cet ouvrage d'art a coûté environ 82,000 fr.

Dans toute cette partie fort escarpée, le canal perce encore plusieurs contreforts au moyen de cinq souterrains portant les noms de : Mouton, Fond-des-Bois, Fouques, Meille et Fenouillet. Ces souterrains présentent des longueurs variables de 40 à 130 mètres, et ont coûté de 120 à 157 fr. le mètre courant. Il faut en excepter cependant le souterrain Meille, qui, pour une longueur de 13 m. 75 seulement, a coûté 7,230 fr., soit environ 525 fr. par mètre courant.

Après avoir franchi les coteaux abruptes de cette partie de la Trévaresse, le canal de Marseille arrose les belles plaines de Charleval et arrive bientôt sur le territoire de Vernègues, dont le nom me rappelle l'étymologie (*Veneris ager*) qu'un homme d'esprit voulut bien lui donner. C'est sur le territoire de cette dernière commune que commence le souterrain des Taillades, dont nous allons nous occuper en faisant ressortir toutes les difficultés d'exécution que cet ouvrage a présentées.

SOUTERRAIN DES TAILLADES.

Chacun sait combien l'emploi des souterrains est devenu fréquent de nos jours dans les travaux publics. On en trouve sur les routes nationales et départementales, les chemins vicinaux, les canaux de toute sorte et principalement sur les chemins de fer. Un ingénieur ne redoute plus aujourd'hui d'entreprendre des travaux que les progrès de la mécanique et de la géologie lui permettent de terminer avec le plus grand succès.

Il ne faut point perdre de vue cependant que le percement d'un souterrain doit fournir matière aux réflexions les plus sérieuses avant qu'on se détermine définitivement à en adopter un dans le tracé d'un ouvrage quelconque. Certainement, un ingénieur apportera aujourd'hui bien moins d'hésitation et de tâtonnements qu'autrefois dans l'exécution matérielle d'un souterrain ; en effet, les méthodes et les instruments de tracé sont chaque jour plus perfectionnés et appliqués sur le terrain d'une manière plus rationelle ; la connaissance de la superposition et de la composition des diverses couches rocheuses a fait des progrès immenses, et les moyens d'épuisements et d'extraction des déblais sont plus puissants que jamais. Mais, malgré l'aide précieux que lui offrent les sciences modernes, un ingénieur peut éprouver encore de graves mécomptes dans ses prévisions, lorsque des sources considérables se montrent dans des terrains où on ne soupçonnait point leur existence. C'est ce qui est arrivé pour le souterrain des Taillades, dont la dépense portée au détail estimatif ne pouvait tenir compte de l'énorme quantité d'eau qui s'est manifestée pendant les travaux, contre toutes les prévisions des ingénieurs distingués qui, dans le département des Bouches-du-Rhône, s'étaient successivement occupés de l'étude d'une dérivation des eaux de la Durance.

Nous avons dit que le souterrain des Taillades traverse la chaîne de la Trévaresse dans son prolongement connu sous le nom de chaînon des Côtes. Ce souterrain, long de 3,674 m. 55 c., est en ligne droite et se trouve situé à peu près également dans le territoire des communes de Vernègues et de Lambesc, dont la ligne de séparation, qui est aussi celle des arrondissements d'Aix et d'Arles, est formée par le faîte du chaînon des Côtes.

Lorsque les Romains entrèrent dans les Gaules, toute la chaîne de la Trévaresse était couverte de bois épais, et c'était dans ces forêts que les Druides célébraient leurs mystères. Il reste encore un souvenir confus qu'il a existé autrefois, dans ces lieux, un temple gaulois où l'on venait de très-loin pour consulter l'oracle qu'il renfermait. Le culte druidique fut aboli et proscrit par les Romains, qui ne fondèrent point de ville dans l'intérieur de ces forêts, mais seulement quelques maisons de campagne dont on trouve encore les ruines dans plusieurs quartiers. Sous le règne de Boson, comte de Provence, vers la fin du neuvième siècle, il se fit dans la contrée de la Trévaresse une distribution de terres, et les seigneurs à qui elles échurent en partage y bâtirent des châteaux, coupèrent les bois et défrichèrent le sol. Ce ne fut toutefois que vers le commencement du treizième siècle que la population se porta au lieu où est maintenant la ville de Lambesc. Cette ville s'accrut assez rapidement et devint bientôt le chef-lieu d'une vallée qui comprenait le Puy-Ste-Réparade, Rognes, Mallemort, St-Cannat, Labarben, Alleins et Pélissanne. C'est en qualité de chef-lieu de vallée que Lambesc obtint le droit d'entrer aux Etats de la province. En 1639, les assemblées générales remplacèrent les Etats, et quelque temps après Lambesc fut désigné pour le lieu de leur réunion. En effet, à partir de 1664, les Assemblées générales tinrent leurs séances dans cette ville, avantage qu'elle dut à sa proximité d'Aix, capitale de la Provence. Depuis-lors, la population s'accrut, et Lambesc, profitant de l'importance qu'il avait acquise, demanda et obtint le déplacement de la route d'Avignon, qui passait à cette époque à Labarben et à Aurons. En effet, l'assemblée générale de 1714 ordonna la construction de la nouvelle route, et on coupa alors les collines qui, depuis, ont pris et conservé jusqu'à nos jours le nom *des Taillades*. Le souterrain dont nous nous occupons, passant sous ces collines, a pris à son tour le même nom, qui appartient, d'ailleurs, aujourd'hui, à tout un quartier de cette contrée.

Chacun sait qu'un souterrain est une galerie que l'on creuse sous terre toutes les fois que le niveau auquel on doit établir l'ouvrage en construction exigerait des excavations trop considérables pour que l'on fît une tranchée à ciel-ouvert. Lorsqu'un souterrain doit avoir une grande longueur, il serait trop long et trop dispendieux d'en faire sortir les déblais seulement par les extrémités. Alors on pratique de distance en distance, et sur la ligne du souterrain, des puits que l'on creuse jusqu'au niveau de la galerie, et, arrivé à ce point, au fond de chaque puits, on perce le sol en amont et en aval, dans la direction du souterrain, jusqu'à ce que les galeries parties de deux puits voisins viennent à se rencontrer. On attaque ainsi l'ouvrage par plusieurs points à la fois, et le temps employé au percement du souterrain est considérablement moindre que si on n'eût opéré que par les extrémités.

Cette marche fut suivie pour le souterrain des Taillades, et en même temps qu'on attaqua les extrémités amont et aval, désignées sous les noms de tranchées de Cazan et de Bidaine, on se mit à creuser, sur l'axe du souterrain, douze puits éloignés de 250 mètres environ les uns des autres. On donna à ces puits les numéros 1, 2, 3, etc., en partant du côté amont, et c'est par leurs numéros que nous les désignerons pour rendre notre récit plus rapidement intelligible.

Le creusement des puits du souterrain des Taillades fut commencé dans le mois de janvier 1839, et à peine y eut-on mis la main, que se révélèrent les graves difficultés d'exécution que ce souterrain a présentées jusqu'à son entier achèvement.

On se servit d'abord, pour le fonçage des puits et l'extraction des déblais, de treuils à bras, mus par deux, trois ou quatre hommes. On put travailler de cette manière, pendant quelque temps, à la plupart des puits ; mais il n'en fut pas de même aux puits 7, 8 et 10, qui donnèrent, dès l'origine, de telles quantités d'eau, que le moyen d'extraction appliqué aux autres puits fut insuffisant. En vain chercha-t-on à écarter les eaux et à arrêter les filtrations en garnissant les parois des puits de briquetages exécutés avec le plus grand soin et rejointoyés en ciment de Roquefort; les eaux, refoulées des parties supérieures des puits, reparurent plus bas avec une force irrésistible, s'accroissant à mesure que le fonçage des puits se continuait.

Les treuils, reconnus bientôt insuffisants, firent place à des manéges que l'on attela d'un ou de deux chevaux. Le travail était fait, à cette époque, par des entrepreneurs qui se fournissaient d'outils et d'ouvriers ; ils étaient aussi chargés de se procurer les chevaux nécessaires au service des manéges. C'est de ce côté encore que s'élevèrent de très-grandes difficultés ; car lorsque ces entrepreneurs, déjà effrayés par les accroissements de dépense causés par l'abondance des eaux, eurent vu les chevaux qu'ils employaient succomber aux fatigues d'un travail opiniâtre, ils abandonnèrent leurs travaux, quelles que fussent les pertes qui devaient en résulter pour eux.

A partir de cet instant, il ne fut plus possible de trouver des entrepreneurs qui voulussent se charger des épuisements en même temps que des travaux de fonçage. L'administration prit alors le parti d'acheter elle-même des chevaux et en nombre tel qu'elle put faire face à tous les besoins. Il n'était pas impossible, en effet, en variant leur nombre selon les exigences de chaque puits, de tenir tête à tout, sans exténuer les chevaux, ce qu'un entrepreneur limité à un ou deux puits n'aurait jamais pu faire.

Au milieu de ces embarras, et malgré des difficultés sans nombre, on termina en 1839 et 1840 les puits 1, 6, 8, 9, 11 et 12, et on commença le percement des galeries dans les puits 1, 11 et 12. On creusa aussi sans interruption, jusqu'à la fin de 1840, les puits 3, 4 et 5 situés dans le calcaire compacte qui forme le noyau du versant septentrional de la chaîne des Taillades. Arrivé à 18 mètres environ au-dessus du niveau de la cuvette du canal, le creusement atteignit une nappe d'eau commune aux trois puits, et qui, résistant opiniâtrement à tous les essais d'épuisement faits avec les moyens disponibles, mit un terme aux travaux de fonçage de ces puits. Sur l'autre versant de la même chaîne, le puits 10 donnait dans le même temps un résultat analogue.

Des moyens d'épuisement énergiques devinrent dès ce moment indispensables; il fallut y avoir recours, et, en conséquence, on établit des machines à vapeur de la force de six à douze chevaux, sur chacun des puits 2, 4, 8 et 9. On espérait alors pouvoir percer la galerie entre les puits 2 et 4, 4 et 6, 6 et 8, 9 et 11, sans être dans la nécessité d'achever les puits intermédiaires 3, 5, 7 et 10; mais les événements vinrent déjouer ce calcul, que les apparences semblaient justifier.

Pour forcer à agir autrement, il fallut, en effet, que des sources d'une abondance incroyable vinssent paralyser les travaux dès le commencement de l'année 1841. Ainsi, le 6 janvier 1841, une source d'eau extrêmement considérable s'étant déclarée dans la galerie 9, il fallut suspendre le travail, malgré la présence d'une machine à vapeur qui extrayait près de 1,000 litres d'eau par minute. Quelque temps après, en approfondissant le puisard (1) du puits 8, ouvert dans un grès tendre, on rencontra le calcaire compacte, et aussitôt l'eau augmenta tellement, qu'il fallut abandonner encore ce

(1) On désigne sous le nom de puisard, un trou assez profond que l'on creuse au-dessous de l'axe du puits et en contrebas de la cuvette de la galerie. Ce puisard sert à rassembler les eaux qui s'écoulent des galeries, et on peut ainsi mettre à sec, du moins en partie, le sol inférieur sur lequel on pose le chemin de fer qui sert à l'extraction des déblais des galeries.

travail, la machine à vapeur ne pouvant plus suffire à l'enlèvement des eaux et des déblais.

Vers le même temps, la galerie du puits 1, qui avait marché sans obstacle, tant qu'elle avait été creusée dans la molasse qui recouvre le noyau du versant septentrional de la chaîne des Taillades, rencontra à 20 mètres environ en aval du puits le calcaire compacte, et à cet instant les eaux jaillirent en telle abondance, qu'il fallut abandonner immédiatement le travail. Les eaux montèrent dans le puits et s'arrêtèrent au niveau de la nappe déjà rencontrée dans les puits 3, 4 et 5. En outre, il fut impossible de continuer les travaux dans les galeries 11 et 12, la quantité d'eau étant trop forte pour pouvoir faire le service avec des chevaux.

Enfin, les puits 2 et 4, sur chacun desquels le creusement fut continué en dépit de tous les obstacles, donnèrent lieu, au moyen des pompes mues par la vapeur, à des épuisements qui s'élevèrent à près de 500 litres par minute. Aussi le puits 2 ne put-il être achevé que dans les premiers mois de l'année 1842. Moins heureux au puits 4, on arriva jusqu'à 10 mètres au-dessus du fond du canal, après y avoir consacré jusqu'à la fin de l'année 1842, et en ce point on dut s'arrêter, vaincu par l'abondance des eaux et par la dureté du rocher qui, en certains mois, ne permirent de creuser qu'un mètre de profondeur.

Dans cet état de choses, on pensa qu'il ne fallait pas tenter, inutilement ou à grands frais, d'attaquer le centre du souterrain, et qu'il valait mieux réunir tous les moyens d'action vers les extrémités, pour donner un écoulement naturel aux eaux qui paraissaient réunies en si grande quantité dans la chaîne des Taillades.

On se mit donc à travailler jour et nuit aux tranchées de Cazan et de Bidaine, placées à l'amont et à l'aval du souterrain. Vers la partie aval, on plaça une machine à vapeur sur chacun des puits 11 et 12, et on creusa deux nouveaux puits, 13 et 14, afin de pouvoir presser davantage le percement de la galerie jusqu'à la tranchée de Bidaine, et permettre ainsi l'écoulement des eaux. L'exécution de cette tranchée présenta les plus grandes difficultés à cause de la nature argileuse du sol dans lequel elle est ouverte et de la grande quantité d'eau qu'elle donna. On fut obligé de soutenir le terrain de chaque côté du canal par des murs d'une forte épaisseur, et pendant ce travail on eut sans cesse à lutter contre des éboulements. Sans attendre l'achèvement de la tranchée, on perça, dans le centre de l'emplacement qu'elle devait occuper, une petite galerie d'écoulement qui arriva bientôt à la tête aval du souterrain, et qui atteignit, dès le mois de février 1842, la galerie 14 ; de sorte que, dès cet instant, les eaux de la partie aval du souterrain s'écoulèrent naturellement à la surface du sol par la tranchée de Bidaine. Le travail dans les galeries fut ainsi considérablement facilité et on parvint, en effet, à mettre en communication et à terminer complètement, dès le mois de juin 1842, tout le souterrain depuis la tranchée de Bidaine jusqu'au puits 11, sur une longueur de 630 mètres environ.

Du côté de la vallée de la Durance, on obtint des résultats tout aussi satisfaisants. Ainsi, dès le mois d'octobre 1841, on avait ouvert la tranchée de Cazan, de manière à donner un écoulement complet aux eaux de la galerie, en établissant un fossé avec pente en sens inverse de celle du canal. On fit sortir, de ce côté, une énorme quantité d'eau, et on put alors terminer la galerie entre l'entrée du souterrain et le puits 1, et continuer ensuite le percement du côté du puits 2. Ce percement fut continué en 1842 et 1843; mais, vers la fin de 1842, le rocher était devenu tellement rebelle, les eaux jaillissant par mille fissures apportaient tant d'obstacles au creusement, qu'en travaillant à quatre postes on ne pouvait guère percer la galerie que sur deux mètres par mois, ce qui revient à environ dix-sept millimètres d'avancement par poste (1). Les sources, à cette époque, donnaient environ 4,000 litres d'eau par minute. En mars et

(1) On appelle poste la réunion de trois ouvriers mineurs qui travaillent six heures de suite, sans désemparer, et dont le tour revient toutes les 24 heures.

avril 1843, les eaux commencèrent à diminuer un peu. La rapidité du travail s'en ressentit aussitôt, et enfin la rencontre entre les deux galeries eut lieu dans les premiers jours de l'année 1844.

Cette rencontre était impatiemment attendue, aussi bien pour l'avancement de l'ensemble du travail que pour l'écoulement par la tranchée de Cazan de toutes les eaux qu'on avait rencontrées dans la galerie aval du puits 2. En effet, dès le commencement de 1842, on avait attaqué, dans ce puits, la galerie des deux côtés, en opérant les épuisements au moyen d'une pompe mise en mouvement par une machine à vapeur; mais, le 25 juin 1842, on rencontra, en aval du puits, des sources si puissantes, que la machine fut reconnue aussitôt insuffisante à les surmonter. On réussit à les boucher avec des lames de plomb, et, dès-lors, il fallut se borner à opérer le percement de la galerie du côté du puits 1. Cependant, une machine et une pompe étant devenues inutiles, on se décida à les placer au puits 2, afin de tirer tout le parti possible de ce puits, en y travaillant du côté du puits 3. On continua donc le percement en aval, au moyen des deux machines agissant simultanément; mais les mêmes sources, rencontrées d'abord et dont on n'avait pu apprécier entièrement la force, obligèrent encore à arrêter le percement en aval du puits. Heureusement, on réussit une seconde fois à fermer avec du plomb les fissures qui donnaient passage aux eaux. Ce remède, appliqué à temps, sauva la galerie d'une submersion imminente, et, dès-lors, convaincu de l'inutilité et des dangers de nouveaux efforts, on se borna à travailler en amont du puits 2, pour reprendre le percement en aval lorsque l'écoulement des eaux serait assuré par la rencontre de la rigole amenée de l'entrée de la galerie. Ce travail en amont se fit lentement dans les premiers mois de 1843, la dureté du rocher ne permettant d'avancer que de un à deux mètres par mois. Depuis, il devint plus favorable, et l'on vient de voir que la réunion des galeries 1 et 2 eut lieu dans les premiers jours de l'année 1844, et amena ainsi le libre écoulement, si longtemps attendu, des eaux rencontrées en aval du puits 2.

Il y eut ainsi une longueur d'environ 600 mètres de galerie complètement ouverte du côté amont du souterrain, et cette longueur, ajoutée aux 630 mètres déjà percés du côté aval et à 1150 mètres qui avaient été percés, malgré les eaux et des difficultés inouïes, dans les diverses galeries des puits situés vers le milieu du souterrain, donna, vers les premiers jours de l'année 1844, une longueur d'environ 2,380 m., ouverte sur la longueur totale de 3,674 m. 55 c. que devait avoir le souterrain des Taillades.

Quoique les effets obtenus, en réunissant tous les moyens d'action vers les extrémités du souterrain des Taillades eussent été fort satisfaisants, on n'avait pourtant pas atteint, par cette décision, tout le résultat qu'on avait espéré obtenir ; car les eaux du centre du souterrain, celles des puits 2, 3, 4 et 5, sur le versant septentrional, et des puits 8, 9 et 10, sur le versant méridional, n'avaient que peu ou pas diminué. On avait déjà percé, il est vrai, en 1842, toute la galerie entre les puits 6 et 7, sur 270 m. environ de longueur et au moyen d'un manége sur le puits 6 et de deux machines à vapeur placées, l'une sur le puits 7, et l'autre sur un puits auxiliaire qu'on avait creusé près de ce dernier, on avait pu commencer l'avancement de la galerie du côté des puits 5 et 8, non sans avoir eu d'abord à vaincre de grandes difficultés que présentèrent des éboulements considérables survenus pendant les cinq premiers mois de l'année 1843. Mais il avait été impossible de continuer le creusement des puits dans lesquels l'eau s'était maintenue à peu près constamment au même niveau, et, en outre, comme il eût été infiniment trop long de percer directement la galerie entre les puits 7 et 11, pour le versant aval, et entre les puits 6 et 2 pour le versant amont, on comprit qu'il fallait nécessairement prendre un parti décisif pour chacun de ces versants, afin de pouvoir terminer le percement du milieu du souterrain en même temps que toutes les autres portions du canal.

Voici les résolutions auxquelles on s'arrêta :

Pour le versant aval, on établit sur le puits 8 une machine d'épuisement de la force de cent chevaux, avec une pompe capable d'élever environ 5,000 litres d'eau par minute, à 45 mètres de hauteur. On commençait déjà à jeter les fondements de cette machine, lorsque, le 2 juin 1843, en perçant la galerie du puits 6 vers le puits 5, on mit au jour une source énorme. Vainement chercha-t-on à élever un barrage entre les puits 6 et 7 ; les eaux eurent, en peu d'heures, envahi la galerie et les puits, et, s'élevant toujours, elles arrivèrent jusqu'au sommet du puits, à 60 mètres au-dessus du fond de la galerie, hauteur où elles prirent leur roulement naturel à la surface du sol. On n'eut que le temps d'enlever les tuyaux de la pompe hors du puits. Cet événement fit sentir, non plus seulement la grande utilité, mais le besoin indispensable de l'énergique machine d'épuisement dont nous venons de parler. On activa autant que possible les travaux d'établissement, et l'on parvint à la faire marcher le 11 décembre 1843.

A partir de ce moment, on put, au moyen de cette machine, enlever les eaux de la galerie venant du puits 5 jusqu'au puits 9, et supprimer les moyens d'épuisement placés aux puits 6 et 7, pour ne laisser fonctionner que la grande pompe.

D'un autre côté, comme l'espace entre les

puits 9 et 10 s'annonçait devoir être entièrement en calcaire compacte et paraissait, en conséquence, devoir exiger pour son percement un temps plus long qu'il ne convenait, on creusa, pendant l'année 1844, deux puits intermédiaires entre les puits 9 et 10, on établit une machine de douze chevaux sur le puits 9, et une machine de six chevaux sur chacun des puits intermédiaires, et on parvint ainsi à mettre enfin en communication toute la galerie, depuis le puits 8 jusqu'au puits 10, sur environ 525 mètres de longueur, pendant la première moitié de l'année 1845.

Pendant que ces travaux s'exécutaient sur ce point, on avait déjà percé, au mois d'août 1843, la galerie amont du puits 11 jusqu'au puits 10, et au mois d'octobre 1844 la galerie aval du puits 7 jusqu'au puits 8.

Les eaux de tout le versant méridional de la chaîne des Taillades prirent, dès ce moment, leur cours naturel par la tranchée aval du souterrain, et on put alors éteindre la machine de cent chevaux et arrêter la grande pompe qui, vers la fin, avait à enlever environ 5,500 litres d'eau par minute et menaçait, à chaque instant, de devenir insuffisante.

Pour le versant amont, on prit un parti différent du précédent, mais non moins énergique.

Il était évident que l'apparition des eaux, dès qu'on touchait au calcaire compacte, et leur obstination à se maintenir au même niveau dans des puits éloignés de 250 mètres l'un de l'autre, dénotaient la présence d'une nappe d'eau d'une étendue considérable et d'une puissance encore inconnue, mais toujours supérieure aux efforts des machines à vapeur de la force de six à douze chevaux. En présence d'un tel obstacle et des efforts infructueux que l'on fit pour continuer le creusement des puits 3, 4 et 5, et qui n'aboutirent guères qu'à creuser un mètre de profondeur de puits, par mois, avec des dépenses énormes et des dangers de toute sorte, on se décida à user d'un moyen qui devait amener les plus heureux résultats.

Comme la nappe d'eau se maintenait constante sans s'élever plus haut que 8 à 9 mètres au-dessus du fond du canal, on prit le parti de creuser au-dessus des eaux une galerie auxiliaire de deux mètres de hauteur, et de l'approfondir plus tard sur toute sa longueur jusqu'au niveau du fond du canal. On obtenait ainsi l'avantage de pouvoir commencer le percement sans délai, de n'avoir point d'épuisement à effectuer, et, par suite, point de machine à vapeur à acheter, à poser et à entretenir.

On entreprit donc immédiatement la galerie auxiliaire entre les puits 2, 3, 4, 5, et 100 mètres en aval du puits 5, sur près de 900 mètres de longueur. Pour accélérer le percement de cette galerie auxiliaire, on creusa entre les puits

2 et 3 un puits intermédiaire, et on en fit autant entre les puits 4 et 5. Un ravin, dans lequel se réunissaient les eaux descendant des montagnes, passait près de ce dernier puits intermédiaire, et comme la nature du sol ne se prêtait que trop à une absorption immédiate des eaux de surface, après chaque pluie, ce puits était submergé. On se mit à l'abri de cette gêne en creusant au ravin un nouveau lit et en le rejetant dans un vallon différent.

On travailla avec activité et persévérance au percement de la galerie auxiliaire, pendant les neuf derniers mois de l'année 1843 et toute l'année 1844. A mesure qu'une portion de cette galerie était terminée, on creusait entre elle et la grande galerie des puits intermédiaires destinés à accélérer la marche du travail. C'est ainsi que, pendant l'année 1844, on commença, autant que le permirent les eaux, le creusement de sept puits de 10 mètres environ de profondeur. Ces puits ne furent achevés que pendant l'année 1845, et on commença alors le percement de la grande galerie à son niveau réel, dans tous ces puits, en élevant les eaux dans des rigoles établies dans la galerie auxiliaire, d'où elles prenaient leur écoulement naturel à l'extérieur, par la tranchée de Cazan, après avoir suivi la galerie amont du puits 2, qui avait été ouverte le 12 janvier 1844. La communication entre tous ces divers puits commença à avoir lieu vers la fin de l'année 1845, puis successivement dans les premiers mois de 1846, et enfin le premier trou qui ouvrit le souterrain des Taillades d'un bout à l'autre, fut percé, le 26 mai 1846, par un coup de mine allant d'un puits intermédiaire vers le puits 6.

Dès ce moment, on put considérer le souterrain comme terminé, et il ne resta plus, pour pouvoir y faire passer les eaux de la Durance, qu'à rétablir dans son véritable sens la pente qui avait été ouverte en sens inverse pour l'écoulement des eaux de source vers la tranchée amont, et à maçonner les parties de la galerie qui n'offraient pas de grandes garanties de solidité. Ces travaux d'achèvement furent exécutés pendant la fin de l'année 1846, et dès le mois de mai 1847 toutes les parties du souterrain des Taillades étant complètement parachevées, on put, sans inconvénient, y introduire l'eau de la Durance.

L'exécution du souterrain des Taillades et des tranchées aux abords a coûté, en chiffres ronds, 3,250,000 francs. Ce travail avait été prévu au devis estimatif, comme devant occasionner une dépense de 1,300,000 francs. Il y a donc eu, pour l'exécution, une augmentation de près de deux millions sur les estimations du projet. Cette énorme différence provient, en entier, de la présence des eaux dans la roche calcaire compacte dont est composé le chaînon qu'il a fallu traverser, et qui a présenté, pour son percement, des difficultés dont nous n'avons pu donner encore qu'une bien faible idée, par suite de l'étroitesse du cadre dans lequel nous avons été obligés de nous renfermer.

La longueur totale des puits creusés pour l'exécution de ce souterrain est de 1,017 m. 11 c., dont 449 m. ont été boisés, et 276 m. maçonnés. La moyenne générale du prix de revient de tous ces puits est de 667 fr. 10 c., et on a estimé que sur cette somme 500 fr. environ doivent être appliqués à l'épuisement des eaux renfermées dans la montagne.

Le prix moyen du mètre courant de galerie est de 630 fr. environ. On remarquera, sans doute, que ce chiffre est un peu moins élevé que celui des puits ; mais ce fait, surprenant au premier abord, s'explique par les différences de longueurs respectives. Les puits les moins coûteux sont aussi les moins profonds et ne peuvent, par conséquent, avoir qu'une faible importance dans la balance générale du creusement de tous, tandis qu'au contraire les galeries exécutées sans épuisement et, par conséquent, sans dépenses extraordinaires, comptent des longueurs notables dont l'introduction dans la moyenne générale a amené le chiffre que nous venons de citer.

Si, à la dépense faite pour l'établissement des puits, on ajoute celle du percement des galeries, et si on répartit la dépense totale sur chacun des 3,674 m. 55 c. qui constituent la longueur du souterrain des Taillades, on trouvera que le prix de revient définitif du souterrain est par mètre courant de 800 fr. environ.

La présence de l'eau dans la plupart des galeries a contribué pour un tiers à la formation de ce chiffre ; mais il faut observer que la dépense à laquelle elle a donné lieu ne doit pas être considérée comme absolument perdue ; car les sources ont continué à couler dans le lit du canal, et on évalue leur produit à près de 8,500 litres par minute ; c'est donc un pareil volume ajouté aux ressources du canal et sa valeur, lorsqu'il sera mis en œuvre dans le territoire de Marseille, ne sera pas moindre de vingt mille francs chaque année, ce qui représente un capital de quatre cent mille francs.

Nous ne terminerons pas ce rapide exposé des difficultés auxquelles a donné lieu la construction du souterrain des Taillades, sans faire connaître un incident très-remarquable qui eut lieu pendant l'exécution des travaux et qui eût, sans aucun doute, donné naissance à un grave procès, si les parties intéressées n'eussent été animées, chacune à leur point de vue, d'un sentiment bien honorable de délicatesse et de bonne foi.

M. d'Abel de Libran, ancien membre du conseil général des Bouches-du-Rhône, possédait une propriété très-importante au quartier de Garachon, sur le territoire de la commune de Lambesc. La ligne du souterrain des Taillades passe sous cette propriété et l'exécution des travaux avait été commencée sans acquisition de la portion de propriété qui, dans l'axe du souterrain, appartenait à M. de Libran. Quatre sources assez considérables servaient à l'arrosage et à l'embellissement de cet important domaine. La première source, située au pied de la colline du Haut-Libran donnait à l'arrosage environ 165 mètres cubes par 24 heures, et en outre alimentait, au moyen d'un aqueduc construit en 1833, la fontaine d'une auberge située sur les bords de la route nationale de Paris à Antibes. Cette dernière alimentation était fournie par un volume de 35 mètres cubes par jour, ce qui donnait environ 200 mètres par jour pour cette première source.

La seconde source, découverte en 1666, au dessous de la route nationale de Paris à Antibes, fournissait par jour 170 mètres cubes, qu'on employait à l'arrosage de deux hectares de prairies environ, et à l'alimentation d'une fontaine à trois becs devant la maison d'habitation, de trois fontaines pour la ferme et l'écurie, d'un lavoir et d'une salle de bains.

La troisième source donnait environ 144 mèt. cubes par jour, et la quatrième donnait dans le même temps environ 112 mètres cubes, que l'on employait exclusivement à l'arrosage.

En résumé, ces quatre sources donnaient ensemble environ 626 mètres cubes par jour, desservaient six fontaines et arrosaient une surface de six hectares de prairies.

Le 4 décembre 1844, M. de Libran vint annoncer au chef de la 2ᵉ division des travaux du canal, composée exclusivement du souterrain des Taillades et des tranchées aux abords, que la première source de son domaine diminuait considérablement. Le fait fut reconnu exact. Après les neiges qui tombèrent peu de jours après le 4 décembre, les eaux reparurent aussi abondantes que de coutume, et le 17 janvier 1845 elles coulaient avec leur volume ordinaire.

Dans le courant de février 1845, la première source commença de nouveau à diminuer, et le 25 du même mois elle ne donnait plus qu'un filet d'eau, tandis que, pendant le même temps, la seconde source avait diminué notablement, et enfin, au commencement d'avril 1845, les deux sources avaient complètement tari.

Le 20 mai de la même année, la troisième source commença aussi à diminuer notablement, et au commencement de juin elle ne donna plus d'eau. Enfin, vers le milieu de juillet, la quatrième source placée à une très-petite distance de la troisième, diminua à son tour, et peu de temps après, ne tarda pas à disparaître entièrement.

Dès la perte de ses deux premières sources,

à la date du 5 avril 1845, M. de Libran adressa une lettre à M. le Maire de Marseille, pour lui faire savoir que les travaux du canal exécutés chez lui, travaux pratiqués sans aucune cession de terrain de sa part, avaient eu pour résultat fâcheux de couper deux magnifiques sources qui jaillissaient dans sa propriété; il ajouta que le tarissement de ses sources étant un fait matériel qui ne pouvait être contesté, il était fondé à réclamer de la ville de Marseille une indemnité proportionnée aux dommages qu'il éprouvait, indemnité qu'il ne dissimulait pas devoir être très-considérable, la perte de ses eaux équivalant, d'après lui, à la ruine de sa propriété. Toutefois, M. de Libran, se reposant sur la loyauté de l'administration, déclarait ne vouloir pas recourir aux tribunaux et se bornait seulement à demander qu'une description et qu'une constatation de l'état des lieux fût faite immédiatement et consentait à ce que M. de Mont-Richer, directeur du canal, fût chargé de dresser lui-même le rapport qu'il demandait.

Il fut constaté par ce rapport, dressé à la date du 12 juillet 1845, que la première apparition des sources dans le souterrain avait eu lieu le 2 juin 1843, la galerie étant arrivée à 19 mètres de distance, en amont du puits 6. Nous avons vu, en effet, que les eaux pénétrèrent, à cette époque, dans la galerie, en si grande abondance, qu'elles arrivèrent, en peu de temps, jusqu'au sommet du puits 7, où elles prirent leur écoulement naturel à la surface du sol. Au moyen de la machine de cent chevaux, appliquée au puits 8, on put travailler à la galerie entre les puits 7 et 8, et nous avons vu aussi que, dès le mois d'octobre 1844, la galerie ayant été ouverte entre ces deux puits, on donna aux eaux leur écoulement jusqu'à la pompe de la grande machine, et l'on recommença le percement de la galerie entre les puits 6 et 5. Or, ce fut peu de jours après cette reprise du percement entre les puits 6 et 5, que la source supérieure de M. de Libran commença à diminuer.

Le rapport du directeur du canal constata, en outre, que, depuis le mois d'octobre jusqu'à la fin de décembre 1844, la quantité d'eau extraite de la galerie par le puits 8, avait été de 2,500 à 2,600 litres par minute ; mais, qu'en janvier 1845, cette quantité s'était élevée à 3,000 litres; en février, à 3,600 ; en mars, à 4,000; en avril, à 4,400, et enfin, en mai, à plus de 5,000 litres. En juin, la machine ne pouvant plus enlever toute l'eau fournie par la galerie, il fallut fermer le barrage construit dans le souterrain entre les puits 7 et 8. Heureusement, on perça, le 14 juin 1845, la galerie entre les puits 8 et 9, et les eaux purent ainsi s'écouler librement par la tranchée de Bidaine.

Il fut donc constaté, par le rapport du directeur du canal, que, depuis le commencement de l'année 1845, à mesure que le percement du souterrain avançait, de nouvelles sources étaient découvertes et la quantité d'eau fournie entre les puits 5 et 6 augmentait sans cesse pendant que les sources de M. de Libran diminuaient peu à peu et disparaissaient successivement. Ces sources n'ayant tari, d'ailleurs, que lors des plus grandes sécheresses, on ne pouvait attribuer leur disparition à des causes ordinaires, et on ne pouvait l'expliquer qu'en admettant leur alimentation antérieure par les eaux qui, actuellement, s'écoulent par le souterrain des Taillades.

D'après ce rapport, il fut évident, pour le conseil municipal de Marseille, que les travaux exécutés dans la propriété de M. de Libran avaient occasionné le dommage dont se plaignait ce propriétaire, et que la ville de Marseille qui, par l'exécution de son canal, était la cause de ce grand préjudice, en devait la réparation, d'après ce principe d'éternelle justice, que celui qui occasionne à autrui un dommage quelconque, lui en doit la réparation complète.

Il ne pouvait plus, dès-lors, y avoir dissidence que sur le chiffre de l'indemnité.

M. de Libran, invité à formuler un chiffre précis pour le dommage éprouvé dans sa propriété, demanda cent mille francs, qu'il décomposa de la manière suivante :

1º Perte des jardins, prairies, et, en général,

de tous les arrosages. . . . . . 44,000 f.
2° Destruction de l'auberge. . . 16,000
3° Dépréciation de la propriété qui, de propriété d'agrément, était devenue simple ferme. 30,000
4° Dépréciation des fermes elles-mêmes, privées désormais d'un élément indispensable en agriculture, de fourrages. 10,000

Total. . . . . . 100,000 f.

Une commission, prise dans le sein du conseil municipal de Marseille, se transporta sur les lieux et reconnut que le dommage qui résultait pour la propriété de M. de Libran, de la disparition de ses sources, était vraiment considérable ; près de six hectares de prés ou jardins desséchés, et qu'il fallait transformer en champs ou en vignes ; les avenues, plantées en peupliers et en platanes jusqu'ici abondamment arrosés, et qui étaient livrés à une sècheresse d'autant plus grande que rien ne les protégeait contre l'action du vent du nord-ouest ; les six fontaines, enfin, qui desservaient l'auberge ainsi que le château de Libran et ses dépendances, complètement taries ; tous ces dommages étaient d'une grande valeur, et outre une perte réelle de produits, M. de Libran avait encore à supporter un préjudice difficile à apprécier en argent, mais qui n'en était pas moins réel ; c'est celui qui résultait de la perte de tout ce qui faisait l'agrément de sa propriété, des ombrages qui entouraient sa maison et de tous les autres avantages qui résultent pour une propriété d'être abondamment pourvue d'eaux courantes.

Après avoir mûrement réfléchi sur les bases de l'appréciation de l'indemnité à accorder à M. de Libran, la commission s'arrêta aux conditions suivantes : elle reconnut d'abord que, sur sur les six hectares de prairies, un seul pouvait recevoir encore cette culture. En outre, les cinq hectares qui restaient devaient être convertis en terres à blé ; l'hectare de prairie valant à Lambesc 9,000 fr., et celui de terre à blé 3,000 fr., cela donnait une différence totale de 30,000 fr. pour les cinq hectares. Le dommage occasionné à l'auberge fut fixé à 5,000 fr., et la perte de la jouissance fut évaluée à 15,000 fr. Le total de l'indemnité fut donc estimé à 50,000 francs.

En conséquence, le conseil municipal de Marseille prit, à la date du 25 mai 1846, une délibération en vertu de laquelle il accorda à M. de Libran la somme de 50,000 francs, et M. de Libran ayant accepté cette estimation, on vit se terminer ainsi, à la satisfaction générale, une affaire qui aurait pu donner lieu à un grave procès si elle n'eût été dirigée, de chaque côté, par des hommes parfaitement honorables et véritablement animés du sentiment du bien public.

Au sortir du souterrain des Taillades, le canal

de Marseille traverse, sur une courbe d'un très-grand rayon, toute la plaine de Lambesc, dont il franchit le thalweg sur l'aqueduc Granier, composé de cinq arches de trois mètres d'ouverture. Cet aqueduc est destiné au passage d'un petit canal d'arrosage et à l'écoulement des eaux pluviales qui inondent parfois toute la plaine de Lambesc. Il perce ensuite le petit faîte des Peyrières par un souterrain de 171 m. 25 c. de longueur, franchit le Vabre de Maurel sur un aqueduc de six mètres d'ouverture, passe sous le contrefort de Suffréchois au moyen d'un souterrain de 373 m. 20 de long, et arrive sur le versant nord de la vallée de Touloubre.

C'est pour franchir cette vallée qu'a eu lieu la constructions du pont-aqueduc de Valmousse ou de la Touloubre, le plus important de toute la ligne, après le pont-aqueduc de Roquefavour. Cet ouvrage d'art, composé d'un seul rang d'arcades de huit mètres d'ouverture et de vingt-sept mètres de hauteur au-dessus des fondations, présente une longueur de 200 mètres. Les piliers ont deux mètres d'épaisseur aux naissances et sont formés de pierre de taille de Rogues. Les quatorze voûtes ainsi que les murs de la cuvette sont construits en moellons piqués avec angles en pierre de taille. Pendant les années 1842 et 1843, on travailla aux fondations de cet ouvrage et on fit de grands approvisionnements de pierres de taille, de manière à attaquer vivement la construction pendant la campagne de 1844. En effet, à la fin de cette année, toutes les piles étaient élevées de cinq mètres au-dessus des fondations. L'organisation des chantiers, pour la pose des pierres et pour l'approche des matériaux, fut analogue, sauf quelques détails d'application, à celle adoptée pour Roquefavour, et la rapidité imprimée aux travaux par cette organisation fut telle, qu'à la fin de 1845 les 14 voûtes du pont-aqueduc étaient fermées, et que l'ouvrage était complètement terminé dans la campagne de 1846.

Après avoir franchi la Touloubre, le canal rencontre immédiatement un coteau qui fait partie du versant sud de la vallée de ce nom et le perce au moyen du souterrain de Valmousse, de 78 m. 75 c. de longueur; puis il traverse la route départementale de Lambesc à Salon, entre dans le bois de Labarben, où il a fallu percer encore trois souterrains de 36 à 78 mètres de longueur, et arrive à la Voie Aurélienne qui conduit d'Aix à Salon.

Depuis ce point jusqu'à son entrée dans la vallée de l'Arc, près de Coudoux, le canal traverse continuellement les contreforts de la chaîne de Sainte-Victoire, et nous ne saurions trop prémunir nos lecteurs contre les fatigues de ce passage qui ne consiste guères qu'en ascensions et descentes successives sur des coteaux de la plus désespérante aridité. On rencontre, dans cette partie du canal, onze souterrains dont les déblais ont servi à combler les vallons aux abords, et dont la longueur cumulée est d'environ 2,800 mètres. A partir de Coudoux, le canal remonte la vallée de l'Arc pour aller côtoyer les flancs de la colline de Ventabren, du côté du levant, après avoir franchi la route départementale d'Aix à Berre, sur un pont de 8 mètres d'ouverture et 20 mètres de longueur, et arrive enfin sur l'étroite gorge où est construit le magnifique ouvrage de Roquefavour.

Entre Coudoux et Roquefavour, le canal passe encore en souterrain dans quatre points différents, de sorte que depuis le souterrain des Taillades jusqu'à Roquefavour, sur une longueur d'environ 30 kilomètres, on rencontre 21 souterrains dont la longueur totale est de 4,130 mèt. 47 c., et qui ont coûté de 130 à 185 francs le mètre courant, à l'exception de deux qui ont coûté 224 fr., et d'un qui, pour une longueur de 6 m. 40 c. seulement, a occasionné une dépense de 4,380 fr., soit environ 684 fr. par mètre courant.

PONT AQUEDUC DE ROQUEFAVOUR.

Le pont aqueduc de Roquefavour, destiné à faire parvenir les eaux du canal de Marseille de la rive droite à la rive gauche de la vallée de l'Arc, a 82 m. 50 c. de hauteur, depuis l'étiage de la rivière jusqu'à la surface supérieure des parapets, et 375 mètres de longueur entre les culées. Il est composé de trois rangs d'arcades : le premier de 34 m. 10 c. de hauteur ; le second de 34 m. 90 c. et le troisième, de 13 m. 50 c. Il y a au premier rang 12 arches de 15 mètres d'ouverture ; au second rang, 15 arches de 16 mètres ; et au troisième rang, 53 arches de 5 mètres.

Ce n'est point sans de mûres réflexions que le projet d'un pont aqueduc a été adopté pour franchir la vallée de l'Arc, par le conseil municipal de Marseille, préférablement à celui d'un siphon. Il n'est pas rare d'entendre dire encore aujourd'hui, par certaines personnes, que la ville de Marseille eût bien fait de se contenter d'un modeste projet et de ne point élever un monument qui, d'après elles, a coûté bien plus cher et ne rapporte pas davantage que si on se fût contenté d'un simple siphon.

Je prouverai en peu de mots combien cette assertion est erronée.

Et d'abord, au point de vue de la grandeur du projet adopté, je dirai que, si l'idée d'élever un monument à la gloire de Marseille était jamais entrée dans l'esprit du conseil municipal de cette ville, on peut bien assurer que ce noble orgueil eût été légitime ; car, à l'époque où le canal était en pleine construction, le conseil municipal traduisant, à son point de vue, le mot d'un homme célèbre, aurait pu dire : « Marseille est assez riche pour payer sa gloire. » J'ajouterai même que si ce mot eût été prononcé, il se serait trouvé au sein du conseil municipal et dans la ville de Marseille, beaucoup d'esprits généreux qui eussent adopté avec empressement la solution de cette question à ce seul point de vue.

Mais je me hâte de dire que le conseil municipal de Marseille, en adoptant le projet d'un pont-aqueduc, n'a point cédé à une trop généreuse inspiration. La question fut tout à la fois vivement et froidement débattue au sein du conseil municipal, dans sa séance du 23 mai 1839, et on peut affirmer que la résolution à laquelle cette assemblée s'est arrêtée n'a pas donné lieu à plus de dépenses, et a rapporté davantage que la construction d'un siphon.

En effet, d'après des calculs familiers à tous les ingénieurs, on peut voir facilement que, pour satisfaire aux données du problème par un siphon et pour débiter par seconde les dix mètres cubes qui sont le produit habituel du canal (1), il ne faudrait employer rien moins que 18 tuyaux de 0 m. 60 c. de diamètre, ou 6 tuyaux de 1 mètre, ou, enfin, un seul tuyau de 2 m.

---

(1) Voir pages 21 et 31.

Or, avec la pression énorme de 80 mètres de hauteur d'eau, ou même seulement de 50 mètres, en supposant que la partie inférieure des tuyaux fût supportée par un rang d'arcades de 30 mètres de hauteur, quel système de joints eût-on employé pour rendre les tuyaux parfaitement étanches ? Quelle vanne de chasse eût été assez solide pour résister à cette pression au moment de sa manœuvre, soit pour la fermer, soit pour l'ouvrir ? Et quelle débâcle n'eût pas eu lieu si un joint peu résistant ou un tuyau peu solide eût cédé à l'effort constant produit par cette hauteur d'eau. Jamais siphon ne fut établi sur une aussi vaste échelle et dans des conditions aussi peu sûres, et il n'était pas convenable pour l'administration municipale de Marseille de courir les chances, peut-être désastreuses, d'un pareil ouvrage. Aussi, le conseil municipal a-t-il agi avec une prudence et une sagesse consommées en adoptant le projet d'un pont-aqueduc, préférablement à celui d'un siphon qui aurait pu entraîner la ville de Marseille dans des dépenses immenses d'entretien d'abord, et de reconstruction ensuite, en cas d'accident.

Ces premières considérations répondent amplement à l'objection relative au prix de revient. Mais ce ne furent pas les seules qui frappèrent le conseil municipal, car il fut parfaitement démontré à cette assemblée qu'en définitive la construction d'un pont-aqueduc rapporterait davantage que celle d'un siphon. En effet, tout le monde sait aujourd'hui que l'eau renfermée dans des tuyaux de conduite exerce sur les parois intérieures de ces tuyaux une pression d'autant plus forte que la charge d'eau est plus considérable au-dessus du point le plus bas de la conduite. Cette pression, lorsqu'elle s'exerce sur des tuyaux disposés en forme de siphon, enlève à l'eau une partie notable de sa force ascensionnelle et, dans le cas dont nous nous occupons, il est facile de calculer que l'eau sur la rive gauche de l'Arc ne serait remontée dans le canal qu'à un niveau inférieur de quatre mètres à celui de son entrée dans le siphon (1). Or, une diminution de quatre mètres dans la hauteur du point d'arrivée du canal à l'entrée du territoire marseillais, eût fait perdre à l'irrigation plus de mille hectares de terrains qui, privés ainsi du bénéfice de l'arrosage qu'ils ont obtenus par la construction de pont aqueduc, eussent occasionné à la ville du Marseille la perte d'un capital d'environ deux millions, d'après les prix fixés aujourd'hui pour la rétribution des arrosages.

On voit donc qu'au double point de vue de la question financière et de la question d'art, le

---

(1) Les eaux du canal arrivent à l'entrée du territoire de la commune de Marseille avec la cote 150 mètres au-dessus de la mer. Elles ne seraient arrivées qu'avec la cote 146 si on eût adopté un siphon au lieu d'un pont-aqueduc.

conseil municipal de Marseille a très-heureusement résolu le problème de la traversée de la vallée de l'Arc, en adoptant le projet d'un pont-aqueduc préférablement à celui d'un siphon.

Les travaux préparatoires du pont-aqueduc de Roquefavour furent commencés en 1839, et jusqu'en 1840 on ne s'occupa que de sondes, fouilles, recherches de carrières, essais et expériences sur les chaux, le sable, les pierres et de l'organisation des chantiers.

A la fin de l'année 1840, les projets détaillés de cet important ouvrage ayant été approuvés, on mit les travaux en adjudication. Les entrepreneurs auxquels ils échurent les commencèrent en 1841, et pendant cette année exécutèrent les fondations de huit piles ; mais, au commencement de 1842, ils demandèrent et obtinrent la résiliation de leur marché. M. le ministre de l'intérieur, par décision du 16 avril 1842, ayant autorisé l'exécution du pont-aqueduc, en régie et à la tâche, ce ne fut que depuis cette époque que l'on put s'occuper sérieusement des dispositions à suivre pour l'exécution de cet ouvrage. En effet, tant que les entrepreneurs chargés du travail le poursuivirent à leurs risques et périls, ils purent suivre pour sa direction le mode qui leur parut le plus convenable. Lorsqu'ils se furent retirés, une partie de la campagne de 1842 fut consacrée à une organisation nouvelle qui n'eut d'effet complet qu'en 1843.

Une des premières recherches auxquelles on se livra au commencement des travaux fut celle des carrières de pierre de taille. On avait pensé pouvoir les trouver sur place ; mais on reconnut bientôt que les bancs de roches au milieu desquels s'élève le pont-aqueduc ne pouvaient en aucune manière être utilisés dans les constructions. Vainement explora-t-on les collines et les montagnes voisines ; on n'obtint aucun résultat satisfaisant. On découvrit enfin, à six kilomètres de distance du pont-aqueduc, non loin du pont de Velaux, deux carrières de pierre de taille d'excellente qualité, d'une richesse inépuisable et d'une exploitation assez facile. Ces carrières, ouvertes dans les collines appelées du Mont-Ribas et du Collet-de-Bourret, s'exploitaient dans des bancs de rochers dont l'épaisseur variait de 0 m. 50 à 2 mètres. Pendant l'année 1843, une très-grande impulsion fut donnée à ces carrières. L'entrepreneur chargé de ce travail opéra la découverte de tous les bancs de pierre à exploiter jusqu'à la fin des travaux ; vers la fin de la même année, le front d'exploitation de la carrière du Mont-Ribas présentait une longueur de 1,500 mètres ; la carrière du Collet-de-Bourret était exploitée sur 600 mètres de longueur, et on occupa pendant plus d'un an 300 tailleurs de pierre dans ces deux carrières. Pour tirer tout le parti possible de l'épaisseur des bancs de pierre de taille, il fut nécessaire d'employer dans la construction du pont-aqueduc des pierres de très-fortes dimensions. On se décida à appareiller ces pierres par assises, variant de cinq en cinq centimètres, depuis 0 m. 60 jusqu'à 1 m. 25 de hauteur. On a même taillé et posé quelques pierres de 1 m. 50 de hauteur d'assise.

Pour opérer le transport de pierres d'aussi fortes dimensions (quelques-unes cubaient jusqu'à 6 m. et pesaient 15,000 kilog.), les moyens habituels étaient de beaucoup insuffisants, et on dut, en conséquence, créer un chemin de fer qui reliât les carrières au pont-aqueduc. Le chemin de fer qui fut construit à cette occasion avait près de neuf mille mètres de longueur, en y comprenant ses embranchements, et 120 waggons destinés au transport des pierres furent montés sur ce chemin et le desservirent journellement.

On établit ensuite au pied des carrières et aux abords du pont-aqueduc six dépôts, présentant ensemble une superficie de quatre mille mètres et pouvant contenir jusqu'à dix mille mètres cubes de pierre de taille. Ces dépôts étaient traversés dans leur longueur par le chemin de fer, et les pierres amenées de la carrière y étaient entreposées suivant l'ordre de leur numéro et de l'assise dont elles faisaient partie. C'est de là qu'elles partaient en définitive pour monter et se placer sur le pont-aqueduc.

Pensant qu'il pourra être agréable à quelques-uns de nos lecteurs (surtout à ceux qui liront ces lignes au pied du monument que nous décrivons) de connaître les méthodes expéditives qui ont présidé à l'érection de ce magnifique ouvrage d'art, nous indiquerons sommairement les moyens ingénieux qui furent employés par M. de Mont-Richer, afin de donner à la construction du pont-aqueduc de Roquefavour toute l'activité nécessaire pour faire concorder son achèvement avec celui des autres sections du canal. Un des premiers soins de l'habile ingénieur que nous venons de nommer fut de rendre la pose des énormes blocs tirés des carrières du Mont-Ribas et de celle de Bourret, non-seulement possible, mais encore facile, économique et sans danger. Pour cela, des machines étaient indispensables. On plaça donc sur chaque pile une grue mobile, capable de porter 15,000 kilogrammes. Cette grue, montée sur un bâtis dans lequel était pratiquée une rainure parallèle à l'axe du pont-aqueduc, saisissait les pierres à l'aide d'un crochet suspendu à une corde que la rainure permettait de faire mouvoir en long, tandis que la grue opérait le mouvement ascensionnel. La grue marchait elle-même sur un chemin de fer perpendiculaire à l'axe du pont et posé sur un échafaud.

Cet échafaud se composait de quatre poteaux placés aux angles des piles et reposait sur deux pièces de bois transversales établies sur des corbeaux ou pierres saillantes qui font partie de la maçonnerie du pont-aqueduc. Ces poteaux supportaient deux longues poutres perpendiculaires à l'axe du pont, et c'est sur ces poutres qu'était placé le chemin de fer sur lequel se mouvait la grue mobile. Ces poteaux et les chemins étaient reliés entr'eux par un système de moises, de contrefiches et de tirants, combinés de manière à en assurer la stabilité. Les corbeaux qui supportaient l'échafaud étaient placés de trois en trois mètres, ce qui permettait d'élever de trois mètres les piles de l'ouvrage, après quoi il fallait enlever de toute pièce l'échafaud et le poser trois mètres plus haut. Cette manœuvre s'opérait à l'aide de quatre crics composés d'une vis sans fin garnie d'un écrou portant un support en forme de console saillante. Au pied de la vis, qui n'avait pas moins de 4 m. 50 c. de hauteur, se trouvait un système d'engrenages qui exigeait l'emploi de deux hommes. On asseyait ces vis à chacun des angles de la pile ; elles supportaient les chemins de fer de l'échafaud au moyen de deux poutres placées transversalement à ceux-ci et reposant sur les écrous, et alors s'exécutait le levage. Toute cette opération, en y comprenant l'installation des vis dont chacune pesait deux mille kilogrammes, durait environ quatre heures.

Il est vraiment digne de remarque combien

l'organisation de tout cet appareil de levage fut ingénieusement combinée, puisqu'elle ne donna pas lieu à un seul accident pendant l'exécution des travaux. Il a fallu, dans tout le cours de la construction du pont-aqueduc, opérer plus de trois cents fois le levage de ces échafauds supportant les grues mobiles, et jamais on n'eut à déplorer le moindre événement fâcheux. Un jour, cependant, le levage s'exécutait sur une pile du second rang d'arcades à cinquante mètres de hauteur au-dessus du sol, lorsqu'une pièce de bois, supportant un effort considérable, vint à se briser. Un craquement sinistre se fit entendre ; mais le levage commençait à peine, les poteaux n'étaient qu'à dix centimètres au-dessus des sablières et ils retombèrent tous les quatre dans leur position normale, sans que la moindre suite pénible fût à déplorer. La pièce brisée fut remplacée par le meilleur bois qu'on put trouver dans les chantiers, et l'opération recommencée réussit parfaitement.

Afin de faire communiquer ensemble toutes les piles, on avait établi des ponts de service de dix-sept mètres de portée formés de poutres soutenues par des moises que reliaient des tirants inférieurs en fer forgé et consolidés par des croix de St-André en bois. Ces ponts, de deux mètres de largeur, reposaient à leurs extrémités sur les maçonneries de chaque pile. Ils étaient reliés entr'eux par de petites traverses intermédiaires formées de deux poutrelles. C'est ainsi qu'on avait obtenu une voie continue sur laquelle régnait un chemin de fer. Ce système de voies intermédiaires se démontait d'ailleurs facilement, et on le relevait, ainsi que les ponts de service, avec la plus grande aisance.

Pour opérer rapidement et à peu de frais le montage des matériaux, on avait mis à profit une chute d'eau et une roue hydraulique que l'on avait pu se procurer dans la localité. Un plan incliné avait été construit le long du pont-aqueduc, sur la rive droite de l'Arc. Une forte corde, passant dans la gorge d'une poulie en fonte placée au sommet du plan incliné, s'enroulait sur un tambour placé près de la roue hydraulique qui la mettait en mouvement et faisait monter les waggons chargés de pierres de taille. Un chariot, surmonté d'un treuil mobile sur un chemin de fer placé sur deux poutres, enlevait la pierre du waggon et la transportait dans l'alignement du pont de service où elle était reçue sur un autre waggon et envoyée de là sur la pile à laquelle elle appartenait. Le waggon du plan incliné devenu vide redescendait ensuite par son propre poids et entraînait avec lui la corde jusqu'au pied du plan incliné.

On conçoit que l'emploi de toutes ces dispositions a dû permettre de faire marcher très-rapidement la pose des pierres et la construction du pont-aqueduc. Pendant les années 1844, 1845 et 1846, on exécuta par mois de 1,500 à 2,000 mètres cubes de maçonnerie de pierre de taille, en employant des blocs pesant fort souvent huit mille kilogrammes, qui se posaient à l'aide de grues mobiles avec la plus grande facilité. Il est vrai que tout le matériel mis en œuvre a entraîné une dépense considérable, 900,000 francs environ ; mais quelles n'eussent pas été les dépenses sans l'adoption d'un système complet, tel qu'il fut conçu et exécuté ! C'est ce qu'il est à peu près impossible de dire, quoiqu'il y ait certitude qu'elles se seraient élevées, en définitive, beaucoup plus haut que la somme réellement dépensée. Les dangers auraient été aussi beaucoup plus grands et la solidité des travaux bien moins parfaite. Jamais, enfin, il n'eût été possible d'imprimer à la construction l'activité qui a permis d'achever en quatre années un ouvrage d'art qui présente un cube total de maçonnerie de 66,650 mètres environ, dont plus de 50,000 en pierre de taille, qu'il a fallu élever par blocs de 8,000 à 15,000 kilogrammes, à une hauteur maximum de 83 mètres.

A la fin de l'année 1843, les piles étaient arrivées à une hauteur de quinze mètres au-dessus de l'étiage de la rivière, et au mois de juin 1844 on commença l'établissement des voûtes du premier rang d'arcades. C'est pendant cette phase de travail que l'on rencontra les difficultés de construction les plus nombreuses ; car il fallut, en arrivant aux naissances des voûtes, rétrécir les échafauds de 1 m. 68, afin de les rapprocher des parois des piles devenues plus minces. Ce travail fut très-délicat à exécuter, et, malgré toutes les précautions prises, ne dura pas moins de quinze jours, pendant lesquels la marche de la maçonnerie fut notablement ralentie.

La construction des piles étant élevée jusqu'au sommet des voûtes du premier rang, il fallut ménager dans les piles des passages d'un mètre de largeur pour permettre le parcours sur le premier rang d'arcades. On avait songé d'abord à voûter ces petits passages en plein cintre ; mais les carrières exploitées fournissant des matériaux très-résistants et de fortes dimensions, on profita de cette circonstance pour couvrir les passages en platebande. On simplifia ainsi notablement cette partie de la construction. Cependant, les pierres à poser devant être très-fortes et de dimensions à peu près uniformes, on eut encore assez de peine à les trouver dans les carrières sans perte de temps.

La construction des voûtes du premier rang ne fut commencée que lorsque les échafauds eurent leurs sablières inférieures à trois mètres au-dessus du sommet des arcades. Alors, au moyen de cintres composés de quatre fermes semblables, deux à deux, les fermes de tête étant extérieures, et d'un système de poutres placées les unes au niveau du sol des passages sur les arcades, et les autres à deux mètres environ au-dessus de ce niveau, on put organiser sur chaque emplacement d'arcade un atelier de poseurs, qui achevait une voûte du premier rang en cinq jours, tandis qu'un atelier, travaillant sur la voûte précédente, posait les tympans et les cordons de couronnement en sept jours.

Pour diminuer à la fois et la dépense et le poids supporté par les piles du pont, on a élevé les murs de tête de chaque voûte, isolés l'un de l'autre, et on les a réunis à leur sommet par une voûte en plein cintre, de 3 m. 30 c. d'ouverture, et dont l'axe longitudinal est celui de l'aqueduc. Cette voûte est recouverte d'une chape en béton, et on y a ménagé un regard fermé par une plaque en fonte et de dimensions suffisantes pour que l'on pût sortir les cintres qui servirent à la construction de la petite voûte, y descendre et visiter, au besoin, toutes les parties de la grande voûte.

Les dispositions employées dans la construction des voûtes du premier rang n'ayant aucune connexion avec les opérations des échafauds des piles, il s'ensuit que ces dernières pouvaient être élevées, et qu'à leur tour les grues, les échafauds et les ponts de service continuaient à s'élever sur les piles, tandis que les voûtes du premier rang d'arcades se construisaient en s'étendant de la rive droite à la rive gauche de la vallée.

Au moyen des dispositions décrites ci-dessus, on put donc continuer la construction des piles tout en travaillant à l'établissement des voûtes du premier rang. Ces dernières furent terminées en juin 1845, et les piles arrivèrent aux naissances du second rang d'arcades vers la fin du mois de juillet de la même année. A la fin de 1845, on avait élevé le pont-aqueduc jusqu'au niveau du cordon de couronnement des voûtes du second rang, élevé de 36 m. 50 au-dessus des premières voûtes, ou de 70 m. 60 au-dessus de l'étiage de l'Arc. La construction des voûtes du second rang fut commencée en janvier 1846 et terminée au mois de décembre de la même année. Les moyens employés pour leur exécution furent analogues à ceux que nous avons décrits précédemment pour les voûtes du premier rang d'arcades. Quant aux procédés mis en œuvre pour la construction des piliers et des voûtes du troisième rang, ils furent d'une simplicité plus grande encore.

On a vu, en effet, que, pour la construction des premier et second rangs d'arcades, les travaux ne purent être commencés que par la rive droite de la vallée, où se trouvaient établis la roue hydraulique et le plan incliné, et de la rive droite les travaux s'étendaient progressivement vers la rive gauche. Dans la construction du troisième rang, il fut possible d'entreprendre les travaux sur plusieurs points simultanément ; pour cela, on ménagea sur toute la longueur du pont-aqueduc un passage entre les voûtes du deuxième et du troisième rang ; dès-lors, les matériaux chargés sur les waggons du plan incliné pouvaient être employés sur le chantier de la rive droite ou bien être introduits dans le passage dont on vient de parler. Arrivés là, un chemin de fer servait à les transporter sur le chantier de la rive gauche. Ce passage a été maintenu après l'exécution des travaux et on l'a clôturé à chacune de ses extrémités par une grille en fer qui s'ouvre toutefois devant les visiteurs guidés par un garde du canal et leur permet ainsi de franchir la vallée de l'Arc sur près de 400 mètres de longueur, à plus de 70 mètres au-dessus de la rivière et avec un canal portant près de dix mètres cubes d'eau suspendu sur leur tête.

Les piliers du troisième rang furent élevés au moyen de tréteaux formés de quatre poteaux reliés par deux moises longitudinales et cinq moises transversales ; sur la moise transversale supérieure reposaient deux longrines portant un chemin de fer sur lequel était placé un treuil mobile destiné à la pose des pierres, qui s'effectuait de cette manière avec la plus grande facilité.

Les petites voûtes furent construites au moyen d'une grue portant sur un chemin de fer qui reposait, d'un côté, sur la maçonnerie, et de l'autre sur deux tréteaux placés sur les cordons des naissances et sur deux poteaux intermédiaires. Au moyen de ces dispositions, les pierres destinées aux voûtes étaient saisies par la grue et déposées sur les cintres.

Les moyens employés pour la construction des piliers et des voûtes du troisième rang étant complètement indépendants de ceux employés pour l'élévation des voûtes du second rang, on put exécuter les piliers et les arches du troisième rang, tout en construisant les voûtes du second. C'est ainsi qu'au mois de décembre 1846, au moment où on terminait les voûtes du second rang d'arcades, on avait déjà élevé 45 piliers du troisième rang jusqu'à la naissance ; on avait construit 39 petites voûtes ; on avait fait 150 mètres de longueur de cuvette et placé 250 consoles. Le pont-aqueduc fut enfin entièrement terminé au mois de mai 1847, par la pose des quatre dés qui en forment, à ses quatre angles, le couronnement. Ces dés ont 3 mètres de longueur sur 1 m. 20 de hauteur et 1 m. 60 de largeur ; ils cubent chacun près de six mètres. Toute la cuvette du pont a été recouverte d'un revêtement en briques et en béton. Cent soixante mille briques environ y ont été employées.

Le 29 juin 1847, à midi, on achevait le bétonnage, et le 30, à trois heures du matin, l'eau de la Durance franchissait l'Arc sur le pont-aqueduc. Quelques infiltrations se manifestèrent; mais elles étaient insignifiantes et furent facilement arrêtées. Au mois d'août, tous les travaux étaient achevés et il ne restait plus personne sur cet immense chantier, qui avait occupé tant de bras pendant plusieurs années. En voyant aujourd'hui l'emplacement des travaux débarrassé de tous les matériaux qui l'envahissaient et rendu à son état primitif et tranquille de prairies et de champs soigneusement cultivés, on ne peut se figurer quelle activité et quelle ardeur de travail ont régné dans ces lieux pendant plus de cinq ans, et on se trouve également frappé d'admiration devant l'aspect du site, paisible image de l'éternelle majesté des œuvres de Dieu, et l'aspect du monument, témoignage imposant de la puissance du génie de l'homme.

L'endroit où est construit le pont-aqueduc de Roquefavour est célèbre dans les fastes de la Provence par une victoire importante que les troupes de Marius remportèrent contre les Teutons et les Ambrons, en l'an de Rome 652 (102 ans avant J.-C.). Dans le territoire de la commune de Ventabren, sur les bords de l'Arc, au point même où est construit le pont-aqueduc de Roquefavour, se trouve un rocher très-élevé qu'on appelle *lou Castellas*, et placé en face d'un escarpement auquel la tradition a conservé le nom de : *Baou dé Marius*. Sur le sommet du Castellas est un camp retranché dont les murs existent encore sur une longueur d'environ 800 mètres. Ce camp retranché faisait partie d'une ligne de défense établie par Marius, le long de la vallée de l'Arc, et destinée à fermer le passage aux barbares qui devaient se diriger sur Rome. Cette première ligne, complétée par les camps dont il reste encore des traces près de Constantine et sur la montagne du Cengle, dans la chaîne de Ste-Victoire, se reliait à une seconde ligne de défense établie le long de la vallée de la Touloubre, au moyen des retranchements dont les ruines sont encore visibles près de Miramas, près des montagnes de Caronte, au-dessous d'Aurons, et à Entremont, près de Venelles. Enfin, une troisième ligne avait été établie par Marius, pour garder la vallée de la Durance au moyen des camps retranchés établis aux environs de Meyrargues, de Rognes, et au Marmet, dans le territoire de la commune de Senas. En outre, ce dernier poste gardait à la fois les défilés d'Orgon et de Lamanon, par où les barbares auraient pu arriver près de la ville d'Aix, capitale de la province romaine, sans passer devant le camp de Marius, que cet habile général avait établi près de Foz, dans une langue de terre qui s'avance aujourd'hui entre les étangs de l'Estomac et d'Engrenier, sur un coteau qui a retenu le nom de Mariset ou de Mariet. Les barbares, venus d'Espagne, après avoir franchi les Pyrénées, se divisèrent en deux corps; les Cimbres remontèrent vers les Alpes Noriques dans l'intention de forcer les passages que défendait Catulus, collègue de Marius; les Teutons et les Ambrons se dirigèrent le long de la mer et arrivèrent en peu de jours aux bords du Rhône, qu'ils durent traverser dans la partie située entre l'embouchure de la Durance et l'angle du delta de la Camargue. Le défilé d'Orgon étant bien gardé, ils prirent sur la droite pour contourner la chaîne des Alpines, et se répandirent dans toute la plaine de la Crau. Ils se présentèrent en nombre infini devant le camp des Romains, et, après les avoir inutilement provoqués au combat, ils campèrent dans toute la vaste étendue de terrain qui était autour du camp de Marius. Toutes les provocations ayant été inutiles, les barbares tentèrent un assaut dans lequel ils perdirent beaucoup de monde, et ils prirent alors la résolution de continuer leur route vers l'Italie. Leur nombre était si considérable, qu'ils mirent six jours à défiler devant les palissades du camp; et Marius, qui avait mûrement médité son plan de campagne et avait passé trois ans à prendre des mesures et à opérer des combinaisons qu'il savait exécutées, marcha lentement sur leurs traces avec toute son armée.

A la distance d'environ douze milles, les barbares trouvèrent le premier camp retranché aux environs de Miramas et, pour reconnaître le pays, envoyèrent un détachement le long de la Touloubre, tandis que le gros de l'armée descendit vers l'embouchure de l'Arc et remonta ensuite cette rivière jusqu'à Aix. Le détachement envoyé le long de la Touloubre fut attaqué près de Vernègues, dans le vallon de Maison-Basse, et après un combat meurtrier, fut poussé sur les bords de la Durance et exterminé aux environs de Mallemort. Le gros de l'armée essuya aussi un échec considérable au *Baou dé Marius*, près de Roquefavour. En cet endroit, et principalement dans la plaine voisine connue sous le nom de : *Plan d'Aillane*, ainsi qu'aux environs de la Maison-Basse, près de Vernègues, on a trouvé une grande quantité de fers de lance extrêmement longs et aigus, de tronçons d'épées fort larges, et beaucoup d'ossements. Ces deux combats furent livrés, non par l'armée de Marius, mais par les troupes que ce général avait postées dans tous les camps retranchés et qui durent aussi être secondées par les habitants du pays. Marius qui, avec son armée entière, suivait les barbares à petites journées, joignit enfin les Ambrons, leur livra un premier combat sur les bords de l'Arc, aux environs du ruisseau de Pinchinat, et les chassa de Mariolum, aujourd'hui Meyreuil, où ils avaient établi leur camp. Bientôt après, il atteignit les Teutons aux environs de Puyloubier, les mit en désordre et en fit le plus grand massacre. Ce fut en mémoire de cette victoire complète qu'on éleva sur les bords de l'Arc, aux environs de la grande Pégière, un monument dont il reste à peine aujourd'hui quelques traces. La montagne qui dominait le champ de bataille prit le nom de Mons-Victoriæ, qu'elle portait encore au treizième siècle, et auquel on a emprunté probablement le nom de la chaîne de St-Victoire. Enfin, la plaine où se donna la bataille fut nommée dans les temps anciens : *Campi putridi*, et c'est de cette origine que le village de Pourrières a tiré son nom.

En mémoire de la bataille livrée aux environs du pont-aqueduc de Roquefavour, la tranchée qui suit immédiatement cet ouvrage d'art et qui a une longueur d'environ 150 mètres, a reçu le nom de : *Tranchée du camp de Marius*. Un peu en amont du pont-aqueduc, les eaux du canal de Marseille traversent un souterrain long de 166 m. 20 c., et dont le percement a coûté environ 22,000 francs. Entre le souterrain et le pont-aqueduc, on remarque une ouverture faite sur la rive gauche du canal et placée au-dessus d'une pente abrupte dont la partie supérieure a été maçonnée de manière à former un radier aussi solide que les rochers entre lesquels il est maintenu. Cette ouverture est fermée par une vanne en fonte et constitue ce qu'on nomme, en style pratique, un déversoir. Le but de cette construction est de procurer en tout temps un écoulement prompt et facile aux eaux qui, par un motif quelconque, arriveraient en trop grande abondance. On conçoit, en effet, que si le lit du canal venait à contenir un excès d'eau, soit à cause de pluies incessantes, soit par l'établissement d'un barrage en aval, il suffirait d'ouvrir la vanne pour que ces eaux pussent s'écouler librement par le déversoir et n'occasionner ainsi aucun dommage aux berges du canal ou aux propriétés riveraines. D'après cette explication générale de l'utilité des déversoirs, il est facile de comprendre que ces ouvrages peuvent servir aussi à régler la quantité d'eau qui doit être introduite et maintenue dans le canal pour les besoins du service des irrigations. Enfin, nous ferons remarquer encore que, mis en usage par circonstance exceptionnelle, les déversoirs offrent un avantage précieux au moment des chômages ; car, au moyen d'un barrage temporaire établi en aval, ils permettent de vider par leur ouverture une grande longueur de canal en peu de temps, et de réduire ainsi d'une manière considérable le temps total de l'écoulement des eaux à l'époque des chômages, opération qui nécessiterait, au contraire, une grande perte de temps, si l'on n'avait d'autre débouché pour toutes les eaux du canal que celui naturellement fourni par la mer. Il résulte des considérations que nous venons de développer qu'un déversoir ne peut être placé qu'au-dessus d'un cours d'eau petit ou grand, dans lequel viendront se jeter les eaux déversées au moment de l'ouverture de la vanne ; aussi le voyageur qui suivra les bords du canal de Marseille remarquera-t-il que partout où un déversoir a pu être établi à peu de frais et de manière à pouvoir déverser en tout temps les eaux superflues du canal dans le lit qu'elles doivent suivre, on n'a pas manqué de mettre à profit cette faculté si précieuse de régler presque à volonté le régime des eaux dérivées de la Durance. Il existe, sur tout le parcours de la branche-mère, une dizaine de déversoirs, et on peut dire avec raison que tous ces ouvrages d'art sont comme autant de veines constamment prêtes à être ouvertes à la saignée, dans le cas où un pléthore d'eau viendrait attaquer la robuste constitution de notre canal.

La construction du pont-aqueduc de Roquefavour a coûté, en nombre rond, 3,800,000 fr. Sur cette somme, l'achat seul du matériel nécessaire à la bonne organisation des chantiers a donné lieu à une dépense de 900,000 francs, et la construction proprement dite a coûté environ 2,800,000 francs. Le projet mis en adjudication ayant été évalué à 2,700,000 francs, il résulte de ce qui précède que l'exécution du pont-aqueduc semble avoir occasionné une augmentation de plus d'un million sur les prévisions du projet. Mais, outre qu'il faut déduire de cette augmentation la valeur du matériel resté après l'achèvement des travaux, nous devons nous hâter de dire que de nombreux changements ordonnés, en cours d'exécution, par le conseil municipal, ont donné lieu à des dépenses considérables qui devraient être ajoutées au montant du projet adjugé, pour qu'on pût comparer équitablement les chiffres de la dépense prévue à celui de la dépense réelle. En définitive, on peut affirmer que, vu son importance, l'œuvre grandiose du pont-aqueduc de Roquefavour n'a point donné lieu à une dépense exagérée, et la ville de Marseille ne saurait être trop heureuse et fière d'avoir élevé, moyennant une somme relativement faible, un monument qui perpétuera dans les siècles futurs le souvenir d'un immense bienfait rendu à sa population et auquel sera attaché pour toujours le nom de l'illustre ingénieur qui a conçu le projet et dirigé l'exécution de ce magnifique ouvrage.

BASSINS D'ÉPURATION DE VALLOUBIER ET DE LA GARENNE.

En sortant du pont-aqueduc de Roquefavour, le canal de Marseille débouche sur le plateau où est établie la tranchée du camp de Marius, dont nous avons déjà motivé le nom, et se développe ensuite dans des coteaux incultes, en remontant le vallon de la Mérindolle et poursuivant son cours presqu'en ligne droite sur Marseille. Il traverse d'abord en souterrain le contrefort de Sanguin et franchit, sur des remblais, les petits vallons de Roux et du Jas-des-Vaches. Pour éviter de trop longs développements, il passe en souterrain sous les collines du Collet-Redon, de Sautadou, de Siméon, de Valloubier et de la Garenne. Le petit souterrain de Siméon, long de 23 m. 50, est placé tout à fait dans le même alignement que ceux de Sautadou et de Valloubier, qui le précèdent et le suivent immédiatement, de sorte qu'en se plaçant au commencement ou à la fin de cet alignement, on peut apercevoir la remarquable perspective de trois souterrains qui semblent enchâssés l'un dans l'autre par l'effet de leur direction en ligne droite mathématique. Après avoir franchi en remblai le vallon de la Garenne, le canal se dirige sur la ferme de Réaltort, en traversant successivement un grand nombre de petits contreforts et de vallons secondaires, par des tranchées, des levées et des aqueducs peu importants. Arrivé à Réaltort, il passe, au moyen du souterrain de ce nom, sous la route départementale d'Aix aux Martigues et traverse le ravin de la Mérindolle sur un aqueduc de deux arches de trois mètres d'ouverture. Il entre immédiatement après en tranchée, suivant une ligne parallèle au ravin qu'il vient de franchir. Le canal marche ainsi à côté du ravin, mais en sens contraire ;

il entre bientôt en galerie pour se trouver de nouveau établi en tranchée dans le domaine d'Arbois, et il arrive enfin à l'entrée du grand souterrain de l'Assassin.

Sur le parcours que nous venons d'indiquer, on rencontre les deux bassins d'épuration de Valloubier et de la Garenne, dont nous avons précédemment promis la description. Ces bassins sont formés, comme celui de Ponserot, par deux vallons barrés par le canal qui les franchit en remblai. Les levées du canal ont été revêtues en maçonnerie du côté des bassins, et l'on a obtenu ainsi deux réservoirs d'environ 300,000 mètres cubes chacun. Ces réservoirs sont mis en communication au moyen d'un souterrain creusé dans le contrefort qui les sépare. Les eaux que le canal envoie dans le premier bassin, celui de Valloubier, remontent d'abord pour pénétrer dans le souterrain dont nous venons de parler et de là dans le bassin de la Garenne et rentrent enfin dans le canal après avoir parcouru ce dernier bassin dans toute sa longueur, en se déversant en nappe mince et fort étendue par dessus la banquette de la levée de la Garenne.

On peut vider et nettoyer chacun de ces deux bassins au moyen de robinets-vannes de 0 m. 60 c. de diamètre, que l'on ouvre à de fréquents intervalles, pour ne pas les laisser encombrer de limon. On nettoie aussi les différentes parties du bassin de Valloubier, le plus exposé des deux à être envasé, parce qu'il reçoit, le premier, les eaux de la branche-mère, en déversant ces eaux dans un petit canal de ceinture régnant sur les flancs du bassin et percé d'ouvertures pourvues de vannes en bois, comme pour le bassin d'épuration de Ponserot. La manœuvre de ces vannes étant faites comme pour ce dernier bassin, il en résulte que le robinet évacuateur placé sous l'aqueduc de chaque levée donne passage aux eaux de vidange et aux dépôts terreux qui se jettent ensuite dans le ravin de la Mérindolle et de là dans la rivière de l'Arc et dans l'étang de Berre.

On a obtenu, au moyen de tous ces bassins d'épuration, d'excellents résultats ; car, lorsque les eaux de la Durance sont extrêmement troubles, elles déposent la plus grande partie de leur limon d'abord dans le bassin de Ponserot, ensuite dans celui de Valloubier, et rentrent très-peu chargées dans le canal, à l'extrémité du bassin de la Garenne.

On rencontre, sur l'emplacement des bassins d'épuration de Valloubier et de la Garenne, l'accumulation d'un grand nombre de petits ouvrages d'art destinés à opérer la manœuvre des eaux, mais que nous ne pouvons décrire en détail dans le cadre étroit que nous nous sommes imposé. Nous engageons, toutefois, vivement le promeneur sur les bords du canal de Marseille à s'arrêter quelques moments en cet endroit et à visiter avec intérêt ces bassins, afin de se rendre compte des moyens ingénieux qui sont employés pour une rapide et complète manœuvre des eaux lorsqu'elles doivent être introduites dans les bassins d'épuration ou règlementées dans la cuvette du canal.

La tranchée de Réaltort, placée en aval du souterrain de ce nom et à cinq kilomètres environ des bassins de Valloubier et de la Garenne, fut commencée, ainsi que la levée qui la précède, en juillet 1839, et continuée jusqu'à la fin de 1840. Elle fut alors suspendue parce qu'on n'avait aucun intérêt à hâter son achèvement avant celui des souterrains de l'Assassin et de Notre-Dame. Ce travail fut repris en mai 1843 et achevé vers la fin de l'année 1845, mais non sans avoir éprouvé des interruptions fréquentes qui furent la suite de sa position défavorable. En effet, cette tranchée est ouverte à côté du ravin de Réaltort et à un niveau inférieur à celui du lit de ce ravin. Lors des orages, les eaux descendant dans le ravin faisaient irruption dans les ouvrages, et même après leur passage menaçaient de donner lieu à de nombreuses avaries. Aussi, en 1842, on construisit, d'abord, un mur pour mettre le pied des talus de la levée à l'abri de la corrosion des eaux, et en août 1843 on commença, pour séparer la tranchée du lit du torrent, un autre mur qui fut terminé vers la fin de la même année. Sur 21 m. 05 c. de longueur, la tranchée de Réaltort a été remplacée par le petit souterrain du Travers-du-Pin, qui fut percé afin d'éviter la construction d'un ouvrage d'art pour le passage d'un ravin que le canal rencontre en cet endroit. Ce petit souterrain a coûté environ 416 francs par mètre courant.

Le souterrain d'Arbois, placé à la suite de la tranchée de Réaltort, a été commencé dans le mois de juin 1840. Il a été percé le 10 août 1842. Sa longueur est de 312 m. 10 c., et il a coûté environ 55,000 francs. Souvent inondé à la suite des pluies de printemps et d'automne, il a été plusieurs fois suspendu ; on n'avait, du reste, nul intérêt à le hâter.

La tranchée d'Arbois, placée entre les souterrains d'Arbois et de l'Assassin, fut entreprise dans le mois de juillet 1839 et continuée jusqu'à la fin de septembre 1842. A ce moment elle fut envahie par les eaux pluviales ; on construisit alors, dans toute la longueur de cette tranchée et du côté du ravin, un mur en maçonnerie de 1 m. c. 50 de hauteur, et les travaux repris en 1843 furent complètement achevés dans le courant de l'année 1845.

SOUTERRAIN DE L'ASSASSIN.

Le souterrain de l'Assassin perce le chaînon secondaire qui, dans la chaîne de l'Etoile, se dirige du plateau de la Viste vers Vitrolles, en courant du sud au nord. La longueur de ce souterrain étant de 3,473 m. 75 c., on creusa, pour son ouverture, douze puits d'extraction espacés moyennement de 265 mètres environ. Ces puits furent commencés en novembre 1838 et terminés dans le courant de l'année 1839. Les puits 1, 2, 3, 4 et 5 sont tous creusés dans un calcaire compacte très-dur, qui se soutient parfaitement sans maçonnerie.

Le puits 6 est ouvert dans un poudingue à gros grains, récélant quelques sources. Ce puits put se soutenir jusqu'à la fin des travaux sans secours de boisage ni de maçonnerie ; mais, en 1843, on reconnut l'imminence d'accidents, et, pour les prévenir, on se hâta, la galerie étant ouverte, de la voûter solidement sous le puits que l'on combla ensuite.

Dans le puits 7, on rencontra une argile calcaire rouge très-solide, mais qui se délitait rapidement au contact de l'air. On exécuta, en 1840, dans ce puits, un très-léger revêtement en briques posées à plat. Ce revêtement produisit le meilleur effet et résista parfaitement pendant toute la durée des travaux.

Le puits 8 fut creusé dans un calcaire un peu argileux et les parois se soutinrent sans revêtement.

Le puits 9 se trouva placé dans un calcaire

compacte et le fonçage de ce puits ne rencontra aucun obstacle.

Le puits 10, ouvert aussi dans le calcaire compacte, s'était opéré sans difficulté jusqu'au niveau de la voûte de la galerie ; mais en ce point on rencontra une nappe d'eau qu'il fut impossible d'épuiser avec un manège. On se décida, à la fin de l'année 1840, à y placer une machine à vapeur et une pompe. Pendant qu'on travaillait à l'établissement de cette machine, on s'aperçut qu'en déviant un peu le puits, on pouvait isoler la nappe d'eau dans une de ses parois et creuser à côté sans avoir rien à redouter. Profitant immédiatement d'une circonstance aussi heureuse, on reprit le creusement qui fut mené avec facilité jusqu'au niveau inférieur de la galerie.

Enfin, les puits 11 et 12 furent creusés dans le calcaire compacte et ne présentèrent aucune difficulté.

Les galeries du souterrain de l'Assassin furent commencées dans les puits 1, 2, 3, 4 et 5, à la fin de 1839, et marchèrent sans interruption pendant l'année 1840. Le travail fut cependant souvent gêné par les eaux pluviales qui, après chaque orage, pénétraient en grande abondance par les puits 1, 2 et 5. Ces galeries sont ouvertes dans un calcaire compacte très-dur qui se soutient parfaitement sans maçonnerie. Le percement fut achevé, entre l'entrée et le puits 1, le 22 octobre 1841 ; entre les puits 1 et 2, le 9 juillet 1841 ; entre les puits 2 et 3, le 20 octobre 1841 ; entre les puits 3 et 4, le 13 février 1842 ; et entre les puits 4 et 5 le 27 mars 1842.

Dans le puits 6, la galerie ouverte dans un poudingue à gros grains exigea un revêtement en maçonnerie sur une longueur de 50 mètres du côté du puits 5 et sur 65 m. 50 de longueur du côté du puits 7. La galerie fut percée entre les puits 5 et 6, le 19 octobre 1841.

Dans le puits 7, la galerie fut, comme le puits, creusée dans une argile calcaire assez dure, se délitant rapidement à l'air. On dut y exécuter un revêtement en briques et en moellons piqués. La galerie fut ouverte entre les puits 6 et 7, le 19 octobre 1841 ; et entre les puits 7 et 8 le 2 décembre 1841.

Dans le puits 8, la galerie fut commencée en septembre 1839 et rencontra celle du puits 9 le 9 août 1842. Le percement de cette galerie fut suspendu pendant l'hiver de 1840, à cause de la présence des eaux pluviales qui firent irruption dans les ouvrages. Le rocher dans lequel est ouvert le souterrain semblait, au premier abord, devoir se soutenir sans maçonnerie ; mais on remarqua plus tard que l'air et l'eau le décomposaient rapidement et on le revêtit d'une maçonnerie en briques et moellons piqués.

Dans le puits 9, la galerie fut commencée en septembre 1839 ; mais les pluies d'automne vinrent bientôt suspendre le travail qui ne put être repris qu'à la fin de juillet 1841. Arrêté de nouveau dans le mois de novembre, il fut repris vers la fin d'août 1842; au commencement de décembre, on fut contraint de l'abandonner encore pour s'y remettre le 24 janvier 1843 et le quitter dans l'automne. L'époque des sècheresses amenait chaque fois la possibilité de recommencer le creusement de la galerie et le retour de la saison pluvieuse le faisait à son tour suspendre chaque année. On ne put d'ailleurs percer la galerie entre les puits 9 et 10 que lorsque le souterrain fut entièrement ouvert jusqu'à sa sortie et que l'on put ainsi assurer un écoulement naturel aux eaux de la nappe rencontrées, lors du creusement du puits 10, dans la partie supérieure de la voûte. Aussi cette galerie, entre les puits 9 et 10, fut-elle ouverte la dernière de toutes, à la date du 2 décembre 1844.

Dans le puits 10, on commença le percement de la galerie du côté du puits 11, dans les premiers mois de l'année 1842; mais ce travail éprouva, comme le précédent et par les mêmes motifs, des alternatives d'activité et de chômage que l'on ne put éviter. Dès l'automne de 1842, il était paralysé et ne put être repris que dans le mois de juin 1843. Abandonné de nouveau en octobre, il fut repris le 13 novembre et continué jusqu'à la fin de l'année. On ouvrit enfin la galerie entre les puits 10 et 11 , le 5 octobre 1844.

Les galeries des puits 11 et 12 furent commencées à la fin de 1839. Comme celles des puits 9 et 10, elles furent ouvertes dans un calcaire compacte solide. Leur exécution ne présentait, pendant l'été , aucune difficulté ; mais, une fois la saison pluvieuse arrivée , les eaux faisaient invasion dans les galeries. Pour se dispenser d'opérer des épuisements considérables, on s'arrêta au parti de cesser périodiquement tout travail dans la saison des pluies , et c'est ainsi qu'on ne fit rien pendant les hivers de 1840 , 1841 et 1842. Nonobstant ces retards , la galerie fut achevée, entre les puits 11 et 12 , le 4 février 1843, et entre le puits 12 et la sortie , le 14 octobre 1842. Entre ces deux derniers points , le percement rencontra un calcaire argileux qui exigea un revêtement en maçonnerie sur 258 m. 25 c. de longueur.

L'exécution du souterrain de l'Assassin a coûté , en chiffres ronds , 1,500,000 francs. Sur cette somme, les épuisements ont entraîné une dépense de 50,000 fr. environ, somme peu considérable en elle-même et qui est due tout entière aux infiltrations survenues , chaque année , lors de l'arrivée de la saison pluvieuse. La longueur totale des puits du souterrain de l'Assassin est de 679 m. 70 c. Le prix moyen de ces puits, par mètre courant, a été de 147 fr. 69 c., que l'on peut décomposer ainsi qu'il suit :

Creusement.....................	117 f. 52
Epuisements	3 99
Boisage	1 77
Maçonnerie....................	19 00
Frais généraux................	5 41
TOTAL......	147 f. 69

Les éléments de ce prix moyen varient dans des proportions dont les limites sont, d'un côté, 80 fr. 50 c., prix du puits 2 (de 26 m. 86 c. de profondeur); et de l'autre 239 m. 22 c., prix du puits 7 (de 73 m. 70 c. de profondeur).

Le prix moyen du mètre courant de galerie a été de 286 m. 43 c., que l'on peut décomposer ainsi :

Percement.....................	185 f. 04
Epuisements...................	9 34
Boisage.......................	2 31
Maçonnerie....................	50 82
Manéges.......................	8 32
Airage........................	2 42
Bennes, cordes et waggons.......	9 37
Machines à vapeur.............	8 66
Chevaux.......................	6 36
Transport et frais divers..........	3 79
TOTAL.......	286 f. 43

Enfin, si on répartit la dépense totale de

1,500,000 fr. sur chacun des 3,473 m. 75 c., qui constituent la longueur du souterrain de l'Assassin, on trouvera que le prix de revient définitif du souterrain est, par mètre courant, de 430 fr. environ.

La tranchée de l'Assassin, placée à la suite du souterrain du même nom, fut commencée en novembre 1839 et achevée vers la fin de 1840. Elle est ouverte dans une argile dure, et il a fallu revêtir les talus de la cuvette par des perrés en maçonnerie appuyés sur un radier général. Les talus de la tranchée au-dessus des banquettes ont été recouverts d'une couche de terre végétale ; ainsi revêtus, ils se sont parfaitement maintenus. La tranchée des Giraudets, qui précède immédiatement le souterrain de Notre-Dame, fut commencée en novembre 1839 et terminée en juin 1841. Elle est tout entière ouverte dans la terre végétale. Entre ces deux tranchées se trouve la levée des Giraudets, sous laquelle est établie une arche de 3 mètres d'ouverture, destinée à permettre le passage du ravin des Peunes sous le canal. Ce petit ouvrage d'art fut commencé et terminé en 1840.

SOUTERRAIN DE NOTRE-DAME.

Le souterrain de Notre-Dame perce le chaînon secondaire qui, dans la chaîne de l'Etoile, se dirige du plateau de la Viste vers les Martigues, en courant de l'est à l'ouest. Sur sa longueur totale, qui est de 3,491 m. 60 c., on avait creusé, en principe, douze puits; mais, pendant l'exécution des travaux, on reconnut la nécessité d'en percer quatre autres, dont trois, portant les numéros 13, 14 et 15, furent placés entre le puits 12 et la sortie, et le dernier, désigné sous le numéro 0, fut creusé entre l'entrée du souterrain et le puits 1.

Les travaux du souterrain de Notre-Dame, plus encore que ceux de l'Assassin, rencontrèrent de nombreuses difficultés par suite des pluies qui occasionnèrent fréquemment des éboulements considérables. On trouva, en outre, sur toute la longueur du souterrain, des sources assez abondantes, qui donnèrent lieu à de grandes dépenses pour épuisements.

Le plus grand nombre des puits du souterrain de Notre-Dame fut commencé en novembre 1838 et terminé successivement pendant les années 1839, 1840 et 1841. Le puits 1, ouvert dans un calcaire argileux noir, s'éboula au commencement de 1841, et il fallut le soutenir sur une partie de sa hauteur par un revêtement en maçonnerie.

Les puits 2, 3 et 4 furent creusés dans un calcaire compacte. L'achèvement des puits 3 et 4 fut retardé d'abord par des épuisements qu'il fallut faire en automne et ensuite par la suspension forcée des travaux que les eaux pluviales envahirent pendant l'hiver de 1839.

Le puits 5, ouvert en partie dans un calcaire argileux, exigea un revêtement en briques. Quelque temps après son creusement, ce puits donna une assez grande quantité d'eau à 30 mètres environ au-dessous du sol. Afin de ne pas être gêné par ces eaux pour le percement de la galerie, on établit à cette profondeur un réservoir que l'on vidait chaque jour à diverses reprises.

Les puits 6, 8, 9, 10, 11 et 12 furent tous creusés dans des calcaires et des poudingues argileux, et il fallut les maçonner sur une grande partie de leur hauteur.

Le puits 7 ne fut maçonné que sur une faible longueur à son couronnement. La partie inférieure fut ouverte dans un calcaire compacte d'une exploitation assez facile et qui se soutint sans revêtement.

Le souterrain de Notre-Dame fut attaqué à son entrée au commencement de 1842. On rencontra, dès l'abord, sur ce point, de grandes difficultés. La galerie était ouverte en partie dans un terrain graveleux, et en partie dans l'argile. Des sources assez abondantes avaient leur cours entre les couches de terrain de différente nature, et leur présence entraîna souvent des éboulements qui se firent sentir jusqu'à la surface du sol. Ces difficultés se présentèrent sans cesse en grandissant à mesure que le percement avançait, et les dépenses s'en ressentirent. Pour hâter l'achèvement du travail, on creusa, ainsi que nous l'avons déjà dit, un nouveau puits entre l'entrée et le puits 1. Ce puits, de dix mètres de profondeur, fut exécuté en mai et juin 1843. On commença aussitôt la galerie ; mais à peine en avait-on percé quelques mètres que le sol s'affaissa en amont et en aval, en laissant la maçonnerie du puits isolée. Il fallut enlever par le haut toute la terre et l'argile en ouvrant une tranchée de douze mètres de profondeur, dont on soutint les parois par de solides charpentes. On exécuta alors la maçonnerie du souterrain et l'on remplit la cavité en enlevant les bois. Il fallut, toutefois, pour continuer le percement, avancer dans la galerie en soutenant le sol par des boisages établis avec les plus grandes précautions. Malgré cela, on eut à lutter, surtout entre l'entrée et le puits 0, contre de très-grandes difficultés, et, malgré les précautions les plus minutieuses, les boisages ne purent pas toujours résister à la pression du terrain. Enfin, le percement s'opéra le 28 juillet 1844 entre l'entrée et le puits 0, et on n'eut plus à faire que l'élargissement et le revêtement de la galerie, qui furent terminés vers la fin de 1845.

La galerie du puits 1 fut commencée en octobre 1839, poursuivie pendant une partie de l'année 1840 et arrêtée au commencement de

1841 par l'éboulement du puits. Ce ne fut que le 20 mars 1841, après avoir déblayé et maçonné le puits avec soin, que l'on put reprendre le percement de la galerie. Le souterrain fut ouvert sur ce point dans un calcaire argileux noir qui n'avait aucune consistance et s'écroulait facilement ; on fut obligé de le boiser avec le plus grand soin et de le revêtir entièrement en maçonnerie. La présence d'un ruisseau qui coule en cet endroit au-dessus du souterrain aggrava encore les difficultés du travail. Dans le mois de septembre 1843, le lit de ce ruisseau, incessamment lavé par les eaux, s'affaissa subitement et commença à couler dans l'avancement ; il fallut se hâter de creuser la galerie dans ce sol mouvant et de la maçonner avec soin. Vers la fin de 1843, on fut obligé de suspendre tous les travaux par suite de la grande quantité d'eau que les pluies d'automne avaient amenée, et on ne les reprit que lorsque, la galerie étant ouverte entre l'entrée du souterrain et le puits 1, on put ainsi procurer un écoulement naturel aux eaux par la tranchée des Giraudets. Cette ouverture ayant eu lieu le 30 octobre 1844, on releva le sol de la galerie qui allait vers le puits 2, et on put faire écouler les eaux en sens inverse de la pente du canal, ainsi qu'on l'avait déjà pratiqué pour le souterrain des Taillades.

La galerie du puits 2 fut commencée en août 1839 ; mais elle fut périodiquement interrompue par les pluies d'automne, et l'on ne put y travailler que pendant l'été de chacune des années suivantes jusqu'en juillet 1845, époque où elle fut entièremeut ouverte entre les puits 2 et 3. Cette galerie est ouverte dans une brèche rouge très-dure.

La galerie du puits 3 fut entreprise dans le milieu de l'année 1840. On dut l'abandonner, comme on avait fait de la précédente, à l'arrivée des saisons pluvieuses, pour la reprendre au temps de la sècheresse. Comme cette galerie était ouverte dans un calcaire compacte d'une excessive dureté, il fallut, pour être certain de l'achever en même temps que les autres portions du canal, se décider à y placer une machine à vapeur. Cette machine commença à fonctionner en décembre 1843, et on put, avec son aide, travailler au percement de la galerie pendant une grande partie de l'année 1844 ; mais dans le courant d'octobre les eaux pluviales vinrent en si grande abondance, qu'on fut obligé de suspendre les travaux. Ils furent repris au commencement de 1845, et la galerie fut ouverte, entre les puits 3 et 4, le 14 avril 1845.

La galerie du puits 4 éprouva le même sort que les précédentes, et fut soumise, comme elles, à toutes les variations des saisons. Elle fut commencée en juin 1840, continuée pendant les étés de 1841, 1842 et 1843, et elle rencontra enfin la galerie du puits 5 dans les premiers jours de 1844. Toute cette partie du souterrain est percée dans un calcaire blanc, très-compacte et très-dur.

La galerie du puits 5 fut commencée en juillet 1840. Les eaux pluviales gênèrent considérablement le creusement de cette galerie, et même quelquefois le suspendirent tout à fait au printemps et en automne. Cette partie du souterrain est ouverte dans un poudingue argileux, qui exigea un revêtement en maçonnerie, que l'on construisit activement, après avoir percé, le 6 juin 1844, la galerie du côté du puits 6.

La galerie du puits 6 fut commencée en octobre 1839 ; mais, peu de temps après, il fallut la suspendre à cause des pluies d'automne. A la fin de mars 1840, on reprit le creusement ; mais on ne tarda pas à s'apercevoir que les parois du puits, ouvertes dans un calcaire argileux, menaçaient de s'écrouler, quoiqu'elles fussent soutenues par un boisage assez fort. On fut obligé de consolider le puits au moyen d'un revêtement en maçonnerie. La galerie fut recommencée à la fin de juin 1840, et continuée jusqu'au 30 août de la même année. A cette époque, on donna issue à une source si abondante, que les ouvriers furent contraints d'abandonner immédiatement le travail. Cette source donnait environ 170 litres par minute, et les eaux s'élevèrent en un moment à cinquante mètres au-dessus du sol de la galerie (1). On ne pouvait donc reprendre immédiatement le percement sans s'exposer à des frais d'épuisements considérables. Comme, d'un autre côté, l'ouverture du souterrain dans les puits 5 et 7 marchait, à cette époque, assez rapidement, on crut que l'on pourrait franchir directement l'espace compris entr'eux en moins de quatre années (2). On se décida, en conséquence, à abandonner la galerie du puits 6 et à presser le plus possible les galeries des puits 5 et 7. Mais on reconnut, au bout de quelque temps, que le travail des galeries 5 et 7, paralysé par les inondations périodiques du printemps et de l'automne de chaque année ne pouvait avancer que lentement et on reconnut la nécessité de poursuivre à tout prix le creusement de la galerie du puits 6. En novembre 1841, on reprit ce travail avec l'aide d'une machine à vapeur devenue inutile aux Taillades et qui fut placée sur le puits 6. en octobre. On put alors continuer le percement de la galerie jusqu'au 3 juin 1842. A ce moment, on découvrit de nouvelles sources dont l'abondance rendit impuissants tous les efforts de la machine. Les eaux s'élevèrent presqu'au niveau du sol, quoique la machine enlevât du puits près de mille litres par minute. On transporta alors la machine sur le puits 7 et on

(1) La profondeur du puits 6 est de 70 m. 36 c.
(2) Cet espace était de 487 m. 18 c.

perça la galerie en avançant du puits 7 vers le puits 6. On eut d'assez grandes difficultés à vaincre par suite d'éboulements considérables qui survinrent entre ces deux puits. Le rocher argileux s'y affaissa sur une grande hauteur et il fallut beaucoup de temps et d'assez fortes dépenses pour franchir cette partie du souterrain et la maçonner. L'entrepreneur qui exécutait cette galerie y périt le 25 juin 1843, écrasé sous un éboulement. Enfin, le percement entre les puits 6 et 7 eut lieu au mois de juillet 1844.

La galerie du puits 7 fut commencée dans le mois d'août 1839 et poursuivie sans interruption jusque dans le mois de mai 1841. D'abondantes sources se manifestèrent alors dans le fond de la galerie et le travail fut suspendu. Mais, lorsqu'au mois de juillet 1842, on eut placé sur le puits 7 la machine à vapeur destinée à activer le percement de la galerie du puits 7 vers le puits 6, on reprit aussi avec activité le percement vers le puits 8, et tout en continuant le revêtement nécessaire pour soutenir le calcaire argileux dans lequel est percé cette galerie, on put enfin rencontrer la galerie du puits 8, le 28 septembre 1843.

La galerie du puits 8 fut commencée en mai 1840. Ce travail fut suspendu dès le mois d'août de la même année, les épuisements étant devenus, à cette époque, beaucoup trop considérables. Cette suspension n'eut, du reste, aucun inconvénient, puisque, dès le mois de février 1842, on perça toute la galerie entre les puits 8 et 9, en arrivant du puits 9 vers le puits 8. Cette galerie est ouverte dans un calcaire argileux qu'il a fallu soutenir par un revêtement en maçonnerie.

Les galeries des puits 9, 10, 11 et 12 furent entreprises dans l'automne de 1839 et poursuivies sans interruption. Elles se rencontrèrent dans le courant de l'année 1841, aux époques suivantes :

Entre les puits 9 et 10, le 6 septembre ;
— 10 et 11, le 2 août ;
— 11 et 12, le 17 mars ;
— 12 et 13, le 17 octobre.

Ces galeries furent creusées dans des calcaires argileux et des poudingues qui eurent besoin d'être soutenus par des revêtements en maçonnerie. Sur quelques points où il ne s'agit que de mettre les parois de la voûte à l'abri des influences atmosphériques, on se contenta d'y faire une maçonnerie en briques d'une faible épaisseur. Dans d'autres endroits, où la solidité du rocher était peu rassurante, il fallut exécuter des revêtements d'une épaisseur assez considérable et on les construisit en maçonnerie de moellons piqués.

Comme il était fort important de donner le plus tôt possible un écoulement aux eaux des puits

6, 7 et 8 du souterrain de Notre-Dame, en perçant la galerie du côté de la tranchée de la Gavotte, on creusa un nouveau puits 13 entre le puits 12 et le point désigné pour la sortie du souterrain. Plus tard, un trou de sonde ayant été percé sur l'emplacement destiné à la tranchée de la Gavotte, on reconnut que le terrain, moins solide qu'on ne l'avait cru d'abord, exigerait des talus très-étendus et on calcula qu'il serait plus économique de prolonger la galerie et de n'établir la sortie du souterrain qu'à 60 mètres en aval du point primitivement désigné. On creusa donc le puits 14 au point où aurait dû être en premier lieu la tête aval du souterrain ; on transforma le trou de sonde en un puits 15, et tous ces puits de peu de profondeur ayant été bientôt creusés, on entra partout en galerie vers la fin de 1840. On ne saurait s'imaginer les difficultés que l'on rencontra dans ces galeries, par suite de la nature du sol et des épuisements considérables qu'il fallut faire pour se mettre à l'abri des eaux de source. L'ouverture du souterrain, sur les 213 m. 35 c. compris entre le puits 13 et la sortie, exigea des boisages excessivement coûteux et les revêtements qu'il fallut faire ensuite furent rendus très-difficiles à cause de la grande quantité d'eau qui s'écoulait de tous les points de la galerie. Enfin, la rencontre eut lieu le 9 avril 1843, entre les puits 13 et 14 ; le 15 novembre 1843, entre les puits 14 et 15, et, dans les premiers jours de 1844, entre le puits 15 et la sortie.

Le souterrain de Notre-Dame a coûté, en nombre rond, 1,900,000 fr. Sur cette somme, 160,000 fr. environ ont été employés aux épuisements et 350,000 fr. aux maçonneries. Une partie de la somme, dont les estimations primitives des travaux du canal de Marseille ont été dépassées, porte sur l'exécution de ce souterrain, dans lequel on a eu à lutter contre des difficultés de toute nature et qu'il avait été impossible de prévoir.

Les puits du souterrain de Notre-Dame présentent une longueur totale de 726 m. 44 c. Le prix moyen d'un mètre courant de ces puits est 176 fr. 58 c., et se compose des éléments suivants :

Creusement	116 f. 73
Epuisement	13 53
Boisage	8 25
Maçonnerie	36 43
Frais généraux	1 64
Total	176 f. 58

Le prix moyen du mètre courant de galerie a été de 399 fr. 48 c., répartis ainsi qu'il suit :

Percement	172 f. 49
Epuisement (main d'œuvre)	17 69
Boisage	6 99
A reporter	197 f. 17

Report..............	197 f.	17
Maçonnerie...................	113	68
Manéges.....................	13	25
Airage......................	3	88
Bennes, cordes et waggons.......	13	61
Machines à vapeur..............	26	22
Chevaux.....................	15	66
Transport et frais divers..........	16	01
TOTAL..........	399 f.	48

Enfin, si on répartit la dépense totale de 1,900,000 fr. sur chacun des 3,491 m. 60 c., qui constituent la longueur du souterrain de Notre-Dame, on trouvera que le prix de revient définitif du souterrain est, par mètre courant, de 548 fr. environ.

La tranchée de la Gavotte qui suit immédiatement le souterrain de Notre-Dame, fut commencée en août 1840; mais l'opposition d'un propriétaire retarda longtemps ce travail dont l'exécution était cependant de la dernière urgence pour donner un libre cours aux eaux du souterrain. M. le préfet des Bouches-du-Rhône prit, le 24 mars 1842, un arrêté autorisant l'ouverture d'un fossé et d'une galerie d'écoulement à travers cette propriété. Par ce moyen, on put, en février 1843, donner passage aux eaux du souterrain, et dès-lors le percement de la galerie vers les puits 6 et 7 put être considérablement activé. Vers la fin de cette tranchée, on rencontre le pont de la Gavotte, construit pour le passage, sur le canal, de la route départementale n° 1, d'Arles à Marseille par Salon, et qui se compose d'une arche biaise en arc de cercle de 6 mètres d'ouverture et de 7 mètres de largeur entre les têtes. Ce pont fut commencé en septembre 1842 et terminé en juin 1843. Depuis que les travaux du canal sont terminés, la route départementale n° 1 a été déviée en ce point, de sorte que ce pont biais ne sert plus aujourd'hui qu'au passage de l'ancienne route départementale devenue chemin de service pour l'exploitation des propriétés riveraines. Le canal passe ensuite sous un pont destiné à recevoir soit les eaux du ravin de la Bédoule au moment des orages, soit les voitures d'exploitation lorsque ce ravin est à sec, ce qui a lieu presque toute l'année.

A 200 mètres environ en aval de ce dernier pont, se trouve un déversoir où prend naissance une dérivation qui, après 500 mètres environ de développement, se partage et donne à son tour naissance aux deux dérivations connues sous le nom de St-Henry et de St-Louis.

Le canal se dirige ensuite sur le village de St-Antoine, en passant près de ce village sous la route impériale n° 8, de Paris à Toulon, au moyen d'un pont d'une seule arche de 4 mètres d'ouverture, surbaissée au dixième, et de 14 mètres de largeur entre les têtes. C'est à son passage sous la route impériale que le canal change de section, et l'on peut dire que c'est en ce point précis que se termine la ligne principale ou la branche-mère du canal après un parcours d'environ 84 kilomètres sur les territoires de quatorze communes, qui sont : Le Puy Sainte-Réparade, St-Estève, Rognes, La Roque-d'Anthéron, Charleval, Vernègues, Lambesc, La Barben, Lançon, Ventabren, Aix, Cabriés, Les Pennes, et Marseille.

La construction de la branche-mère du canal de Marseille a coûté, en nombre rond, 15,823,000 fr., répartis ainsi qu'il suit :

Prise d'eau à la Durance.......	636,600 f.
Souterrain des Taillades......	2,998,700
Souterrain de l'Assassin.......	1,508,000
Souterrain de Notre-Dame....	1,913,700
Pour tous les autres souterrains.	1,041,700
Pont-aqueduc de Roquefavour.	3,784,900
Pont-aqueduc de la Touloubre..	253,600
Pour tous les autres ouvr. d'art.	1,035,000
Terrassements et escarpements.	2,650,800
TOTAL..............	15,823,000 f.

Cette somme, qui s'applique uniquement aux travaux, et dans laquelle ne sont compris ni les frais de personnel, ni les indemnités de terrain, étant répartie sur les 84 kilomètres de longueur de la branche-mère, fait revenir le kilomètre à 188,370 fr.

On ne sera pas étonné de cette dépense, si l'on considère la nature des travaux que l'on a eus à exécuter.

D'abord un barrage en maçonnerie de 250 mètres de longueur au travers d'une rivière torrentielle et capricieuse dont les crues arrivent subitement dans presque toutes les saisons de l'année.

Ensuite un nombre considérable de souterrains ouverts dans des terrains extrêmement variables. Le plus important de tous, celui des Taillades, a coûté 816 fr. par mètre courant. Ce prix est très-élevé; mais, si l'on réfléchit qu'il a fallu ouvrir les puits et les galeries soit dans des roches compactes et caverneuses dans lesquelles l'eau jaillissait de toutes parts, soit dans des calcaires argileux qui s'éboulaient quelquefois jusqu'à 20 mètres de hauteur; qu'il a fallu enfin placer des machines d'épuisement (dont une de cent chevaux), sur presque tous les puits, on comprendra que la dépense ait pu s'élever jusqu'à 816 fr. par mètre.

Le souterrain de Notre-Dame de 3,491 m. 60 de longueur a coûté 548 fr. par mètre courant. Il a dû être maçonné presqu'en entier et a nécessité des épuisements assez considérables. Depuis l'entrée du souterrain jusqu'au puits 1, le terrain était si mouvant, que le sol s'affaissait plus ou moins à la surface à mesure que les travaux avançaient; les bois les plus forts étaient souvent écrasés et ce n'est qu'avec la plus grande peine que l'on a pu vaincre tous les obstacles qui se sont présentés pendant l'exécution de cet ouvrage.

Le souterrain de l'Assassin, de 3,473 m. 75 de longueur, qui a présenté moins de difficultés que les précédents, a coûté 434 fr. par mètre courant.

Enfin, les autres souterrains, au nombre de 43, et présentant un développement total de 6,274 mètres, ont coûté 158 fr. par mètre courant.

Ainsi que nous l'avons déjà dit, le pont-aqueduc de Roquefavour présente un cube total de maçonnerie de 66,650 mètres environ, dont plus de 50,000 en pierres de taille qu'il a fallu élever, par blocs de 10,000 à 15,000 kilogram., à une hauteur maximum de 83 mètres. Le matériel a donné lieu à une dépense de 900,000 fr.

Le pont-aqueduc de la Touloubre, qui présente un cube de 8,700 mètres, revient à 23 fr. par mètre cube. Tous les parements des piles sont en pierres de taille de Rognes par assises de 0.80 à 1.00 de hauteur.

Les ponts-aqueducs de Valbonnette et de Jacourelle présentent un volume de 7,890 mètres cubes dont le prix revient à 20 fr. le mètre.

Il nous semble difficile de construire des ouvrages d'art de cette importance à un moindre prix.

Quant aux petits ponts et aqueducs de la branche-mère, ils présentent un cube total de maçonnerie de 41,650 mètres, qui coûtent moyennement 18 fr. 70 le mètre cube de pierre de taille, moellons piqués ou smillés et maçonnerie brute.

Enfin, les terrassements et escarpements ont coûté, en moyenne, 1 fr. le mètre cube de déblais en terre et argile, et 3 fr. 10 le mètre cube de déblais en roc à ciel ouvert, y compris transport, matériel général, règlements, etc.

Ici se termine, suivant la promesse que nous en avions faite, l'examen un peu détaillé quoique bien rapide, des principaux ouvrages exécutés sur la branche-mère du canal de Marseille. Nous allons maintenant nous occuper du parcours des dérivations dans le territoire de la commune de Marseille.

DÉRIVATIONS DU CANAL DANS LE TERRITOIRE DE MARSEILLE.

Le tracé de la branche-mère du canal étant arrêté sur toute sa longueur, on commença, vers la fin de 1839, les opérations nécessaires pour déterminer les dérivations à établir dans le territoire et pour étudier la distribution des eaux dans les propriétés particulières. Dans le courant de l'année 1840, on termina, entre Saint-Antoine et Château-Gombert, les nivellements de la dérivation principale qui devait faire le tour de tout le bassin de Marseille. Pendant l'année 1841, on continua les opérations de cette ligne depuis Château-Gombert jusqu'à l'Huveaune, en passant au plan de Cuques, traversant une partie du territoire de la commune d'Allauch et se dirigeant vers Saint-Julien et Les Camoins ; enfin, on termina, en 1842, ces nivellements sur la rive gauche de l'Huveaune jusqu'à Montredon et la mer.

Pendant qu'on effectuait ainsi les opérations nécessaires pour l'établissement de la dérivation principale, on s'occupait aussi de celles qui devaient précéder le tracé des dérivations secondaires destinées à opérer la distribution des eaux dans les propriétés particulières. Le tracé judicieux de ces dérivations secondaires était, en effet, de la plus haute importance, puisque c'est sur elles que devaient s'alimenter les dérivations de troisième ordre ou rigoles par lesquelles a été complété le système d'arrosage de tout le territoire embrassé par la dérivation principale.

On comprend donc que, pour tracer sûrement ces dérivations secondaires il était très-important d'avoir une représentation exacte et détaillée du territoire si inégal et si mamelonné qui environne la ville de Marseille.

Ce résultat fut obtenu en traçant sur le terrain et rapportant en plan des courbes horizontales tacées à 130, 110, 90, 70 et 50 mètres au-dessus du niveau de la mer. Toutes ces courbes furent reliées entr'elles par des profils transversaux, et l'on put alors indiquer avec exactitude les hauteurs de tous les points et signaler tous les mouvements du sol sur les plans ainsi rapportés. Pour exécuter ce travail, il ne fallut niveler rien moins que 500 kilomètres de terrain en longueur. En outre, on leva 23,000 profils transversaux, présentant une longueur totale de 3,400 kilomètres (850 lieues), et le résultat de toutes ces opérations fut rapporté sur 417 feuilles de plans.

On put alors se livrer à l'étude raisonnée du tracé des dérivations secondaires dans le territoire compris au-dessous de la dérivation principale, territoire qui présente une surface d'environ 9,000 hectares. Cette surface est limitée, d'un côté, par la mer Méditerranée, et, de l'autre, par une suite de montagnes faisant partie de la chaîne de l'Etoile et de celle de la Ste-Baume. Ces montagnes affectent la forme d'un amphithéâtre dont la ville de Marseille est le centre et qui est divisé en quatre vallées bien distinctes par les trois ruisseaux des Aygalades, de Janet et de l'Huveaune. Ces trois cours d'eau sont séparés par les trois faîtes de St-Louis, de St-Just et de St-Barnabé qui, partant tous de la chaîne de l'Etoile, convergent également vers la ville en s'abaissant successivement jusqu'au niveau de la mer. C'est à l'extrémité du contrefort de St-Just qui sépare le Jarret du ruisseau des Aygalades qu'est établie la ville de Marseille.

D'après cette reconnaissance des lieux, on résolut, pour desservir toutes les parties du bassin : 1° de tracer, comme premier appendice de la dérivation principale, une branche qui, partant de St-Antoine, se dirigerait par le vallon de Séon-St-Henri et parviendrait jusqu'à l'Estaque ; 2° d'établir sur chacun des trois faîtes une dérivation secondaire suivant la pente naturelle du sol et venant converger vers la ville de Marseille ; 3° de tracer comme second appendice de la dérivation principale une branche destinée à fournir de l'eau à tous les terrains irrigables situés entre la dérivation principale et le village des Camoins vers la limite orientale du territoire de la commune de Marseille.

On eut ainsi toutes les branches suivantes qui existent dans le territoire du bassin de Marseille :

1° La partie orientale de la dérivation principale partant de St-Antoine, arrivant à Montredon et se jetant dans la mer ;

2° La partie occidentale de la dérivation principale partant de St-Antoine, arrivant à l'Estaque et se jetant aussi dans la mer ;

3° La dérivation secondaire de St-Louis établie sur la dérivation de St-Henri, arrivant à St-Louis et se terminant à la mer près du cap Janet ;

4° La dérivation secondaire de Longchamp établie sur la dérivation principale de Château-Gombert et arrivant à l'entrée de la ville de Marseille, près de l'extrémité du boulevart Longchamp; c'est la dérivation qui amène les eaux destinées à la ville de Marseille;

5° La dérivation secondaire de St-Barnabé établie sur la dérivation principale (partie orientale) au sortir du souterrain de la Marionne, passant au-dessous de St-Julien et se jetant dans le ruisseau de Jarret ;

6° La dérivation secondaire des Camoins prenant naissance au même point que la précédente, passant au village des Camoins et se jetant dans l'Huveaune, un peu au-dessous du village de la Penne.

Au moyen de ce système de dérivations, on a pu embrasser dans le territoire de Marseille la plus grande surface possible de terrains. On a partagé ensuite tout le territoire en sections de peu d'étendue comprenant le versant de chaque petit vallon secondaire. Ces vallons ayant tous pour origine soit la dérivation principale, soit l'une des dérivations secondaires, sont desservis par de petites rigoles particulières alimentées par la dérivation où le vallon prend son origine. On a pu ainsi faire parvenir les eaux sur tous les points du territoire, soit pour l'arrosage, soit pour le service des maisons et usines.

Ces bases une fois admises, on a tracé toutes

les dérivations en cherchant à satisfaire le mieux possible aux besoins du territoire, sans perdre de vue les considérations d'économie et en cherchant surtout à éviter les difficultés résultant de la conformation du sol.

DÉRIVATION PRINCIPALE.

La dérivation principale du canal de Marseille part de la route impériale n° 8, de Paris à Toulon, près le village de St-Antoine, et franchit le ravin de ce nom sur un pont-aqueduc composé de deux arches de 6 mètres d'ouverture et de 18 de largeur entre les têtes. L'une de ces arches sert à l'écoulement des eaux du ravin, et l'autre au passage de l'ancienne route royale de Lyon à Marseille. Elle se développe ensuite au-dessus du village des Aygalades, du château de Fontainieu et au-dessous du hameau des Bessons, vient passer derrière le village de Château-Gombert et pénètre dans la commune d'Allauch pour franchir sur un pont-aqueduc le ruisseau de Jarret, près du plan de Cuques. Cette dérivation se développe ensuite sur la rive gauche du vallon de Jarret, passe au-dessus du hameau des Olives et traverse le contrefort sur lequel sont situés les villages de St-Julien et de Saint-Barnabé, au moyen du souterrain de la Marionne, de 1135 m. 10 de longueur, établi à une profondeur moyenne de 18 m. 50 au dessous du sol. On a évité ainsi un développement de 14 kilomètres environ sur les flancs du faîte de St-Barnabé, et l'on a obtenu une économie de plus de 300,000 fr. sur le tracé à ciel-ouvert, en ayant même égard à l'exécution de la dérivation secondaire de St-Barnabé, que le développement de la dérivation principale aurait fait éviter.

En sortant du souterrain de la Marionne, on pouvait remonter la vallée de l'Huveaune jusqu'à la limite du territoire de Marseille et traverser l'Huveaune en face du village de la Penne, pour se développer ensuite sur le flanc des montagnes de Marseilleveyre; mais l'examen des deux versants de la vallée ayant fait reconnaître que l'établissement de la dérivation principale sur des dimensions assez considérables présenterait de notables difficultés entre le souterrain de la Marionne et les limites de la commune; que, d'ailleurs, les terrains cultivés de la rive gauche de l'Huveaune, sur le flanc des montagnes de Marseilleveyre, ne s'élèvent pas au-dessus de la cote 76 mètres environ au-dessus du niveau de la mer, on a pensé qu'il était préférable de faire descendre la dérivation principale directement vers l'Huveaune, en suivant le chemin vicinal de grande communication de St-Antoine à Aubagne, et de traverser l'Huveaune un peu au-dessus du village de Saint-Marcel. Le canal s'abaisse ainsi de 60 mètres environ, sur une longueur de 3,500 mètres. On a obtenu, au moyen de cette combinaison, une économie de parcours, pour la dérivation principale, de plus de 10 kilomètres et l'on est parvenu à placer, le long d'une communication importante, une force motrice de plus de mille chevaux, avec l'eau destinée à l'arrosage.

La dérivation principale, arrivée sur la rive gauche de l'Huveaune, se développe sur le flanc de la chaîne de Marseilleveyre, en se tenant à peu près à la limite des terrains cultivables. Elle passe ainsi au-dessus des villages de St-Marcel, St-Loup, Mazargues, et parvient enfin à Montredon où elle se jette à la mer, après s'être abaissée successivement au moyen de chutes établies près du château du Roi-d'Espagne et dans les vallons des Trois-Ganses et de la Baume-de-Roland.

Toutes les parties de la dérivation principale ne furent pas commencées en même temps. Nous avons dit (1) que cette continuation de la branche-mère présente des volumes d'eau ou débits qui vont toujours en s'amoindrissant à mesure que le tracé s'approche de la mer. Ces changements de débits permirent de partager l'exécution de cette dérivation en plusieurs lots, qui formèrent chacun une ou plusieurs sections des travaux.

La section des Aygalades, construite de manière à porter un débit maximum de 9 mètres cubes, et qui se développe sur une longueur d'en-

(1) *Voir* page 21.

viron 8,000 mètres, fut commencée le 23 janvier 1846, par les tranchées situées aux abords des levées des Tuves, Michel et Fontainieu. Le désir si naturel d'amener le plus tôt possible les eaux du canal dans le territoire, ne fût-ce que pour les déverser dans l'aqueduc de la ville, mis à sec pendant la saison des arrosages, détermina l'administration à presser les travaux autant que possible. Aussi, malgré les fortes gelées de l'hiver de 1846, la cuvette du canal se trouva-t-elle en état de recevoir l'eau dès le commencement du mois de juillet 1847. Un éboulement avait eu lieu, le 22 décembre 1846, dans la tranchée Vernet, ouverte, près de St-Antoine, dans un roc dur, mêlé par intervalle de couches argileuses. On avait à peine enlevé les déblais qui encombraient la tranchée et l'on allait rétablir le mur de soutènement de la cuvette du canal, lorsqu'un nouveau glissement, beaucoup plus considérable, s'opéra comme le premier sur un plan incliné sensiblement parallèle à l'inclinaison du sol. La nature et la disposition du terrain rendaient de nouveaux éboulements inévitables si l'on continuait le canal en tranchée sur ce point. On prit donc le parti de convertir la section du canal en partie couverte solidement établie, et de relier les culées au moyen d'un radier en contre-voûte, sur une longueur d'environ 80 mètres, ce qui coûta 21,250 francs, soit approximativement 264 francs par mètre courant.

Dans les premiers jours du mois de juillet 1847, les eaux de la Durance furent introduites dans la section des Aygalades. Cette introduction ne donna lieu qu'à de petites infiltrations sans importance, si ce n'est sur quelques fortes levées qui, composées de pierres et revêtues au dedans de la cuvette de mottes d'argile non fondues, absorbaient entièrement les eaux. On travailla activement, pendant les mois suivants, à toutes les parties du canal qui avaient besoin d'être étanchées et on compléta quelques grands remblais qui s'étaient abaissés, par suite du tassement des terres. Pendant l'année 1848, on établit des contreforts à la tranchée de Fontainieu. On avait remarqué sur ce point des mouvements qui se faisaient sentir dans les terrains avoisinant le canal, chaque fois qu'on y mettait l'eau. Ces mouvements devenaient inquiétants ; car la masse entière de la colline fort inclinée, sur le flanc de laquelle est établi le canal, pouvait y participer tôt ou tard. Déjà des pins et des fragments considérables de roches avaient commencé à descendre ; il était essentiel de prévenir des éventualités désastreuses. Pour cela, on creusa à côté et au-dessous du canal plusieurs puits, jusqu'au-dessous des couches sur lesquelles le glissement paraissait s'opérer, et l'on fonda, à 8 mètres environ de profondeur, des contreforts en maçonnerie, qui vinrent s'appuyer contre les murs du canal et leur donnèrent toute la solidité désirable. Pendant la même année 1848, des brigades d'ouvriers furent placées dans la section des Aygalades, comme sur le reste de la ligne, pour exécuter en régie des revêtements en béton et en maçonnerie sur tous les points où ce travail était nécessaire. Au mois de décembre 1848, une crevasse assez forte se déclara au grand remblai placé en aval du vallon des Tuves, par suite des tassements qui s'étaient opérés lentement dans ce remblai d'une grande hauteur et composé, en majeure partie, de déblais argileux. Un chantier de jour et de nuit fut immédiatement organisé et, au bout de quelques jours, les eaux purent être remises dans le canal. Depuis lors on n'a plus exécuté, dans la section des Aygalades, que des travaux d'entretien.

La section de Château-Gombert, destinée à porter un débit maximum de 7 m. cubes, se développe sur une longueur d'environ 6,000 mètres. Cette section commence immédiatement après la naissance de la section de Longchamp, qui prend à celle des Aygalades 2 mètres cubes d'eau qu'elle dirige vers la ville de Marseille. Les travaux de la section de Château-Gombert ne furent commencés que dans les premiers mois de 1847, et furent d'abord menés assez mollement par l'entrepreneur à qui ils furent adjugés. On attaqua, dès le mois de mars 1847, le percement du souterrain du Cavaou. Cette galerie, ouverte dans un grès calcaire et argileux d'une médiocre solidité, nécessita l'emploi de revêtements en briques et en maçonnerie. Ce souterrain, d'une longueur de 139 mètres et d'une largeur de 2 m. 20 aux naissances, ne fut terminé qu'en 1848 et coûta environ 127 fr. 50 par mètre courant. La section de Château-Gombert comprend un assez grand nombre de souterrains, d'aqueducs, de siphons et d'autres ouvrages d'art. Ces ouvrages furent commencés presque tous vers la fin de la campagne de 1847 et achevés au mois de juillet de l'année suivante.

Les eaux de la Durance furent introduites dans la section de Château-Gombert le 1er août 1848; quelques levées formées d'argile dure donnèrent lieu à des infiltrations auxquelles on porta remède le plus tôt possible, et, vers la fin de la même année, le passage de l'eau était assuré sur toute l'étendue de la section.

Les travaux de la section d'Allauch furent commencés dans les premiers mois de l'année 1846. Sur toute cette section, qui présente une longueur de 7,500 mètres, le canal est construit de manière à débiter, au maximum, 5 m. 50 d'eau. On rencontre sur cette section un grand nombre d'ouvrages d'art, dont les plus remarquables sont le siphon de la Bourdonnière, destiné à faire passer les eaux du canal sous la route impériale n° 8 *bis*, de Marseille en Italie; le pont-aqueduc de Jarret, composé de deux arches surbaissées, de 6 mètres d'ouverture; le siphon de la Marionne, qui traverse le chemin vicinal de grande communication de St-Antoine à Aubagne; et enfin le souterrain de la Marionne, d'une longueur de 1,135 m. 10. Le percement de ce souterrain fut commencé en février 1846, au moyen de huit puits, espacés en moyenne de 100 mètres l'un de l'autre. En creusant le puits 6, on pénétra dans une grotte ayant 30 mètres de longueur sur autant de largeur, et dont le fond était à 4 mètres au-dessous de celui du canal; de sorte qu'en ce point les eaux présentent la situation assez bizarre de passer en remblai dans un souterrain. Au commencement d'octobre 1846, on découvrit, en creusant la galerie entre les puits 5 et 6, une nouvelle grotte plus grande en surface que la première, mais d'une profondeur bien moindre. Ces deux grottes présentent sur toute leur surface des concrétions calcaires fort intéressantes, et sur quelques points des stalactites avaient commencé à se former; mais, d'une part, les travaux de percement, et de l'autre, les visites destructives de quelques amateurs de pierres extraordinaires, ont fait disparaître tout ce qui était le plus remarquable. Nous ne devons pas oublier de mentionner l'existence, dans une de ces grottes, d'un précipice dans lequel on ne descend qu'avec la plus grande peine, et terminé au fond par un orifice analogue aux *embus* (1) qui existent du côté de Gémenos. Pendant le percement du souterrain, on s'aperçut, à l'époque des grandes pluies, que l'eau qui tombait dans ce précipice disparaissait par l'ouverture inférieure et allait se perdre on ne sait où. On a profité de cette circonstance pour établir en ce point un déversoir à deux vannes, par lequel les eaux du canal s'échappent en temps convenable et disparaissent, sans que le précipice dans lequel elles tombent soit jamais rempli.

Le percement du souterrain de la Marionne ne marcha pas d'abord avec une très-grande rapidité, à cause des obstacles qu'on rencontra sur plusieurs points. Aux puits 4, 5 et 6, on trouva un rocher d'une dureté excessive, crevassé et d'une exploitation très-difficile. A partir du puits 7 jusqu'à la sortie du souterrain, la galerie fut ouverte dans une argile très-friable, se délitant facilement à l'air, et on dut la boiser au fur et à mesure de l'avancement des travaux. Plus tard on a revêtu en briques les parois du souterrain sur presque toute sa longueur; quelques parties ont été recouvertes en maçonnerie

---

(1) On désigne, sous le nom d'*embus*, de grands trous dans lesquels les eaux pluviales se dirigent par la pente naturelle des ravins et disparaissent englouties, sans qu'on ait pu encore découvrir le point où elles reparaissent à la surface du sol. Le mot *embu* signifie entonnoir, en langue provençale.

ordinaire, et 125 mètres de galerie ouverte dans le rocher n'ont reçu aucun revêtement. Ce souterrain fut complétement terminé à la fin du mois de septembre 1847. Il a coûté 135 fr. par mètre courant, soit environ 154,000 fr.

A une centaine de mètres en aval du souterrain de la Marionne, on trouve le bassin de partage qui donne naissance aux dérivations secondaires de St-Barnabé et des Camoins, et permet la continuation de la dérivation principale qui se dirige vers le village de la Valentine, en suivant le chemin vicinal de grande communication de St-Antoine à Aubagne.

La section de la Valentine, construite de manière à porter un débit maximum de 2 m. 50 et qui se développe sur une longueur d'environ 5 kilomètres, occupe la place d'un des fossés du chemin vicinal de grande communication de St-Antoine à Aubagne, sur une longueur de 1,500 mètres. Toute cette partie, qui a une pente moyenne de 17 mètres par kilomètre, est construite suivant un profil en maçonnerie. Les travaux de cette section, commencés en mars 1846, ne furent terminés qu'au commencement de l'année 1849. Cette section n'offre aucun autre ouvrage important que le siphon des Camoins, qui passe sous le chemin qui conduit au village de ce nom, et qui est accolé à un pont sous lequel passent les eaux du ruisseau de Carpoulière. La réunion de ces deux ouvrages est remarquable, à cause de la facilité qu'elle procure pour nettoyer rapidement le siphon ; car, en ouvrant une vanne de décharge placée au fond du puisard aval de ce siphon, la vase et le limon déposés sur le radier sont entraînés par les eaux qui sortent de cette vanne et trouvent un écoulement facile dans le ruisseau, dont le fond est au même niveau que celui du radier du siphon.

La section de la Valentine est placée dans une situation remarquable par la facilité qu'elle offre à diverses usines de disposer de fortes chutes à proximité d'une importante voie de communication. Sous ce rapport, nous ne saurions trop faire remarquer les avantages inhérents à la position de cette partie de la dérivation principale; car, bien qu'on ait construit déjà quelques usines le long de cette section, il reste encore assez de place pour que des industriels actifs et intelligents puissent tirer un excellent parti de la quantité d'eau qui passe constamment dans cette dérivation.

La section de St-Loup, construite de manière à porter un débit maximum de 1 m. 50, se développe sur près de 7,500 mètres. Les travaux de cette section furent commencés à la fin de juillet 1847 et furent poussés avec assez d'activité. Déjà, à la fin de 1847, on avait exécuté les souterrains Forbin et Jullien, ayant ensemble une longueur de 85 mètres; on avait préparé les fouilles du pont-aqueduc de la Barasse, de 35 mètres de longueur sur 9 mètres de hauteur maximum, et on avait exécuté plusieurs ouvrages d'art d'une moindre importance. Le pont-aqueduc de la Barasse fut terminé en juillet 1848 et, dans le courant de cette même année, on revêtit en maçonnerie les souterrains Forbin et Jullien, et on exécuta les souterrains Achard, Gilly, Regny, Liautaud, Bonnecorse et Sardou, qu'il fallut revêtir au fur et à mesure du percement, à cause de la nature du sol généralement argileux.

L'ouvrage le plus important de cette section est le siphon de l'Huveaune, qui est destiné à conduire les eaux du canal d'un côté à l'autre de la vallée de ce nom; il se compose de trois conduites en fonte de 0 m. 60 de diamètre et de 340 mètres de longueur, placées, à chacune de leurs extrémités, dans des puisards en maçonnerie et reposant ensemble sur un des ponts de service de Roquefevour, placé sur la rivière de l'Huveaune.

La première idée qui avait prévalu au sein du conseil municipal de Marseille, pour la traversée de l'Huveaune, avait été celle de la construction d'un pont-aqueduc de 17 mètres de hauteur sur 330 mètres de longueur. En renvoyant approuvé le projet de la section de Saint-Loup, M. le Ministre de l'intérieur demanda que l'on étudiât un projet de siphon pour la traversée de l'Huveaune, afin de pouvoir comparer ce système avec celui d'un pont-aqueduc et donner la préférence à celui qui paraîtrait le plus convenable. Ce projet de siphon fut étudié pour l'emplacement même qui avait été destiné au pont-aqueduc ; c'est dans ce point, en effet, que la vallée est le moins large. On devait construire une galerie sous le lit de l'Huveaune, et dans cette galerie devaient être placés deux cours de tuyaux en fonte. Pour nettoyer cette galerie, on devait en creuser une autre suivant la rive droite de la rivière, et on la faisait dégorger dans un déversoir de 3 mètres de hauteur, situé à 140 mètres de distance en aval de la galerie projetée et qui devait servir ainsi de chasse aux eaux de filtration ou au nettoyage des tuyaux en fonte. Ce projet de siphon fut adopté par le conseil municipal, le 24 août 1846. Mais M. le Ministre de l'intérieur annonça, le 15 décembre de la même année, qu'après examen comparatif des deux projets de pont-aqueduc et de siphon, le conseil-général des ponts et chaussées avait préféré le pont-aqueduc, comme présentant plus de facilité pour les réparations et faisant gagner plus d'un mètre de pente. Néanmoins, le conseil municipal de Marseille pensa que le système de siphon était susceptible d'être notablement amélioré au point de vue soit de l'économie dans les dépenses de construction, soit de la facilité des réparations et de l'entretien, si on en faisait une nouvelle étude ayant pour objet de poser les tuyaux au niveau du sol, excepté au passage de la rivière, que l'on franchirait sur un pont. Un projet, dressé suivant ces indications, ne s'éleva qu'à 125,000 fr. et fut adopté par le conseil municipal, le 31 mai 1847. Approuvé par M. le Ministre, ce projet fut mis à exécution et, vers la fin de l'année 1848, les travaux d'établissement du siphon de l'Huveaune étant entièrement terminés, on n'attendait plus que les tuyaux en fonte que le fournisseur ne livra qu'au mois de mai 1849. On s'occupa immédiatement de la pose d'un rang de tuyaux et l'eau fut introduite, le 5 juin 1849, dans la section de St-Loup. Dans le courant de l'année 1850, on posa un second rang de tuyaux et en 1851 un troisième rang, ce qui permit de faire arriver dans cette section toute l'eau qu'elle devait recevoir.

La section de Montredon se développe sur près de 8,500 mètres de longueur et porte au maximum un demi-mètre cube d'eau. Cette section, qui aboutit à la mer, renferme quelques ouvrages d'art assez importants et plusieurs chutes qui pourraient être utilisées d'une manière fort avantageuse pour les besoins de l'industrie. Le pont-aqueduc de Gouffonne, placé sur le vallon de ce nom et près duquel passe le chemin vicinal de grande communication n° 1, de Marseille à Cassis et à la Ciotat, est précédé par une chute de 5 mètres et, dans le cas où la ville de Marseille ne se réserverait pas cette chute pour l'utiliser à l'élévation des eaux destinées à l'arrosage des terrains environnants, supérieurs au canal et situés dans les vallons de Gouffonne et de Vaufrège, on ne pourrait guère trouver une position plus avantageuse pour créer une usine parfaitement bien située, au point de vue de la facilité des transports vers Marseille. Une grande partie de la cuvette de la section de Montredon a été ouverte dans le sable et on l'a soigneusement revêtue en maçonnerie et en béton. Les travaux de cette section, ainsi que le pont-aqueduc Martin, furent terminés au mois de mai 1849, et on put faire couler les eaux du canal jusqu'à la mer au mois de septembre de la même année.

DÉRIVATION DE SAINT-HENRY.

La dérivation de St-Henry se développe sur 4,000 mètres environ de longueur et doit porter, au maximum, 1 mètre cube d'eau. Nous avons déjà dit que les eaux de la branche-mère sont jetées, par un déversoir, dans une dérivation qui, sur 500 mètres environ de développement, contient toutes les eaux destinées aux deux branches de St-Henry et de St-Louis. Cette dérivation traverse le ruisseau des Cadenaux et la source des Bouillidoux, suit la route départementale n° 1, de Marseille à Arles par Salon, jusqu'à une petite distance de sa rencontre avec la route impériale de Paris à Toulon. Arrivée en face du col qui sépare le bassin de St-Henry du vallon des Aygalades, cette dérivation se retourne vers le couchant et, au moment de traverser le faîte de la Viste par le souterrain de St-Antoine, elle se bifurque et donne ainsi naissance aux deux dérivations : l'une de St-Henry, qui se dirige vers le couchant, et l'autre de St-Louis, qui se dirige vers le sud.

Au sortir du souterrain de St-Antoine, la dérivation de St-Henry arrive dans le vallon des Pradeaux, se développe sur des coteaux peu inclinés, passe sur des terrains fertiles qu'elle quitte bientôt pour trouver des coteaux rocailleux et retomber ensuite dans des terres cultivées. Peu de temps après, la dérivation rencontre encore des coteaux rocailleux qu'on ne peut éviter qu'en se rapprochant du niveau de la mer, au moyen de plusieurs chutes successives. Si l'on n'eût pas agi ainsi, le canal eût été établi sans utilité pendant un parcours de 3 kilomètres sur des rochers escarpés, à une grande hauteur au-dessus des terrains cultivés. La dérivation descendant ainsi à 110 mètres au-dessus de la mer, traverse le torrent de Pelluque, se développe ensuite dans des terrains cultivés et se jette enfin dans la mer à l'Estaque, après de nouvelles chutes de 90 mètres de hauteur totale. Les travaux de la dérivation de St-Henry furent commencés dans les premiers mois de l'année 1847, et furent retardés malheureusement par l'opposition de quelques propriétaires. Cette dérivation comprend un ouvrage d'art assez important, le souterrain de St-Antoine, qui a 356 mètres environ de longueur sur 1 m. 20 de largeur aux naissances, et dont le percement a coûté près de 26,000 fr., soit environ 72 fr. 50 par mètre courant. Pour pouvoir achever plus promptement ce souterrain, on jugea convenable de pratiquer un puits, dont la profondeur fut de 13 m. 50. Le percement du souterrain fut poussé avec une telle activité, que les quatre galeries se rencontrèrent dans le mois de septembre 1847, malgré les obstacles que présenta un roc argileux, par bancs inclinés, très-friables à l'air et très-glissants. Le souterrain fut ensuite revêtu en briques et en maçonnerie sur toute sa longueur. Les autres travaux de cette dérivation furent exécutés pendant l'année 1848, et, dès les premiers mois de 1849, on put introduire les eaux du canal dans cette dérivation, d'où elles s'écoulèrent à la mer en suivant le lit du torrent du Grand-Vallon.

DÉRIVATION DE SAINT-LOUIS.

La dérivation de St-Louis présente une longueur d'environ 6,000 mètres, et son débit doit être d'un demi-mètre cube par seconde; mais on lui a donné des dimensions suffisantes pour pouvoir y introduire au besoin 1 mètre cube. Cette dérivation se sépare de celle de St-Henry à l'entrée du souterrain de St-Antoine, coule parallèlement à la route impériale jusqu'à la hauteur du moulin de la Viste, en faisant diverses chutes, arrive au vallon de St-Louis et va se terminer, après plusieurs nouvelles chutes, avec le contrefort de St-Louis, à la mer, près du cap Janet. Les travaux de cette dérivation furent adjugés en novembre 1846; mais ce n'est qu'au mois de mars de l'année suivante que l'on mit la main à l'œuvre. Au mois de juin 1847, on avait déjà ouvert le canal sur une longueur de 2,580 mètres. Au mois de mars 1848, on commença le pont-aqueduc de St-Louis, composé de neuf arches de 8 mètres d'ouverture. La construction de cet ouvrage, qui a coûté environ 20,000 fr., marcha rapidement, et les derniers travaux de rejointoiement furent terminés au mois d'octobre de la même année. Le projet approuvé en principe pour la dérivation de St-Louis portait qu'on établirait un siphon pour la traverse du chemin de Séon; mais M. Reymonet, propriétaire d'une usine située sur ce point et déjà en pleine exploitation, ayant demandé à la ville de Marseille une force motrice de 18 chevaux, à prendre sur la dérivation de St-Louis, il fallut construire un pont-aqueduc au lieu d'un siphon, et le conseil municipal de Marseille, par sa délibération du 25 novembre 1847, approuva ce changement, non moins avantageux au point de vue de l'art qu'au point de vue financier ; car, la construction du pont-aqueduc pouvant fournir une force de 18 chevaux, tandis que celle du siphon n'en eût produit que 8, l'augmentation de force de 10 chevaux représentait un capital de beaucoup supérieur à celui nécessité par le changement du siphon en pont-aqueduc. On commença au mois de septembre 1848 la construction du pont-aqueduc de la Viste, composé de neuf arches de 6 mètres d'ouverture chacune. Cet ouvrage d'art, qui remplaça aussi un siphon projeté en premier lieu, fut à peu près achevé à la fin de cette année. et ne coûta que 17,000 francs. Vers le milieu de l'année 1849, les travaux de cette section étaient complétement terminés.

En allant à Marseille par le chemin de fer, quand on a franchi le souterrain de la Nerthe et qu'on est sur le point d'entrer dans le souterrain de St-Louis, on voit sur les hauteurs situées à gauche du chemin de fer la masse imposante du château des Tours, et sur le faîte le plus élevé, du même côté, une tour en briques, très-élancée, que l'on prendrait volontiers pour une cheminée d'usine. Cette tour en briques renferme deux cours de tuyaux en fonte destinés, l'un à recevoir les eaux du canal, qui s'élèvent jusqu'au sommet de la tour au moyen d'un bélier hydraulique, et l'autre à renvoyer ces eaux dans toutes le dépendances du château des Tours. Ce mécanisme, dont l'exécution complète a été retardée par divers incidents, est en mesure de fonctionner aujourd'hui et de porter sur tous les points de cette magnifique propriété une eau précieuse et abondante.

Le tracé de la dérivation secondaire de Saint-Louis présente le même avantage que celui de la section de la Valentine sur la dérivation principale, en ce sens que les eaux sont situées, comme celles de la section de la Valentine, à portée d'une voie de communication fort importante et qui peut présenter un facile parcours aux produits des usines qui seraient construites sur cette section du canal. On a tenu compte de cette considération, en établissant une notable partie de cette dérivation avec une forte pente sur le bord de la route impériale n° 8, de Paris à Toulon. On a évité ainsi des terrains assez difficiles et on a obtenu l'avantage de placer des chutes le long de la route, position extrêmement favorable pour l'emploi de la force motrice. Ces diverses chutes donnent ensemble une hauteur de 47 m. 70 c., ce qui représente une force de plus de 600 chevaux-vapeur, en supposant que la dérivation porte un mètre cube, ce qui ne pourra manquer d'avoir lieu dès que les demandes de concessions pour usines seront assez nombreuses pour utiliser ce volume d'eau.

DÉRIVATION DE LONGCHAMP.

La dérivation de Longchamp présente une longueur d'environ 6 kilomètres, et emprunte à la dérivation principale 2 mètres cubes d'eau, dont 0 m. 50 sont destinés à l'irrigation des terrains qui se trouvent au-dessous de son parcours, et 1 m. 50 sont destinés exclusivement à l'usage de la ville de Marseille. Les travaux de cette section furent ouverts en juin 1846 et continués sans interruption jusqu'au mois d'août de l'année suivante. A cette époque, tous les ouvriers étant employés à préparer l'entrée des eaux dans la ville de Marseille par le ruisseau de Jarret, les travaux furent suspendus pendant quelque temps; mais ils furent repris en 1848 et continués sans interruption jusqu'à leur entier achèvement, qui eut lieu vers la fin de la même année.

La prise de cette dérivation s'opère sur la dérivation principale, au quartier de Sainte-Marthe. Après quelques pentes assez rapides où les eaux sont fortement encaissées entre des parois maçonnées, le promeneur qui suit les bords de cette dérivation arrive au déversoir Barbarin. Nous avons déjà expliqué l'usage des déversoirs placés sur la ligne-mère du canal. Le déversoir Barbarin est appelé à rendre de grands services, non-seulement par l'usage général qu'on en peut faire, d'après les explications que nous venons de rappeler, mais encore par l'usage particulier auquel il peut servir. En effet, les eaux qui tombent du déversoir Barbarin entrent dans un fossé qui les mène jusqu'à Malpassé et les fait entrer en ce point dans le ruisseau de Jarret, d'où elles pénètrent ensuite dans l'aqueduc de l'Huveaune. Il en résulte qu'en cas d'accident imprévu dans les ouvrages qui amènent l'eau jusqu'à l'entrée de la ville de Marseille, on pourra toujours jeter, par le déversoir Barbarin, une notable quantité d'eau dans le Jarret et de là dans l'ancien aqueduc de la ville. On chercha à utiliser cette faculté dès le mois d'août 1847, époque à laquelle les travaux de la dérivation de Longchamp situés entre le déversoir Barbarin et la ville de Marseille n'étant pas encore achevés, on employa une grande masse d'ouvriers à préparer le passage des eaux jusqu'au ruisseau de Jarret, et, par suite, leur entrée dans Marseille par l'ancien aqueduc. Ce fut ainsi que les eaux de la Durance étant introduites dans la branche-mère du canal de Marseille, aux mois de mai et juin 1847, entrèrent pour la première fois sur le territoire de la commune le 8 juillet 1847, furent jetées pendant quelques mois dans le ruisseau des Aygalades, et peu de temps après, le déversoir Barbarin et le fossé qui lui fait suite jusqu'à Malpassé étant terminés, arrivèrent dans la ville de

Marseille par le ruisseau de Jarret, au mois d'octobre 1847.

Après le déversoir Barbarin, la dérivation de Longchamp passe près de l'ancien moulin de Vento, de l'ancienne église de La Palud et au pied du Château Belle-Vue, contourne les mamelons de St-Barthélemy, traverse le chemin de La Calade et suit les hauteurs des quartiers des Chartreux et de St-Charles, pour aboutir au plateau de Longchamp, à l'extrémité de l'avenue de ce nom. C'est à ce point que l'on trouve le pont-aqueduc et le bassin de Longchamp, qui sont l'un le dernier pas des eaux du canal dans la dérivation, et l'autre leur premier pas dans la distribution de ces mêmes eaux dans tous les quartiers de Marseille.

Réservant la description du bassin de Longchamp pour le moment où nous parlerons de la distribution des eaux dans la ville de Marseille, nous dirons que le pont-aqueduc de Longchamp, sur une longueur de 238 mètres, est formé de 25 arches en plein-cintre, de 6 m. 30 d'ouverture chacune, d'une hauteur maximum de 9 m. 40, et a coûté 140,000 francs. Cet ouvrage d'art termine noblement la longue série de ceux sur lesquels passent les eaux de la Durance avant d'arriver enfin aux portes de la ville dont elles sont destinées à améliorer l'hygiène et à féconder l'industrie.

Le premier projet de la dérivation de Longchamp portait que cette ligne se terminerait par un siphon de 230 mètres de longueur et un remblai de 100 mètres de développement, aboutissant au plateau où devait être établi le bassin de Longchamp. On parvenait ainsi à amener les eaux de la Durance à l'entrée de Marseille avec une hauteur de 73 mètres au-dessus du niveau de la mer. Mais le conseil municipal s'aperçut bientôt que l'augmentation de valeur acquise en peu de temps par les terrains de Longchamp rendait très-difficile l'exécution du siphon ; car, si on eût voulu suivre cette idée, on eût été obligé de prolonger le siphon de 100 mètres, afin de pouvoir arriver au bassin de Longchamp sans exécuter un remblai qui n'eût pas été en harmonie avec les constructions proposées et qui eût déprécié beaucoup les terrains traversés par lui. Or, ce prolongement du siphon sur 100 mètres de longueur, eût fait perdre 1 mètre de hauteur aux eaux et on n'eût pu les amener qu'à la cote 72, tandis que le pont-aqueduc les conserve à la hauteur de 74 m. 76 au-dessus du niveau de la mer. Enfin, il parut convenable de construire un ouvrage d'art de quelque importance aux portes même de la ville de Marseille. Par toutes ces considérations, le conseil municipal, dans sa séance du 19 novembre 1846, adopta en principe le remplacement du siphon par un pont-aqueduc, et c'est ce qui a donné lieu à la construction de l'élégant ouvrage placé en amont du bassin de distribution de Longchamp.

C'est sur la dérivation de Longchamp que se trouve placé le bassin d'alimentation et d'épuration de Ste-Marthe. Le besoin d'assurer, pendant les chômages du canal, le service général de distribution des eaux dans l'intérieur de la ville de Marseille, amena le conseil municipal à adopter, en 1851, la création de ce bassin qui, pouvant recevoir 230 à 240,000 cubes d'eau, fournira amplement à l'alimentation de Marseille pendant plus de quinze jours. Cet avantage ne sera pas le seul; car l'existence de ce vaste réservoir aura encore pour résultat de perfectionner l'épuration des eaux destinées à la ville de Marseille et de permettre en même temps, sur toute l'étendue du territoire, l'introduction des eaux troubles de la Durance, moyen économique d'étancher les fuites de la branche-mère, de ses dérivations et des rigoles d'arrosage. Enfin, par une circonstance aussi heureuse que rare, l'établissement du bassin de Ste-Marthe, loin d'entraîner à de nouvelles dépenses, a donné lieu à une économie importante, en permettant de réduire d'une manière notable deux des bassins d'alimentation construits dans l'intérieur de la ville de Marseille.

Le bassin d'alimentation et d'épuration de Ste-Marthe, dont la figure est à peu près celle d'un carré, est situé à 1,200 mètres environ de la naissance de la dérivation de Longchamp, en face du déversoir Barbarin. Il occupe, sur la droite de cette dérivation, une surface d'environ 6 hectares sur une profondeur moyenne de 4 mètres. Les eaux de la dérivation entrent par une rigole qui les conduit à l'angle nord-ouest du carré et les déverse dans le bassin, qu'on a entouré de murs et de forts remblais sur tous les côtés où le sol naturel n'était pas assez élevé pour contenir les eaux. Après avoir parcouru toute la longueur du bassin assez lentement pour déposer leur limon, les eaux arrivent à l'angle sud-est du bassin et sortent par une tranchée maçonnée qui les conduit dans la dérivation, d'où elles continuent leur course vers la ville de Marseille, et se rendent dans le grand bassin de distribution de Longchamp. On a pourvu, d'ailleurs, au nettoiement du bassin de Sainte-Marthe, en jetant les eaux sales et bourbeuses qui proviennent de cette opération, dans le fossé qui passe sous le déversoir Barbarin et les conduit jusqu'à Malpassé, où elles entrent dans le ruisseau de Jarret, et l'on a complété ainsi l'appareil nécessaire pour mettre en réserve, tout en les épurant, les eaux destinées à l'alimentation de la ville de Marseille pendant les chômages du canal.

DÉRIVATION DE SAINT-BARNABÉ.

La dérivation de St-Barnabé prend naissance au bassin de partage qui se trouve à 100 mètres environ en aval du souterrain de la Marionne, près du chemin vicinal de grande communication de St-Antoine à Aubagne. Elle passe en souterrain sous le contrefort de la Servianne, longe le versant méridional du coteau de St-Julien, passe sur les hauteurs de St-Barnabé et vient aboutir au quartier de Montolivet, au-dessus de Malpassé. Cette dérivation, d'une longueur totale d'environ 10 kilomètres, se divise en deux portions, dont la première porte un mètre cube d'eau et la seconde un demi-mètre seulement. Les travaux de cette dérivation furent commencés, en novembre 1846, par les tranchées aux abords du souterrain de la Servianne. Dans le courant de l'année suivante, on exécuta le souterrain de la Servianne qui, pour 179 m. 80 de longueur, coûta environ 12,000 francs, soit 66 francs par mètre courant. Le souterrain Rey, de 18 mètres de longueur, maçonné sur toute sa longueur, comme celui de la Serviaune, n'est revenu qu'à 50 francs le mètre courant. Les travaux de la première partie de cette dérivation, destinée à porter un mètre cube d'eau, furent terminés vers la fin de 1848; et ceux de la seconde partie le furent au mois de juin de l'année suivante. Au mois d'avril 1848, les chantiers de cette dérivation reçurent, dans la partie la plus rapprochée de Marseille, un grand nombre d'ouvriers sans ressources, qui exécutèrent en régie des revêtements sur la cuvette du canal et les continuèrent jusqu'à la fin de la même année.

C'est sur la dérivation de St-Barnabé, près des hauteurs de la Blancarde, et à la cote 132 mètres au-dessus du niveau de la mer, qu'est située la prise d'eau qui alimente le bassin Vauban, dans l'intérieur de la ville de Marseille, bassin qui, à son tour, fournit l'eau nécessaire pour l'arrosage et l'agrément des nombreuses propriétés situées sur les points les plus élevés d'Endoume et de Notre-Dame-de-la-Garde.

DÉRIVATION DES CAMOINS.

La dérivation des Camoins prend sa naissance, comme celle de St-Barnabé, au bassin de partage placé en aval du souterrain de la Marionne. Elle suit les contours des quartiers des Vaudrans et des Abuyes, franchit le ruisseau de Carpoulière au-dessous du village de la Treille, traverse le village des Camoins par un souterrain de 153 m. 30 de longueur et descend, par des pentes rapides, jusqu'à l'Huveaune où elle se jette, un peu au-dessous du village de la Penne, après avoir arrosé les belles terres du château de la Reynarde.

Les travaux de cette dérivation commencèrent au mois de décembre 1847, par l'attaque des quatre souterrains des Trois-Lucs, du Haut-Vaudran, des Romans et des Accates. Mais on dut bientôt augmenter le nombre de ces souterrains, à cause de la longueur et de la difficulté des tranchées à faire sur ces coteaux très-abruptes, et le tracé de cette dérivation comprit bientôt neuf souterrains, présentant une longueur totale de 994 m. 50. Tous ces souterrains, de 1 m. 70 de largeur aux naissances, sont revêtus en maçonnerie, à l'exception d'une longueur de 100 mètres dans le souterrain du Haut-Vaudran, et ont coûté de 60 à 95 fr. le mètre courant. L'ouvrage d'art le plus important de cette dérivation est le pont-aqueduc de la Clue, composé de sept arches de 8 mètres d'ouverture. Il a 18 mètres de hauteur sur 82 mètres de longueur et a coûté 36,000 francs. Le souterrain des Camoins, ouvert sous les rues du village, et celui des Brencaronnes, situé en aval du même village, furent terminés en juillet 1849 et, dès le mois d'août de la même année, les eaux furent introduites jusqu'à cette partie de la dérivation ; mais de nombreuses fuites se déclarèrent dans la tranchée ouverte au-dessus des bains des Camoins, et vinrent grossir le volume de la source d'eau sulfureuse qui alimente cet établissement. Un revêtement en maçonnerie remédia complétement à cet inconvénient.

La dérivation des Camoins a 8 kilomètres de longueur et doit porter un mètre cube et demi d'eau. Ce volume a été ainsi fixé en prévision de l'eau que la ville de Marseille pourra concéder un jour aux communes d'Aubagne et de Gémenos. Déjà, pendant l'année 1843, la commune d'Aubagne avait adressé à M. le Ministre des travaux publics une pétition tendant à obtenir l'autorisation de dériver de la Durance, pour l'irrigation de son territoire, un certain volume d'eau, qui lui serait transmis au moyen du canal de Marseille. Le conseil municipal de cette dernière ville, ayant un avis à donner sur cette demande, et inspiré, d'un côté, par des raisons motivées sur les embarras de la communauté des eaux, et de l'autre côté sur la nécessité de conserver pour Marseille tout ce qu'elle prend à la Durance, délibéra, le 8 février 1844, qu'il y avait lieu de rejeter la demande faite par la commune d'Aubagne pour amener les eaux de la Durance sur son territoire.

Plus tard, une lettre de M. le Ministre, en date du 19 août 1845, invitant à prendre en considération la demande d'un mètre cube d'eau faite par les communes d'Aubagne et de Gémenos, le conseil municipal de Marseille délibéra, le 23 octobre 1845 :

1° Qu'il n'y avait pas lieu d'accueillir la demande faite en faveur de la ville d'Aubagne et de la commune de Gémenos ; 2° que le projet de tracé de la dérivation principale, depuis Saint-Antoine jusqu'à la prise de la dérivation secondaire des Camoins et le tracé de cette dernière dérivation elle-même, seraient modifiés de manière à pouvoir, le cas échéant, faire porter un mètre cube d'eau de plus ; mais seulement et uniquement dans l'intérêt exclusif de la ville et du territoire de Marseille.

En vertu de cette décision, le projet de la dérivation principale, depuis St-Antoine jusqu'au bassin de partage situé en aval du souterrain de la Marionne et celui de la dérivation secondaire des Camoins furent modifiés, et les dimensions de ces dérivations furent agrandies de manière à pouvoir contenir, au besoin, le mètre cube d'eau dont le conseil municipal de Marseille a pensé pouvoir doter un jour les communes d'Aubagne et de Gémenos. Cette augmentation de dimension a entraîné, pour l'exécution des travaux, un accroissement de dépenses de 150,000 francs, qui ne restera point improductif si, comme tout porte à l'espérer, le Gouvernement accorde la concession des 4 mètres cubes demandés en augmentation, par délibération du 17 janvier 1853, et qui doivent être distribués, moyennant redevances, sur le territoire de diverses communes et entr'autres de celles d'Aubagne et de Gémenos.

En résumé, l'exécution de la dérivation principale et des dérivations secondaires dans le territoire de Marseille, a coûté, en nombre rond, 2,853,000 francs, répartis ainsi qu'il suit :

Dérivation principale sur la section de	Les Aygalades....	555,000	
	Château-Gombert.	440,700	
	Allauch.........	525,800	2,111,900
	La Valentine.....	121,900	
	St-Loup.........	302,500	
	Montredon.......	166,000	
Dérivation de St-Henry...........			90,000
— de St-Louis............			150,000
— de Longchamp.........			236,300
— de St-Barnabé..........			162,800
— des Camoins...........			102,000
	TOTAL.........		2,853,000

Cette somme, qui s'applique uniquement aux travaux et dans laquelle ne sont compris ni les frais de personnel, ni les indemnités de terrain, étant répartie sur les 77 kilomètres de longueur de toutes ces dérivations, fait revenir le kilomètre à 37,050 francs environ. Il faut remarquer, toutefois, que le profil en travers de toutes ces dérivations variant de l'une à l'autre, le prix moyen que nous venons d'indiquer n'est applicable à aucune d'elles en particulier, et que, pour avoir le vrai prix de revient de chacune, il serait nécessaire de diviser la somme dépensée à son exécution par sa longueur réelle.

Les dérivations exécutées dans le territoire de Marseille ont nécessité le percement de 38 souterrains, dont un seul présente une longueur considérable; c'est celui de la Marionne, qui a 1135 m. 10 et a coûté 135 francs le mètre courant. Le souterrain Vernet, près de St-Antoine, a été ouvert au milieu d'un énorme éboulement de rochers et, pour une longueur de 80 m. 40, a coûté 264 francs le mètre courant. Les autres souterrains, dont la largeur aux naissances varie de 1 m. 20 à 3 mètres, ont donné lieu à des dépenses variables. Ils sont à peu près tous revêtus en maçonnnerie et ont coûté :

Ceux de 3 m. 00 236 fr. le mètre courant.
Ceux de 2   60 226 — —
Ceux de 2   00 105 — —
Ceux de 1   70 91 — —
Ceux de 1   20 77 — —

On a eu à construire, pour les dérivations dans le territoire de Marseille, onze ponts-aqueducs à plusieurs arches. Nous avons déjà indiqué les prix de revient des ponts-aqueducs de Longchamp, de St-Louis, de la Viste et de la Clue. Les autres, de moindre importance, ont donné lieu aux dépenses ci-après :

Pont-aqued. de Jarret, 2 arch. de 6 m., 15,250 f.
— de Preyre, 3 arch. de 8 m., 10,960
— de Gouffonne, 3 arch. de 10 m., 10,000
— Daniel, n° 1, 3 arch. de 6 m., 7,420
— Daniel, n° 2, 4 arch. de 8 m., 8,570
— Martin, 12 arch. de 4 m., 4,650
— Dudemaine, 3 arch. de 6 m., 2,925

La réception des travaux de toutes les dérivations fut faite par le conseil municipal, en octobre et novembre 1849. Le 23 octobre, les conseillers municipaux délégués à cet effet parcoururent les dérivations de St-Henry et de St-Louis; le 30 du même mois, les sections d'Allauch et de la Valentine, sur la dérivation principale; le 2 novembre, la section de St-Loup; le 8 novembre, la section de Montredon; le 10, les sections des Aygalades et de Château-Gombert; le 14, les dérivations des Camoins et de St-Barnabé; et enfin, le 19, la dérivation de Longchamp.

Le même jour eut lieu l'inauguration de l'entrée des eaux sur le pont-aqueduc de Longchamp et dans la ville de Marseille. La commission municipale se rendit à la naissance de la dérivation de Longchamp; les eaux furent introduites en sa présence dans la dérivation, et leur marche fut suivie, pas à pas, par la commission, dont la présidence avait été déférée, pour cette solennité, à M. Max. Consolat, ancien maire de Marseille, en reconnaissance de l'intelligente et courageuse initiative de ce magistrat à qui la cité de Marseille est redevable de la réalisation du canal. M. Nègre, premier adjoint, remplissant à cette époque les fonctions de maire de Marseille, procéda à la pose de la dernière pierre du pont-aqueduc de Longchamp et, quelques instants après, les eaux du canal s'élancèrent en nappes majestueuses, du haut du pont-aqueduc, dans la galerie formée par le souterrain déjà percé sous l'emplacement du grand bassin de Longchamp. A ce moment solennel, les salves d'artillerie, le son des cloches et les fanfares militaires se joignirent aux acclamations et aux applaudissements de toute une ville reconnaissante, pour saluer la bienvenue de ces eaux si longtemps désirées et pour remercier l'illustre ingénieur dont l'infatigable activité avait résolument triomphé de tous les obstacles apportés à son œuvre.

Mgr l'évêque de Marseille, retenu chez lui par indisposition, n'ayant pu assister à la fête, les eaux du canal furent bénies par un de ses grands-vicaires. Le souterrain de Longchamp, par lequel s'écoulaient les eaux du canal, fut illuminé; toutes les autorités du département et de la ville parcoururent cette galerie sur un plancher établi au-dessus des eaux, et le public fut également admis à la parcourir. Enfin, en mémoire de cet heureux jour et suivant les constantes habitudes de charité gravées dans le cœur de toutes les administrations municipales qui se sont succédé à Marseille, les pauvres ne furent point oubliés, et une distribution de bons de pain et de viande, jusqu'à concurrence de 6,000 fr., fut faite aux indigents.

Cette journée du 19 novembre 1849 marquera dans les fastes marseillais, comme la date d'une fête qui a vivement impressionné tous ceux qui y ont assisté avec le sentiment profond de la haute importance du canal et des immenses services qu'il est appelé à rendre à la seconde ville française, digne fille de l'antique Massilie.

DISTRIBUTION DES EAUX DANS LE TERRITOIRE.

Les travaux de la branche-mère et des dérivations du canal de Marseille étant sur le point d'être achevés, on dut songer, dès l'année 1848, à arrêter toutes les dispositions qu'allait nécessiter la distribution des eaux dans le territoire.

On avait d'abord pensé qu'il serait possible de laisser aux propriétaires le soin d'exécuter les travaux de distribution nécessaires pour conduire les eaux du canal dans leurs propriétés, en astreignant tous ceux qui pouvaient être desservis par une même prise à former une association syndicale. Un règlement avait même été préparé dans ce but; mais de nombreuses difficultés ont fait renoncer à l'application de ce système.

On a essayé de former ces associations; on a tenu avec les propriétaires des assemblées préparatoires; on les a engagés de toutes les manières à s'associer entr'eux; mais toutes les tentatives faites pour arriver à ce résultat ont été stériles. On n'a jamais pu réunir qu'un petit nombre de propriétaires et, lorsqu'il s'est agi de prendre des engagements, leur nombre s'est encore notablement réduit. Une ou deux associations, comprenant seulement quatre ou cinq propriétaires, ont fini par exécuter quelques travaux; mais toutes les autres sont restées dans une inaction complète, malgré les efforts de quelques-uns de leurs membres, plus jaloux que les autres de profiter des bienfaits du canal et désireux de concourir, d'ailleurs, à la réalisation d'une œuvre aussi utile aux intérêts du pays.

L'insuccès de ces tentatives, bien qu'elles aient été poursuivies avec ardeur et persévérance, a démontré que l'organisation des syndicats, dans le territoire de Marseille, présenterait des difficultés presque insurmontables et a décidé la ville de Marseille à exécuter elle-même les travaux de distribution des eaux dans le territoire.

Cette distribution présentait, d'ailleurs, de nombreuses difficultés et nécessitait un grand nombre d'ouvrages de diverses natures, par suite de la configuration très-accidentée du sol et de la multitude d'irrégularités qu'il présente.

Nous avons déjà expliqué (1) comment la dévation principale et les dérivations secondaires amènent les eaux de la Durance autour des quatre vallées de St-Henry, des Aygalades, du Jarret, de l'Huveaune et le long des faîtes

---

(1) *Voir* page 136.

qui les séparent. D'après les explications que nous venons de rappeler, il sera facile de comprendre les distributions suivantes : La vallée de St-Henry est desservie par les dérivations de St-Henry et de St-Louis ; la vallée des Aygalades est arrosée, à l'ouest par la dérivation de St-Louis, au nord par la dérivation principale (section des Aygalades), et à l'est par celle de Longchamp. La vallée du Jarret est alimentée d'un côté par la dérivation de Longchamp, et de l'autre par la dérivation principale qui se développe sur les deux rives du ruisseau, par les sections de Château-Gombert et d'Allauch ; enfin la vallée de l'Huveaune est arrosée, au nord, par les dérivations de la Valentine, des Camoins et de St-Barnabé, et au sud par la portion de la dérivation principale qui occupe les sections de St-Loup et de Montredon.

Ce système de distribution est fondé sur la nature même des lieux. En effet, par le tracé des dérivations principale et secondaire, on a pu faire parcourir aux eaux les points les plus élevés du territoire, en se développant à peu près à la limite des terrains cultivés ; mais il fallait encore des travaux très-multipliés pour distribuer ces mêmes eaux dans toutes les propriétés qui divisent le bassin de Marseille. Ces propriétés sont situées dans une foule de petits vallons secondaires séparés par de petits faîtes de deuxième et troisième ordre, plus ou moins caractérisés et qui présentent de nombreux cols et une foule de petits mamelons isolés. On conçoit que les eaux ne pouvaient arriver sur tous les points de ce territoire qu'en suivant les lignes de faîtes de tous les petits contreforts, et en maintenant souvent le niveau des eaux au moyen de petits ponts-aqueducs ou de siphons.

C'est d'après ces principes que l'on a tracé les rigoles qui doivent desservir toutes les propriétés rurales du bassin de Marseille.

Chaque contrefort, partant de la dérivation principale ou d'une des dérivations secondaires, forme avec ses versants, jusqu'aux deux thalwegs qui les limitent, une zône de terres appartenant à une même prise sur la dérivation et à un même système de rigoles, et on lui a donné le nom de section.

Le territoire de Marseille se trouve ainsi divisé en 114 sections.

Dans chaque section, on a dû tracer d'abord une rigole principale sur le faîte du contrefort dont les versants forment la zône à desservir. On en a ensuite projeté d'autres sur tous les petits rameaux secondaires qui se détachent du premier, et quelquefois sur de petits contreforts de troisième ordre qui se ramifient dans tous les sens. De cette manière, on est parvenu facilement à atteindre tous les points du territoire, sauf quelques mamelons isolés, trop élevés au-dessus des cols qui les précèdent pour permettre de desservir leurs sommets avec des ouvrages ordinaires. Il aurait fallu, en effet, pour atteindre leur partie supérieure, exécuter des travaux d'art plus coûteux que ne le comportait l'importance des résultats à obtenir.

Mais là ne se bornaient même pas les travaux à exécuter pour le service du territoire. Il fallait s'occuper, en outre, des eaux d'agrément qui, dans le système de distribution adopté pour le territoire de Marseille, devaient rester parfaitement distinctes des eaux d'arrosage.

Quelques explications seront peut-être, à cet égard, nécessaires.

On ne distingue généralement que deux modes d'emploi des eaux dans les contrées cultivées : l'irrigation et la force motrice. Dans le territoire de Marseille, on en trouve un troisième qui résulte de la nature même des propriétés rurales. En effet, la banlieue de Marseille est morcelée entre huit ou dix mille propriétaires différents qui possèdent chacun, en moyenne, un hectare. Ces propriétés comprennent chacune leur habitation. On pense bien que de pareilles propriétés ne peuvent pas, en général, avoir pour objet essentiel l'utilité, ni le produit. Ce sont des *bastides*, où les habitants de la ville de Marseille vont passer la saison d'été. Ceux même des propriétaires qui possèdent des campagnes plus étendues et dont le sol se prêterait mieux à une culture productive, n'en font pas moins à l'agrément une très-large part. Il est dans les habitudes marseillaises de ne rien négliger pour rendre ces habitations agréables. Or, dans les pays chauds, le plus grand attrait, c'est la fraîcheur, et l'eau, qui peut seule la procurer, devient un véritable besoin. L'eau porte, d'ailleurs, avec elle le mouvement et la vie et ajoute de nouveaux charmes aux sites les plus heureusement placés; aussi les propriétaires marseillais n'ont-ils jamais reculé devant des dépenses, même considérables, dans l'espoir, presque toujours trompé, d'obtenir le plus mince filet d'eau. La supputation de ce qui a été dépensé en pure perte dans ce but, dans le territoire de Marseille, amènerait à des résultats incroyables.

Les personnes qui connaissent les conditions du territoire de Marseille et les habitudes de sa population comprendront donc sans peine la réalité des besoins auxquels doivent satisfaire les eaux d'agrément, et apprécieront la convenance d'en former une catégorie séparée des eaux d'arrosage. Il existe, en effet, entre ces deux sortes d'eaux des différences notables qui établissent entr'elles une distinction absolue et facile à maintenir. La principale différence porte sur le motif d'emploi. L'eau d'arrosage n'est nécessaire qu'à certaines périodes plus ou moins rapprochées, suivant la nature des cultures et aussi d'après l'ordre des saisons; ce n'est qu'en coulant par masses qu'elle peut produire un effet utile. L'eau d'agrément, pour remplir sa destination, doit jaillir au-dessus du sol; elle exige un écoulement continu. C'est une fontaine, un bassin, un jet d'eau qu'il faut alimenter sans cesse et qui ne peuvent tarir un instant sans perdre leur principal attrait. C'est enfin le service d'une maison qu'il s'agit d'assurer, et, pour cela, il faut que l'eau puisse s'élever au premier et même au second étage. Pour remplir ces conditions, il faut non-seulement que les eaux coulent continuellement, mais encore qu'elles soient aussi limpides, aussi fraîches et aussi pures que possible. Il faut qu'elles soient parfaitement spéciales et ne soient jamais mêlées avec des eaux qui, coulant par intermittence dans des rigoles tantôt vides, tantôt pleines, devront nécessairement se salir plus ou moins à leur introduction dans des canaux qu'elles trouveront, deux ou trois fois par semaine, encombrés de poussière et de débris végétaux. Sous un climat aussi chaud que celui de la Provence, on ne pourrait d'ailleurs songer à consacrer aux usages domestiques les eaux d'arrosage qui, coulant à l'air libre dans des rigoles maçonnées, seraient presque constamment brûlantes au contact des parois qu'échauffera sans relâche l'ardent soleil d'été.

Toutes ces considérations ont entraîné forcément la création de travaux entièrement distincts de ceux dont nous avons parlé pour les eaux d'arrosage. Les mille petites rigoles qui mènent ces dernières dans les propriétés peuvent, sans inconvénient, être établies à ciel-ouvert; la seule condition à laquelle on a dû satisfaire dans leur établissement a été d'arriver, autant que possible, dans les parties les plus élevées des terres. Parties des points culminants, les eaux vont se répandre sur toute la surface du sol. Mais il ne saurait en être de même des eaux d'agrément. Le mérite et la valeur de ces eaux dépendent de leur continuité, de la hauteur qu'elles peuvent atteindre, de leur limpidité et de leur fraîcheur, de leur entière séparation, enfin, des eaux d'arrosage. Or, il est facile de comprendre qu'on ne peut obtenir tous ces résultats qu'en faisant couler les eaux d'agrément dans des conduites fermées.

On a donc eu ainsi un système de distribution d'eau d'arrosage ou périodique, et un système de distribution d'eau d'agrément ou continue.

Les projets relatifs à la distribution de toutes les eaux d'arrosage dans le territoire, comprennent environ 380 kilomètres de rigoles, dont 152 kilomètres environ en terre avec talus sans revêtements, et 228 kilomètres avec revêtements en pierre sèche ou en maçonnerie avec mortier. Les pentes de ces rigoles sont très-variables; elles vont de 0 m. 002 jusqu'à 0 m. 10 et même 0 m. 15 par mètre, suivant les pentes des contreforts dont elles doivent suivre les sommets. Leur largeur varie, suivant les pentes et les débits, de 0 m. 25 à 2 m. 00. Les ouvrages d'art entraînés par le rétablissement des communications, sont très-nombreux ; on n'aura pas moins de 1750 ponts et 275 siphons à construire dans ce but. De plus, il faudra établir, sur un grand nombre de cols, des ponts-aqueducs de quatre à 12 mètres de hauteur qui entraîneront une dépense assez considérable. Les travaux sont, d'ailleurs, projetés et exécutés avec toute la simplicité possible. Les ouvrages d'art, ainsi que les maçonneries de revêtement, ne comprennent que des moellons bruts ; les voûtes surbaissées des ponts de communication sont en briques, les voûtes en plein-cintre en maçonnerie ordinaire. Les ponts-aqueducs, même à plusieurs arches, sont exécutés sans pierre de taille aux angles et présentent encore une solidité très-suffisante.

Les prises d'eau sur les dérivations se règlent d'elles-mêmes et donnent un débit constant, quel que soit le niveau de l'eau dans la dérivation. Le système qui réalise ces conditions comprend deux petits bassins établis à côté de la berge de la dérivation et placés symétriquement de chaque côté d'un canal d'amenée, qui fait communiquer les bassins avec la dérivation et y maintient le même niveau. Ces deux bassins sont distants l'un de l'autre de 0 m. 75, et leurs parois sont percées d'ouvertures fermées par deux vannes placées l'une en face de l'autre. Ces deux vannes sont reliées entr'elles d'une manière invariable par de petits bâtis en fonte, qui les empêchent de se rapprocher en cédant à la pression de l'eau des bassins. Elles sont reliées par ces mêmes bâtis à une poutre à laquelle sont fixés deux flotteurs en tôle plongeant dans les bassins et obéissant à l'action de leurs eaux. En outre, une vis à manivelle, fixée sur l'axe du système des deux vannes, sert à déterminer leur position par rapport aux flotteurs et, par conséquent, au niveau de l'eau des bassins et, par suite, de la dérivation ; car on peut, avec cette vis à manivelle, fermer la prise d'eau en élevant la partie supérieure des vannes au-dessus du niveau de l'eau, ou l'ouvrir à volonté, en modifiant le débit suivant le besoin des arrosages. L'eau tombe par dessus chacune des vannes, avec une épaisseur de tranche déterminée par la position de la vis, et en passant dans l'espace intermédiaire entre les bassins, elle arrive dans les rigoles d'arrosage. Des échelles, placées sur les vannes, permettent de mesurer l'épaisseur de la tranche d'eau qui passe sur les vannes et, par conséquent, le débit de la prise d'eau.

Lorsque l'appareil fonctionne, le frottement des vannes contre les bajoyers est annihilé par la pression de l'eau qui, de chaque côté, tend à éloigner la vanne des bajoyers, le long desquels elle se meut; mais on aurait à craindre des infiltrations si on ne plaçait, entre les vannes et l'ouverture des bajoyers, une garniture quelconque. On a évité ces infiltrations en fixant, le long des angles des ouvertures, des bandes de cuir ou de caoutchouc vulcanisé qui se rabattent contre les vannes. La pression de l'eau assure l'adhérence des bandes contre les vannes et empêche ainsi toute infiltration. Le seul frottement qu'il y ait à vaincre lors de la marche de cet appareil, est celui des vannes contre les bandes de cuir ou de caoutchouc. Les expériences faites à cet égard démontrent qu'en général ce frottement est assez faible pour permettre aux flotteurs de s'élever ou s'abaisser, sous l'influence de dénivellations d'un centimètre à un centimètre et demi de hauteur; c'est donc à cette limite que se mesurera la sensibilité de l'appareil, et elle est assez grande pour satisfaire à toutes les exigences du service d'arrosage.

Au moyen de cet appareil, l'eau s'écoule donc par dessus les vannes comme par un déversoir, dont le seuil se maintient à une hauteur qui varie avec le niveau de l'eau, de manière à assurer toujours l'écoulement par une tranche d'une épaisseur déterminée, pour fournir le débit voulu. Le bassin qui contient la prise d'eau et le système des vannes et flotteurs, est d'ailleurs environné de murs et recouvert d'une toiture pour éviter toute chance de dégradation et de dérangement.

On a obtenu ainsi un débit constamment assuré pour chacune des rigoles, dont la tête se trouve à la prise d'eau, et c'est là un point indispensable pour établir un bon système d'arrosage. Rien n'est plus utile, en effet, dans un canal destiné à l'irrigation, que la construction solide et exacte des prises d'eau ; car de cette construction dépend la bonne distribution des eaux, laquelle à son tour intéresse autant le propriétaire des terrains à irriguer que le vendeur des eaux d'irrigation. Ainsi, il est certain que, d'un côté, les propriétaires qui ont souscrit pour les eaux du canal de Marseille sont vivement intéressés à recevoir exactement la quantité d'eau pour laquelle ils ont souscrit ; tandis que, d'un autre côté, la ville de Marseille ne doit donner strictement que la quantité d'eau pour laquelle il a été souscrit. Entre ces deux intérêts, je ne dirai pas contraires, mais simultanés, il n'y a et il ne peut y avoir qu'un appareil de distribution, parfaitement exact et d'une très-facile vérification, qui puisse opérer la conciliation. Pour le propriétaire usager des eaux d'irrigation, il est du plus grand intérêt de n'avoir les eaux que dans une quantité bien déterminée, et cela pour le succès même de ses cultures. Car, pour que les arrosages agissent d'une manière salutaire, il est indispensable qu'ils soient distribués avec la plus grande régularité. Et ne pas se rendre un compte exact de l'eau que l'on consomme serait s'exposer fréquemment à des irrigations surabondantes, qui sont ce qu'il y a de plus nuisible à la terre. C'est ainsi que nous connaissons certains propriétaires des environs de Marseille qui, malgré la surveillance exercée sur les eaux du canal, s'emparèrent abusivement, il y a quelques années, de quantités d'eau énormes relativement à la surface de terrain qu'ils avaient à irriguer, en retenant les eaux d'arrosage pendant un temps beaucoup plus long que celui qui leur avait été assigné par l'administration. Ces propriétaires ne tardèrent pas à se repentir de leur petite supercherie ; car leurs récoltes furent *rouillées* et leurs terres inondées et lavées de manière à faire disparaître tous les sels nécessaires à la végétation.

D'un autre côté, si l'on considère l'intérêt de la ville de Marseille, propriétaire et vendeur des eaux du canal, il n'est pas moins évident que toute la quantité d'eau qui serait livrée aux usagers, en sus de leur souscription, serait complètement perdue pour les revenus de la ville, puisque l'irrigation dépense effectivement et absorbe en entier les eaux qu'elle emploie. On voit donc que tout concourt à prouver combien il est essentiel, dans un canal bien administré, d'avoir pour la distribution exacte des eaux un appareil d'une justesse éprouvée, qui ne laisse rien à la fraude, rien à l'arbitraire, et dont l'usage offre une égale sécurité aux vendeurs comme aux acquéreurs de l'eau destinée aux arrosages.

Nous pouvons dire que ce but a été complètement atteint par la construction de l'appareil distributeur et régulateur des eaux, employé au canal de Marseille, et dont nous avons donné précédemment la description.

Aujourd'hui, que les progrès de l'hydrodynamique ont fait reculer fort loin les limites imposées aux travaux hydrauliques par l'ignorance des temps passés, on ne saurait croire vraiment combien de difficultés de tous genres eurent à vaincre les premiers constructeurs de canaux d'irrigation avant de pouvoir obtenir une distribution exacte et invariable de leurs eaux.

Ainsi, dans les plus anciens canaux de la Lombardie, tels que le Naviglio-Grande, construit en 1178, la Muzza en 1220, l'Addetta en 1230, la Martesana et le Bereguardo en 1460, aucune précision n'existait dans la distribution des eaux d'irrigation ; car la nécessité absolue d'une hauteur d'eau constante au-dessus de l'orifice d'écoulement étant inconnue à cette époque, et la fixation des hauteurs et largeurs des orifices de prise d'eau étant la seule limitation apportée à leur débit, on conçoit que la moindre élévation du niveau du canal devait donner lieu à une augmentation souvent fort notable de ce débit.

Il résultait de cet état de choses de nombreux

abus qui finirent par devenir tellement intolérables que, sur le Naviglio-Grande, par exemple, qui est à la fois un canal d'irrigation et de navigation, les prises d'eau d'arrosage faites d'une manière abusive finirent plus d'une fois par rendre la navigation impossible. Les magistrats de Milan, pénétrés de plus en plus de la nécessité de porter remède à de pareils abus et de parvenir enfin au degré désirable d'exactitude dans la distribution des eaux d'irrigation, appelèrent, en 1570, le concours et les lumières des ingénieurs sur cette grave question, et demandèrent un mode de distribution des eaux préférable à ceux usités jusqu'alors, et destiné surtout à maintenir en état de navigation le Naviglio-Grande par la cessation des abus qui s'y étaient multipliés, en dernier lieu, d'une manière scandaleuse.

Ce fut alors que Jacques Soldati, ingénieur milanais, se présenta, en 1572, avec un appareil de son invention que sa grande simplicité rendait usuel et qui devait fonctionner, d'après les lois de l'hydraulique, de manière à assurer, dans toutes circonstances, l'égalité de pression au-dessus des orifices. Mais ce ne fut qu'avec des difficultés inouies et abreuvé d'injures et d'outrages que Soldati put établir son appareil sur un certain nombre de prises d'eau; les oppositions les plus vives eurent lieu contre l'adoption de cet appareil régulateur, et, à mesure que l'entreprise de la réglementation des prises d'eau s'approchait de son terme (1), les résistances devenaient de plus en plus nombreuses, de plus en plus violentes. Les principales des prises d'eau restant à régler appartenaient à de grands propriétaires, à de puissantes corporations qui, dans cette circonstance, luttaient ouvertement contre l'autorité publique, et Soldati était seul en butte à leurs attaques; des voies de fait, des menaces de mort, l'accueillaient journellement dans l'exercice de sa pénible tâche; peut-être y eût-il succombé avant de pouvoir l'accomplir; mais les vicissitudes de ces temps agités, la mort des plus zélés des magistrats, et surtout l'invasion de la terrible peste de 1576, qui transforma Milan en un vaste cimetière, firent suspendre cette grande opération. Elle ne fut jamais entièrement terminée, notamment sur les parties du canal les plus voisines de la ville.

Il faut reconnaître que, sous le rapport des intérêts matériels, les populations d'aujourd'hui sont plus intelligentes que celles d'autrefois, et que, sauf certaines bizarres exceptions, l'intérêt particulier cède de nos jours beaucoup plus aisément que jamais devant l'intérêt général. Il faut ajouter aussi que les administrations, mieux servies par les progrès des sciences, peuvent

(1) Nadault de Buffon, *Traité des irrigations*, tome I, p. 334.

donner suite plus facilement qu'autrefois aux réformes salutaires que le pouvoir désire apporter dans toutes les branches de l'industrie nationale. C'est ainsi que, pour la concession des canaux d'irrigation et pour la vente des eaux d'arrosage qui en dérivent, une réforme des plus heureuses a été adoptée définitivement, en France, par l'administration supérieure ; c'est celle qui consiste à ne plus délivrer les eaux qu'au volume, c'est-à-dire au mètre cube ou au litre, tandis qu'autrefois on concédait à un particulier, sans la désigner ni la limiter autrement, l'eau nécessaire à l'arrosage d'une certaine superficie de terrain.

Il est facile de comprendre combien ce dernier mode de concession, pris dans sa généralité, offre d'inconvénients. En effet, dans tous les pays où l'irrigation a quelque importance, l'usage a consacré son emploi pour plusieurs natures de récoltes, souvent très-différentes entr'elles, tant par les moyens de culture que par les quantités d'eau qu'elles réclament. C'est ainsi que, dans le midi de la France, il faut distinguer sous ce rapport entre les céréales, les prairies naturelles, les prairies artificielles, les pépinières, les rizières, les jardins maraîchers, etc. ; car, pour chacune de ces différentes cultures, la dépense de l'eau par hectare est nécessairement différente. Il en résulte que l'on devrait appliquer un prix différent pour la vente des eaux sur une égale superficie de terrain, suivant qu'il est consacré à telle ou telle de ces différentes cultures. Cela se fait effectivement ainsi dans plusieurs localités, par suite d'anciens usages ou d'anciennes conventions; mais il vaut infiniment mieux, dès que l'on en a les moyens, que l'eau soit vendue au volume. De cette manière, le contrat entre l'acheteur et le vendeur est toujours simple : l'un peut faire de son eau tout ce qu'il veut, dans les limites des règlements convenus entre les parties ; l'autre est certain que cette eau lui sera toujours payée au prix auquel elle doit l'être ; ce qui n'aurait pas lieu ainsi, dans le cas où, devant la livrer à tant l'hectare, il serait obligé de subir toutes les modifications de culture, les expériences ou les mauvaises combinaisons que pourraient imaginer les usagers (1). Fournir de l'eau de cette manière et sans distinction de culture, c'est donc la donner à discrétion ; puisque celui qui l'achète ainsi est en droit de prétendre à toute celle qui peut être consommée sur son terrain, et il est évident qu'il y a là une grande source d'abus.

Une telle faute n'a pas été commise pour la vente des eaux du canal de Marseille.

Toutes les eaux de ce canal sont vendues au volume, c'est-à-dire au litre ou à ses subdivisions, soit pour l'eau d'arrosage, soit pour l'eau

(1) Nadault de Buffon, *Traité des irrigations*, tome II, p. 75.

d'agrément. Les eaux pour force motrice sont vendues par force de cheval, unité qui est une combinaison entre le volume d'eau concédé et la hauteur de chute dont l'usine dispose utilement. On voit donc que, dans tous les cas, il a fallu que la ville de Marseille disposât d'un appareil précis et d'une installation facile pour mesurer les eaux concédées, et c'est ce qui a été obtenu au moyen de l'appareil aussi simple qu'ingénieux placé dans les maisonnettes de prise d'eau.

Le projet général de distribution des eaux du canal dans le territoire de Marseille fut dressé le 29 janvier 1849, adopté le 1er mars suivant par le conseil municipal, et approuvé le 2 mai de la même année par M. le Ministre de l'intérieur, sur l'avis favorable du conseil général des Ponts-et-Chaussées. Ce projet, qui s'élevait en principe à 3,250,000 fr., n'a été et n'est encore exécuté qu'au fur et à mesure des souscriptions recueillies dans chaque section.

Nous avons vu précédemment (1) que la ville de Marseille a dû se résigner à exécuter elle-même la distribution des eaux dans le territoire. Afin de décider les propriétaires à prendre de l'eau, on a été obligé de s'engager à la conduire à la limite de leurs propriétés, de manière à leur éviter toute contestation avec leurs voisins. Toutefois, en exécutant elle-même la distribution

(1) *Voir* page 174.

des eaux dans le territoire, la ville de Marseille n'a entendu faire que l'avance des fonds nécessaires pour ces travaux, de manière à pouvoir hâter l'exécution des rigoles et conduites, et retirer ainsi le plus tôt possible un certain revenu des eaux du canal. Il a donc été décidé qu'outre la redevance annuelle fixée par le tarif dont nous parlerons plus tard, chaque propriétaire souscripteur aux eaux du canal paierait, pendant la première année seulement, une somme fixe reconnue suffisante pour que l'ensemble de toutes ces sommes, une fois payées, pût couvrir la ville de Marseille de ses avances pour frais d'établissement des rigoles et conduites. Cette somme à payer par chaque propriétaire souscripteur a été fixée à 400 fr. par litre d'eau périodique, et à 250 fr. par module (1) d'eau continue. Ces sommes ainsi fixées ont été reconnues suffisantes pour couvrir les frais d'établissement des rigoles et conduites, en supposant que l'on place à peu près toutes les eaux disponibles du canal.

En effet, la dépense des travaux a été évaluée, en principe, à 3,250,000 fr., ainsi qu'il suit :

Rigoles d'arrosage.........	1,750,000 fr.
Conduites pour l'eau continue.	1,500,000
Total	3,250,000 fr.

---

(1) Un module équivaut à un décilitre, soit à un dixième de litre par seconde. Cette quantité correspond à 8,640 litres par 24 heures.

En supposant que l'on parvienne à concéder 4,375 litres d'eau d'arrosage et 6,000 modules d'eau continue, on obtiendra des propriétaires la somme totale nécessitée par la construction de ces rigoles et conduites, ainsi qu'il suit :

4,375 litres à 400 fr.......	1,750,000 fr.
6,000 modules à 250 fr....	1,500,000
Total égal.......	3,250,000 fr.

D'après ces explications, on voit que les fixations de 400 fr. par litre et 250 fr. par module ne sont que des moyennes calculées sur les prévisions de 4,375 litres et 6,000 modules. Il est clair que si on eût supposé qu'on pût placer des quantités d'eau plus grandes, les fixations de la somme à payer en capital eussent été plus faibles et réciproquement. Il fallait cependant adopter un chiffre quelconque, et ceux de 400 fr. par litre et 250 fr. par module, fixés définitivement, sont très-convenables, eu égard au taux de la fortune publique et aux quantités d'eau qui devront être souscrites.

Il faut remarquer, toutefois, que ces quantités d'eau de 4,375 litres et 6,000 modules, indiquées précédemment, ne pourront être demandées et concédées en entier que dans un avenir assez éloigné, et que, pour le moment, on ne pourra pas trouver en souscriptions le montant total des travaux. Aussi, le conseil municipal de Marseille s'est-il décidé à ne faire exécuter les travaux de rigoles et conduites que dans les sections ou portions de section où les propriétaires, par leurs souscriptions ou même par des avances, couvriraient la moitié de la dépense. Ces avances seront remboursées aux propriétaires sur les premières souscriptions obtenues dans la section à laquelle ils appartiennent, et, plus tard, la ville de Marseille se couvrira elle-même de ses propres avances; de sorte que, dans ce cas spécial d'avances faites par les propriétaires, la ville de Marseille a consenti à ces mêmes propriétaires la priorité du remboursement des avances faites pour l'établissement des rigoles et conduites.

Un seul exemple suffira pour faire comprendre d'une manière complète ce mode de procéder.

Les travaux de construction des rigoles et conduites pour la section de *** ont été estimés à 34,000 fr., dont 20,000 fr. pour les rigoles et 14,000 fr. pour les conduites. Si cette section comprend trente propriétaires, et qu'il soit nécessaire de construire tous les travaux de la section pour arroser les propriétaires souscripteurs, *quel que soit leur nombre*, il sera indispensable, d'après ce que nous avons indiqué précédemment, que les souscriptions présentent, comme capital à payer, le chiffre de 17,000 fr., moitié du montant de tous les travaux à exécuter. Il faudra, par exemple, que ces souscriptions représentent 20 litres et 36 modules, ou bien encore 25 litres et 28 modules, parce que chacune de ces combinaisons forme, à 400 fr. le litre et à 250 fr. le module, la somme totale de 17,000 fr. Si les souscriptions présentaient en capital un chiffre inférieur à 17,000 fr., il serait indispensable que les propriétaires souscripteurs, *quel que fût leur nombre*, fissent les avances nécessaires pour parfaire la somme de 17,000 fr. Ainsi, en admettant qu'on n'eût pu recueillir en souscriptions que 10 litres et 15 modules, ce qui ne représenterait que la somme de 7,750 fr., il serait indispensable que les propriétaires souscripteurs prissent l'engagement d'avancer, chacun suivant ses moyens, la somme de 9,250 fr., nécessaire pour compléter celle de 17,000 fr.

Ces 9,250 fr. seraient remboursés plus tard aux propriétaires qui en auraient fait l'avance, au moyen des nouvelles souscriptions obtenues sur la section dont il s'agit, et avant que la ville de Marseille se remboursât elle-même des 17,000 fr. qu'elle aurait avancés pour sa moitié de la somme totale nécessaire à l'exécution des rigoles et conduites.

On pourrait objecter le cas où les trente propriétaires réunis n'offriraient qu'une souscription totale de 10 litres et de 15 modules, soit de 7,750 fr., et demander sur quels fonds la ville rembourserait alors les propriétaires de leurs avances de 9,250 fr. et se rembourserait elle-même de son avance de 17,000 fr.

Nous répondrons que la ville rembourserait dans ce cas, soit au moyen des augmentations de souscriptions qui pourraient avoir lieu plus tard sur cette section, soit au moyen des fonds provenant d'autres sections où, contrairement à celle dont il s'agit, le capital payé par les souscripteurs dépasserait la moitié du montant des travaux à effectuer pour la construction des rigoles et conduites.

Dans le projet de distribution des eaux dans le territoire, les conduites destinées à amener les eaux continues dans les diverses propriétés étaient projetées en poterie et devaient varier de 0 m. 08 jusqu'à 0 m. 25 de diamètre. Elles devaient être, en général, établies le long des rigoles sous les banquettes, et recevoir, de distance en distance, des robinets vannes de décharge pour pouvoir nettoyer les conduites et empêcher le limon de séjourner dans les tuyaux. Quoique ces tuyaux en poterie eussent toujours été essayés à la presse hydraulique et sous une pression de huit à dix atmosphères, ils n'ont jamais pu fonctionner d'une manière suffisante, et, à ce sujet, nous donnerons un rapide aperçu des essais et expériences faits à cette occasion.

On a eu à essayer successivement des conduites en poterie, en grès, en verre, en béton asphaltique, en ciment, en tôle bituminée et en fonte.

Les premiers essais ont été faits sur des conduites en poterie ; il était naturel de songer d'abord à ce genre de tuyaux qui a l'avantage de coûter beaucoup moins cher que toutes les autres conduites. Aussi s'est-on mis à l'œuvre sur quelques points à la fois ; mais on n'a pas tardé à reconnaître que leur emploi donnait lieu à de graves inconvénients. Toutes les conduites de ce genre, placées dans des terrains de rapport ou sur un sol susceptible de tassement, se brisèrent de suite, la matière qui les compose et le ciment employé dans les joints étant trop rigides pour se prêter à la moindre inflexion de la conduite, lorsqu'il se manifestait quelques mouvements dans le sol qui la supportait. On doit ajouter que, par leur nature, les conduites en poterie ne peuvent être soumises à d'aussi fortes pressions que celles en fonte ; il est prudent, dans tout état de cause, de limiter leur emploi aux parties où elles n'ont à supporter qu'une à deux atmosphères de pression au plus, et cette nécessité que l'expérience a fait reconnaître restreint encore notablement le champ des localités où les tuyaux en poterie seraient d'un emploi convenable ; car, dans le territoire de Marseille et avec la grande hauteur du canal au-dessus du niveau de la mer, les pressions de trois et quatre atmosphères ne sont pas rares dans les conduites, et les pressions faibles d'une à deux atmosphères ne sont que l'exception.

Un autre inconvénient fort grave des tuyaux en poterie consiste dans leur ramollissement graduel ; ce phénomène se produit avec une grande rapidité dans les terrains très-humides, plus lentement dans les terrains ordinaires ; mais enfin il agit sur toutes les conduites en poterie et aura fatalement pour effet de les détruire complétement dans un temps plus ou moins long. Ainsi, des conduites en poterie établies dans un sol très-résistant, et soumises à une faible pression, ont fonctionné pendant des mois entiers d'une manière assez satisfaisante , et se sont ensuite brisées sans motif apparent ; en les relevant pour remplacer les tuyaux brisés, on trouvait ces tuyaux tellement altérés qu'ils se laissaient entamer par la pioche, ayant perdu presque toute la dureté qu'ils avaient au sortir du four et lorsqu'on les avait placés dans la tranchée. Ce fait s'est présenté aussi à Paris, où une conduite de quelques kilomètres de longueur en poterie a fonctionné convenablement pendant deux ou trois ans, et a commencé ensuite à subir des ruptures si nombreuses qu'il n'a plus été possible de la faire fonctionner avec quelque régularité.

Ainsi, malgré toutes les précautions prises, les tuyaux en poterie n'ont pu continuer à être employés. On les avait cependant perfectionnés sous bien des rapports ; le joint en était fait au moyen d'un manchon cylindrique légèrement évasé pour permettre l'introduction du ciment hydraulique qui fermait tous les interstices. Chaque tuyau, essayé à six atmosphères au moyen d'une presse hydraulique, était placé avec les plus grandes précautions et entouré de terre de savonnerie, afin d'éviter les racines des arbres qui, par leur introduction dans les conduites, y déterminent la formation de masses végétales qui ne tardent pas à les obstruer ; dans le même but, chaque extrémité du manchon où se trouvait le ciment du joint était recouverte de bitume. Toutes ces précautions n'ont pu faire réussir ce système, que des tentatives renouvelées pendant une année sur plusieurs points du territoire de Marseille ont irrévocablement condamné, du moins en ce qui concerne le service des eaux du canal.

On a employé, à titre d'essai, quelques conduites de grès ; ces conduites provenaient de Bollène, dans le département de Vaucluse, et se sont assez bien comportées ; mais on ne pouvait songer à faire de ce genre de tuyaux la base d'une distribution aussi considérable que celle dont on avait à s'occuper, et qui doit embrasser près de 500 kilomètres de longueur de conduites.

Nous ne parlerons que pour mémoire des tuyaux en verre produits par une maison de Lyon ; ces tuyaux résistent bien aux épreuves qui ont été poussées jusqu'à treize atmosphères ;

ils ont l'immense avantage de ne jamais donner naissance aux dépôts ferrugineux que certaines eaux engendrent dans leur contact avec la fonte ; mais la fragilité de ces tuyaux et la difficulté de faire les joints n'ont pas permis de songer à les utiliser.

Les tuyaux en béton asphaltique n'ont pas eu un meilleur sort ; ils avaient, cependant, bien résisté aux épreuves ; mais leur poids et surtout la difficulté de prévenir leur déformation et leur ramollissement sous l'influence de la chaleur, n'ont pas permis leur emploi. On en a essayé une conduite dans le quartier de Saint-Loup ; il a fallu l'enlever et renoncer à en poser d'autres; le béton asphaltique se détériorant sous terre, la conduite perdait de toutes parts.

Les conduites en ciment n'ont pas mieux réussi ; un essai fut autorisé par M. le maire de Marseille en faveur d'une compagnie de Grenoble, qui avait demandé à poser une conduite de ce genre à ses risques et périls, s'engageant à l'enlever et à rétablir les lieux dans leur état primitif, au cas où la conduite ne réussirait pas. C'est malheureusement ce qui a eu lieu. Cette conduite, faite avec soin en ciment de Grenoble, dit de la Porte-de-France, mélangé de gros graviers, n'a pu tenir l'eau, quoique on lui ait laissé pendant plus de six mois le temps de durcir ; elle perdait l'eau sur plusieurs points, et il a fallu l'enlever. Peut-être, en la laissant durcir

pendant quelque temps encore, aurait-on pu en tirer un meilleur parti ; mais on conçoit facilement qu'un propriétaire, si patient qu'il soit, ne peut souscrire à un pareil engagement, et ce motif péremptoire a dû faire renoncer absolument à employer des conduites en ciment pour la distribution des eaux du canal.

L'administration, décidée à faire usage, en définitive, de tuyaux en fonte pour sa distribution d'eau, a cependant admis une exception en faveur des tuyaux en tôle bituminée de M. Chameroy. Ces tuyaux sont, en effet, d'un bon usage. Depuis douze ans que la ville de Paris en emploie, on n'a eu qu'à s'en louer, et, à proprement parler, ce n'était pas un essai que faisait la ville de Marseille en les admettant ; car ces essais ont été faits ailleurs et sont assez concluants pour qu'on ne puisse plus mettre en doute leur solidité et leur résistance. Les tuyaux en tôle bituminée ont l'avantage de coûter moins que la fonte dans des proportions qui varient du tiers au cinquième, suivant les diamètres ; ils procurent en outre, à l'eau, un écoulement plus rapide en raison du poli de leur surface intérieure, que recouvre un vernis appliqué avec soin. On conçoit facilement que la présence de ce vernis, en diminuant le frottement du liquide dans la conduite, lui permet de débiter plus d'eau ; il y a là, en faveur des conduites en tôle bituminée, un avantage qui n'a pas encore été apprécié bien exactement. Du reste, la quantité de tuyaux en tôle bituminée à employer dans la distribution des eaux du canal n'est pas fort considérable ; elle ne compte que le huitième à peu près de la dépense totale pour la distribution d'eau continue ; mais comme elle ne se compose que de conduites d'un faible diamètre, elle représente à peu près le sixième de la longueur totale des conduites à poser dans le territoire et dans la ville de Marseille.

L'administration s'est donc décidée à se servir presque exclusivement de conduites en fonte pour opérer sa distribution d'eau continue, soit dans la ville, soit dans le territoire de Marseille. Les plus petites de ces conduites ont 0,05 de diamètre ; les plus grandes, 0,60. Pour les mettre à l'abri des effets de l'oxidation et empêcher la formation des tubercules ferrugineux qui se sont développés sur les conduites établies dans d'autres villes de France, on les a enduites d'une couche de goudron du gaz appliqué sur le tuyau préalablement chauffé. Cette opération, en rendant plus lisse l'intérieur des conduites en fonte, diminue le frottement du liquide et augmente le débit de ces conduites, ce qui leur procure le même avantage que le vernis appliqué sur la surface intérieure des conduites en tôle bituminée.

En conséquence de tous les essais et expériences que nous venons d'énumérer, le conseil municipal de Marseille, bien convaincu des graves inconvénients des conduites en poterie et bien décidé à n'employer, en général, que de la fonte pour la distribution des eaux dans le territoire, résolut, dans sa séance du 12 août 1850 :

1° De remplacer les conduites projetées en poterie par des conduites en fonte ;

2° De maintenir à 250 fr. par module le prix en capital à exiger des propriétaires pour les travaux de distribution ;

3° De ne pas demander aux propriétaires, dans les sections actuellement organisées, une contribution supérieure aux sommes déjà souscrites ;

4° De maintenir, pour les sections non encore organisées, la règle déjà établie pour la quotité de la contribution des propriétaires, c'est-à-dire, d'exiger que les propriétaires nouveaux souscripteurs dans de nouvelles sections s'engageassent à contribuer au moins pour la moitié de la dépense, telle qu'elle serait établie d'après le nouveau système de conduites en fonte.

Le changement de nature des tuyaux destinés à la distribution des eaux continues a nécessité un surcroît de dépense de 500,000 francs, de sorte que l'estimation du projet produit en premier lieu s'est élevée à 3,750,000 francs. Ce surcroît de dépenses, outre qu'il n'était pas possible de s'y soustraire, sera pour la ville de Marseille la source d'une grande économie sur les frais d'entretien des conduites, ainsi que nous le verrons en nous occupant du tarif des eaux du canal. On peut assurer, d'ailleurs, que les estimations ne seront pas dépassées, et si l'on considère qu'au moment où nous écrivons (mars 1854) on a déjà exécuté la moitié du travail à faire, et l'on a construit les ouvrages les plus importants de la distribution dans le territoire, on sera convaincu que le surplus des travaux restant à faire ne donnera lieu à aucun mécompte.

Les travaux de distribution dans le territoire ont été conduits aussi rapidement qu'ont pu le permettre les nombreux essais qu'il a fallu faire avant de se décider pour un système de conduites d'eau continue. Ces travaux, commencés sur un petit nombre de points dès l'année 1848, ont été poursuivis plus activement en 1849 et pendant les années suivantes. On peut estimer qu'au 1er janvier 1854, on avait exécuté environ 180 kilomètres de rigoles maçonnées ou non pour l'eau d'arrosage, 170 kilomètres de conduites pour l'eau d'agrément, 70 prises d'eau sur les dérivations principale et secondaires, et qu'on avait construit environ 1650 ponts à une ou plusieurs arches, et 200 siphons pour le rétablissement des communications. A la même époque, les conduites de 0,20, 0,15, 0,10 et

0,08, étaient posées sur la moitié de leur longueur et la plus grande lacune qu'il y eût à combler consistait dans la pose des tuyaux de 0,06 et 0,05 de diamètre. Il est facile, d'ailleurs, de comprendre qu'il ne peut en être autrement, puisque, dès que l'on commence une distribution d'eau continue sur une partie quelconque du territoire, ce ne peut être qu'en posant d'abord les conduites de fort diamètre sur lesquelles s'embranchent ensuite les conduites secondaires.

Nous avons exposé précédemment (1) les principes théoriques sur lesquels repose la distribution des eaux dans le territoire de Marseille ; il nous reste à faire connaître sommairement l'application pratique de ces principes ainsi que les ouvrages les plus remarquables qui en sont résultés pour amener les eaux à la tête des propriétés arrosables.

La dérivation principale du canal de Marseille peut arroser, depuis St-Antoine jusqu'à la mer, 58 sections ou syndicats présentant ensemble une surface d'environ 4,000 hectares et auxquels on a donné les noms des propriétés ou des quartiers arrosés par leurs eaux. Ces 58 syndicats sont répartis ainsi qu'il suit :

1° Entre St-Antoine et l'origine de la dérivation de Longchamp, la dérivation principale fournit les eaux d'arrosage et d'agrément à 16

---

(1) Voir pages 175 et suivantes.

syndicats portant les noms de : St-Antoine n° 2; St-Antoine n° 3; Lamartine; Vallon-des-Tuves n° 1; Vallon-des-Tuves n° 2; Vallon-des-Tuves n° 3; Ravin-de-la-Malette n° 1; Ravin-de-la-Malette n° 2; Aygalades; Château-des-Aygalades; Fontainieu; St-Joseph-et-Canet; Bessons; Ste-Marthe; Four-de-Buze n° 1; Four-de-Buze n° 2. Ces 16 syndicats présentent une surface d'environ 1,500 hectares et les redevances annuelles recueillies sur cette surface représentaient, au 1er janvier 1854, une somme de 10,700 francs pour l'eau périodique ou d'arrosage et de 6,540 francs pour l'eau continue ou d'agrément.

Le syndicat le plus important de cette partie du territoire est celui de St-Joseph-et-Canet, qui occupe une surface de 450 hectares, comprise entre la dérivation principale du canal au nord, le ruisseau de Plombières au sud, les traverses du Bachas et du Canet à St-Joseph à l'ouest, et le chemin de Belle-de-Mai à Ste-Marthe à l'est. Ce syndicat est établi sur le contre-fort qui se prolonge depuis le quartier de St-Joseph jusqu'à ceux du Canet et de Bon-Secours, et dont les versants sont terminés par le thalweg du ruisseau du Bachas à l'ouest et par celui du ruisseau de Plombières à l'est. La rigole qui fournit les eaux aux diverses propriétés de ce syndicat traverse le chemin de fer d'Avignon à Marseille, sur un pont formé d'une seule arche, en arc de cercle surbaissé au cinquième, portant 10 mètres d'ouverture, 1m 80 de largeur et 10m 20 de hauteur au-dessus du sol du chemin de fer. Ce pont, terminé au mois de mai 1851, supporte des tuyaux en fonte de 0m50 de diamètre qui fournissent à l'alimentation constante et régulière de l'arrosage des propriétés situées au sud du chemin de fer. Les travaux de ce syndicat ont été terminés à la fin de l'année 1851, et le service en est aujourd'hui aussi complet qu'on peut le désirer, eu égard aux souscriptions qui ont été recueillies.

2º Entre l'origine de la dérivation de Longchamp et les limites séparatives des communes de Marseille et d'Allauch, la dérivation principale fournit les eaux d'arrosage et d'agrément à 9 syndicats portant les noms de : St-Jérôme nº 2 ; St-Mitre ; Sardoux ; Collet-Redon nº 1 ; Collet-Redon nº 2 ; Jas ; Château-Gombert ; Vallon-de-la-Grave ; Grand-Cyprès et Croix-Rouge. Ces 9 syndicats présentent ensemble une surface d'environ 650 hectares et les redevances annuelles recueillies sur cette surface s'élevaient, au 1er janvier 1854, à 7,750 francs pour l'eau d'arrosage et 4,920 francs pour l'eau d'agrément.

Le syndicat le plus important de cette partie du territoire est celui de St-Jérôme nº 2, qui occupe une surface de 250 hectares, entre la dérivation principale du canal au nord, le ruisseau de Jarret au sud, le chemin de St-Jérôme et le ruisseau des Serens à l'ouest et le ruisseau de Notre-Dame-de-Consolation à l'est. Ce syndicat est établi sur le contrefort qui s'étend depuis St-Mitre jusqu'à St-Jérôme et la Rose, et dont les thalwegs sont les ruisseaux des Serens et de Notre-Dame-de-Consolation. C'est dans le syndicat de St-Jérôme n° 2, que l'on essaya les tuyaux en ciment de Grenoble, et nous avons dit qu'ils ne purent rendre les services que l'on comptait pouvoir en retirer et qu'il fallut renoncer à en faire usage. On a posé dans d'autres parties du même syndicat des conduites en tôle bituminée qui fonctionnent parfaitement, et on a placé, sur quelques points où la pression est faible et le sous-sol très-résistant, des tuyaux en poterie fabriqués à la machine et ayant subi presque un commencement de vitrification par une cuisson très-énergique.

Un syndicat assez important situé dans la même portion du territoire de Marseille est celui de Collet-Redon n° 2. On a construit, pour le passage de la rigole principale de ce syndicat, un pont-aqueduc de 135 mètres de longueur et de 5 mètres de hauteur, composé de 32 arches en plein-cintre, de 3 mètres d'ouverture, reposant sur des piles d'un mètre d'épaisseur ; la cuvette est en briques avec radier en béton. On a construit aussi dans le même syndicat un autre pont-aqueduc destiné à soutenir les eaux à une hauteur suffisante pour faire marcher une usine.

3° Entre les limites des communes de Marseille et d'Allauch et le faîte du versant septentrional de la vallée de Jarret, la dérivation principale a sept kilomètres de son parcours situés sur le territoire de la commune d'Allauch. On a établi sur cette longueur trois prises qui peuvent arroser ensemble tout le territoire de la commune d'Allauch inférieur au Canal et présentant une surface d'environ 275 hectares. Quant à la portion de la dérivation principale, située sur le territoire de la commune de Marseille, elle fournit les eaux d'arrosage et d'agrément à 3 syndicats portant les noms d'Aurengues et Martégaux; Olives; Vallon-des-Fondacles. Ces trois syndicats présentent une surface d'environ 275 hectares et les redevances annuelles recueillies sur cette surface s'élevaient, au 1er janvier 1854, à 2,400 francs pour l'eau d'arrosage et 145 francs pour l'eau d'agrément.

4° Entre le faîte du contrefort traversé par le souterrain de la Marionne et le chemin vicinal de grande communication de Marseille à Cassis, au-dessus du Cabot, la dérivation principale du canal fournit les eaux à 18 syndicats portant les noms de Dalayer; Millière et Barasse n° 1; Barasse n° 2 ; Barasse n° 3 ; Saint-Marcel n° 1 ; Saint-Marcel n° 2 ; Valbarelle n° 1 ; Valbarelle n° 2 ; La Moutte ; la Rolanne ; la Bonnaude ; Saint-Loup n° 1 ; Saint-Loup n° 2 ; Saint-Loup n° 3 ; Preyre ; Vallon-de-Toulouse n° 1 et Saint-Tronc ; Vallon-de-Toulouse n° 2 ; Sainte-Marguerite. Ces 18 syndicats présentent une surface d'environ 625 hectares et les redevances annuelles recueillies sur cette surface s'élevaient au 1er janvier 1854 à 13,500 francs pour l'eau d'arrosage et 10,500 francs pour l'eau d'agrément. Il existe aussi, dans cette portion du territoire de Marseille, au-dessus du souterrain de la Marionne, un syndicat désigné sous le nom de Coteau-de-la-Marionne ; mais les terrains de ce syndicat étant plus élevés que la dérivation principale, il faudra que les eaux soient amenées sur ce plateau par machines, et naturellement le prix des eaux ainsi fournies à ce syndicat devra être plus élevé que celui des eaux prises sur la pente naturelle des dérivations du canal.

5° Entre le chemin vicinal de grande communication de Marseille à Cassis et la fin de la dérivation principale à la mer, cette dérivation fournit les eaux d'arrosage et d'agrément à 11 syndicats portant les noms de : Grande-Bastide ; Vallon-de-la-Masse ; Mazargues ; Jas-de la Seigneurie, Château-du-roi-d'Espagne ; Collet-de-Montredon ; Vallon-de-Parangon ; chemin-des-trois-Gances ; Batterie-de-Montredon ;

Mauvais-Pas ; Château de Montredon. Ces onze syndicats présentent une surface de 950 hectares, et les redevances annuelles recueillies sur cette surface s'élevaient au 1er janvier 1854 à 16,250 francs pour l'eau d'arrosage et 15,000 francs pour l'eau d'agrément.

La dérivation de St-Henri, depuis son origine jusqu'à la mer, fournit l'eau d'arrosage et d'agrément à 8 syndicats portant les noms de : Séon-St-André ; les Dévots ; le Vallon ; Séon-St-Henri ; les Guérites ; l'Estaque n° 1 ; l'Estaque n° 2 ; Château-Fallet. Ces huit syndicats présentent une surface de 375 hectares, et les redevances annuelles recueillies sur cette surface s'élevaient, au 1er janvier 1854, à 1,550 francs pour l'eau d'arrosage et 6,250 francs pour l'eau d'agrément.

La dérivation de St-Louis, depuis son origine jusqu'à la mer, fournit les eaux d'arrosage et d'agrément à 8 syndicats portant les noms de : Château-des-Tours ; la Viste ; Petite-Viste ; St-Louis ; Consolat ; l'Evêque ; Verrerie ; Madrague. Ces huit syndicats présentent une surface d'environ 725 hectares, et les redevances annuelles recueillies sur cette surface s'élevaient, au 1er janvier 1854, à 2,700 francs pour l'eau d'arrosage et 9,060 francs pour l'eau d'agrément.

Le syndicat de la Madrague, un des plus importants du territoire, puisqu'il occupe une surface arrosable de 250 hectares, dessert un assez grand nombre de propriétés rurales et de maisons de campagne ; mais il a, en outre, un but bien autrement utile : celui d'alimenter le nouvel abattoir, concurremment avec la conduite établie dans le faubourg d'Arenc et dont la prise s'opère dans le bassin des Présentines desservi par l'aqueduc qui y amène les eaux de l'Huveaune. On avait posé d'abord cette conduite avec des tuyaux en poterie ; mais les nombreuses ruptures qu'ils éprouvèrent firent voir qu'il n'était pas possible de compter sur les tuyaux de cette nature pour asseoir un service important, et on prit le parti de les enlever et de les remplacer par des tuyaux en fonte. Le syndicat de la Madrague est établi sur le contrefort qui s'étend depuis la propriété diocésaine de Mgr l'évêque de Marseille jusqu'aux quartiers des Crottes et du Château-Vert et dont les thalwegs sont d'un côté le ruisseau des Aygalades, et de l'autre côté la mer, depuis la Calanque de Ballard jusqu'à l'anse d'Arenc.

La dérivation de Longchamp, depuis son origine jusqu'au pont-aqueduc qui la termine à l'entrée de la ville de Marseille, fournit les eaux d'arrosage et d'agrément à 10 syndicats, portant les noms de : St-Jérôme n° 1 ; Château-Vento ; la Palud ; St-Barthelemy ; Coteau-de-St-Barthelemy ; St-Just ; les Chartreux ; Coteau-des-Chartreux ; Belle-de-Mai ; St-

Charles. Ces dix syndicats présentent une surface de 825 hectares, et les redevances annuelles recueillies sur cette surface s'élevaient, au 1er janvier 1854, à 3,700 francs pour l'eau d'arrosage, et à 11,500 francs pour l'eau d'agrément.

La dérivation de St-Barnabé, depuis le bassin de partage situé en aval du souterrain de la Marionne jusqu'à son extrémité au-dessus du quartier de Malpassé, fournit les eaux d'arrosage et d'agrément à 11 syndicats portant les noms de : Servianne et Petit-St-Marcel, Comtes, les Caillols, St-Julien, Treille-St-Julien, St-Jean-du-Désert et la Pomme, St-Barnabé n° 1, St-Barnabé n° 2, Montalivet, la Blancarde, Bressons et Belle-Bastide ; ces onze syndicats présentent une surface de 1,825 hectares et les redevances annuelles recueillies sur cette surface s'élevaient, au 1er janvier 1854, à 15,000 francs pour l'eau d'arrosage et 20,000 francs pour l'eau d'agrément.

Le syndicat de St-Barnabé n° 2, l'un des plus considérables du territoire, puisqu'il présente une surface de 525 hectares, a été commencé en 1849, et terminé en 1852. C'est dans le syndicat de Barnabé n° 2 qu'est situé le pont-aqueduc de St-Pierre, un des ouvrages les plus importants du territoire. Ce pont-aqueduc, achevé en 1851, a 383 mètres de longueur et 11^m20 de hauteur maximum ; les arches qui le composent, au nombre de 92, sont en plein cintre et ont 3 mètres d'ouverture. Cet aqueduc franchit le chemin vicinal de grande communication n° 2, de Marseille à Aubagne, au moyen d'une arche de 8 mètres d'ouverture, surbaissée à 1 mètre 50 de flèche. Ce syndicat est limité au nord par la dérivation de St-Barnabé, à l'ouest par le Jarret et les traverses qui conduisent de St-Pierre à Saint-Barnabé et à Montolivet, à l'est par le ruisseau de St-Jean-du-Désert et au sud par la rivière de l'Huveaune. Le contrefort sur lequel est placé le syndicat de St-Barnabé n° 2 commence près des terres de la Blancarde, embrasse les quartiers de St-Barnabé, de St-Pierre, de la Capelette, et se termine au pont de Ste-Marguerite, à l'embouchure du Jarret dans l'Huveaune.

La dérivation des Camoins, depuis le bassin de partage placé en aval du souterrain de la Marionne jusqu'à sa chute dans l'Huveaune, fournit les eaux d'arrosage et d'agrément à 15 syndicats portant les noms de : Prise-d'eau-des-Camoins, Bouquière, Vaudrans n° 1, Vaudrans n° 2, Accattes, Fabres, la Vidale, les Abuyes, Vallon-de-Durbec, Bains-des-Camoins, Camoins, Carpoulière n° 1, Carpoulière n° 2, St-Menet et Crotonne, Reynarde. Ces quinze syndicats présentent une surface de 575 hectares et les redevances annuelles recueillies sur cette surface s'élevaient, au 1er janvier 1854, à

4,100 francs pour l'eau d'arrosage et 2,300 francs pour l'eau d'agrément.

Au moyen de ce partage du territoire de Marseille en sections de diverses grandeurs, auxquelles on a conservé la dénomination et les limites des syndicats que l'on avait eu l'intention d'organiser, en principe, et par l'intermédiaire des rigoles et conduites exécutées ou posées dans tous ces syndicats, on comprend qu'il a été facile à l'administration municipale de faire parvenir les eaux d'arrosage ou d'agrément à la tête de chaque propriété. Mais, arrivées à ce point, les eaux appartiennent au propriétaire souscripteur, et c'est à ce dernier qu'incombent le soin et la dépense de l'exécution des diverses rigoles ou de la pose des conduites au moyen desquelles il doit arroser ses terres ou faire jaillir les eaux d'agrément. Les dépenses occasionnées par ces travaux, tant pour l'exécution des rigoles, l'achat et la pose des conduites, que pour la préparation des terres destinées à l'arrosage, la construction des bâtiments destinés à renfermer les récoltes, etc., ne sont pas évalués à moins de quarante millions, de sorte que, par le seul fait de sa création, le canal de Marseille aura mis en mouvement, dans le territoire de cette ville, une somme aussi forte que la dépense occasionnée par cette création ; résultat remarquable, qui prouve déjà toute l'importance de l'œuvre naissante du canal, œuvre qui réserve à Marseille, dans un avenir relativement peu éloigné, des bienfaits inappréciables et d'une durée presque sans limites.

Nous ne terminerons pas cet exposé de la distribution des eaux dans le territoire sans mentionner très-honorablement tous les travaux d'agrément et d'embellissement qu'un grand nombre de propriétaires marseillais ont exécutés aux abords de leurs maisons de campagne. Sans désigner aucun nom propre, car il en faudrait trop citer, nous dirons que l'on ne saurait trop louer, chez les possesseurs de villas marseillaises, ce sentiment qui les pousse à sacrifier à l'agréable, certains qu'ils doivent être de tout l'intérêt qui s'attache à leurs travaux d'embellissement et de la valeur réelle que ces travaux donneront tôt ou tard à leurs propriétés. Il n'est pas rare de rencontrer, au milieu des campagnes marseillaises, des lacs quelquefois fort grands, obtenus au moyen des seules eaux du canal, et situés au milieu de jardins de construction récente, dans lesquels sont placés, avec une extrême adresse, des œuvres d'art composées avec une délicatesse et un goût infinis. Quoique d'une exiguité relative, ces délicieuses imitations de la nature, telles que grottes, ponts en ruines, châlets, tours, cascades, îles, embarcadères, etc., sont généralement de petits chefs-d'œuvre. Dans la plupart des grottes, faites de roches si habilement jointes que l'œil n'aperçoit entr'elles aucune liaison, l'air se joue à merveille, la lumière pénètre franchement pour se perdre en une foule de petits jours mystérieux, et les cavités intérieures sont nettement accusées, sans hésitation et sans roideur. Les chalets sont, en général, une imitation aussi parfaite que possible de ceux que les voyageurs admirent en Suisse. Mais c'est surtout pour les cascades que l'imagination, s'est plu à chercher et à réaliser les sites et les formes les plus pittoresques, et, lorsque les intentions des propriétaires ont été bien comprises et bien rendues, n'est-ce pas déjà pour eux une bien douce jouissance, dont il est facile à tout Marseillais de se rendre compte? Nous avons remarqué dans quelques propriétés des constructions et des imitations du plus grand mérite, et on peut dire hardiment que, sous la veste de l'ouvrier qui a exécuté certaines productions de fantaisie, bat un cœur d'artiste.

Honneur donc à tous les propriétaires qui ont si bien compris qu'il était de leur devoir d'allier l'agréable à l'utile, selon le précepte d'Horace, et qui n'ont pas reculé devant quelques sacrifices pécuniaires, pour embellir par leurs travaux un territoire qui sera déjà fertilisé par des eaux amenées jusqu'à lui au moyen d'un des plus magnifiques ouvrages dont l'époque actuelle puisse s'enorgueillir.

DISTRIBUTION DES EAUX DANS LA VILLE DE MARSEILLE.

Avant de nous occuper des dispositions adoptées pour la complète distribution des eaux du canal dans la ville de Marseille, nous jetterons un rapide coup d'œil sur l'état du service des eaux de cette ville, tel qu'il existait en 1846, en empruntant les détails qui suivent à l'excellent rapport présenté par M. de Mont-Richer, directeur du canal, au conseil municipal de Marseille.

La ville de Marseille était alimentée, en 1846, par les eaux :

1º De la rivière de l'Huveaune et du ruisseau de Jarret ;

2º De la source du Grand-Puits ;

3º De trois puits artésiens ;

4º De la source de la Rose ;

5º De la source de Malpassé ;

6º De la source de la place Noailles ;

7º Des puits de dix à douze mille maisons.

1º *Eaux de l'Huveaune et du Jarret.*

Les eaux de l'Huveaune, ainsi que celles du Jarret, sont amenées à Marseille dans un aqueduc souterrain dont la prise, pour les eaux de l'Huveaune, est située au-dessus du village de la Pomme, sur la rive droite de la rivière, à dix kilomètres environ de distance de Marseille, et, pour les eaux du Jarret, se trouve à l'intersection de ce cours d'eau avec l'aqueduc au quartier du Petit-Camas, à un kilomètre et demi environ de distance de Marseille. L'aqueduc parcourt les quartiers de Saint-Jean-du-Désert, de Saint-Pierre, du Petit-Camas et de la Madeleine, entre dans la ville en passant au point culminant de la rue des Abeilles, traverse le petit séminaire, parcourt la rue Bernard-du-Bois, passe en siphon au sommet de la rue d'Aix et arrive au boulevart des Dames, dans la caserne des Présentines. De là, l'aqueduc reprend son cours en passant sous l'église des Grands-Carmes, la place de la Fontaine-Neuve, la rue des Belles-Ecuelles, la rue du Panier, celle des Moulins, la place de Lenche, les rues Saint-Thomé, des Ferrats, Saint-Jullien et du Claret ; il arrive enfin à l'extrémité de la rue Saint-Laurent, où il se termine en alimentant un lavoir public.

Le développement de cet aqueduc est de 7,600 mètres ; sa pente totale est de six mètres environ, soit de 0 m. 789 par kilomètre ; mais elle est loin d'être régulière ; dans certaines parties, des pentes extrêmement fortes sont suivies de contrepentes qui forment de véritables siphons. La largeur de l'aqueduc varie de 0,30 à 0,50, et sa hauteur sous clé de 0,60 à 0,50.

On s'introduit dans l'aqueduc au moyen de 120 regards de 3 à 20 mètres de profondeur. Les faibles dimensions de ce conduit et les nombreuses irrégularités de ses pentes en rendent l'entretien extrêmement difficile ; aussi est-il en très-mauvais état et menace-t-il ruine sur beaucoup de points.

La construction de l'aqueduc de l'Huveaune remonte au IXe ou Xe siècle. On retrouve encore, en 1350 et 1449 les dates des réparations qu'il exigeait déjà vers cette dernière époque. L'aqueduc ne recevait alors que les eaux de plusieurs sources découvertes dans quelques propriétés particulières ; mais, les besoins de la ville de Marseille grandissant avec l'extension de son commerce et de sa population, on créa, en 1558, une prise d'eau sur le ruisseau du Jarret, et bientôt après on prolongea l'aqueduc jusqu'à l'Huveaune, dont les eaux vinrent alimenter une nouvelle prise construite à la tête de l'aqueduc. En 1612, la ville de Marseille établit une seconde prise sur la même rivière, et, enfin, en 1783, elle en créa une troisième dans le petit bief des Moulins, alimenté par les eaux de l'Huveaune.

Ainsi, aujourd'hui, Marseille possède pour son aqueduc quatre prises d'eau, l'une sur le ruisseau du Jarret, et les trois autres sur l'Huveaune et sur ses dérivations.

Mais cette multiplicité de ressources n'est

qu'apparente et ne fait que cacher une pénurie trop réelle. L'aqueduc, en effet, qui débite en hiver et dans les saisons ordinaires environ un dixième de mètre cube d'eau par seconde (0 m. 100), n'amène plus, lorsque arrive la sècheresse, que vingt-cinq litres environ (0 m.025). A ces époques calamiteuses, la ville de Marseille supprime tous les arrosages dans son territoire, et se trouve souvent obligée d'échelonner des troupes tout le long de la rivière de l'Huveaune pour empêcher que les riverains ne détournent le mince filet d'eau coulant jusqu'à la prise de la Pomme.

L'aqueduc de l'Huveaune est destiné à alimenter 20 fontaines, 145 bornes-fontaines, 26 lavoirs publics et un grand nombre d'établissements particuliers. Le tableau suivant indique la répartition des eaux de l'aqueduc ainsi que le volume d'eau affecté à chaque service en temps ordinaire :

DÉSIGNATIONS.	QUANTITÉS D'EAU ORDINAIRE exprimées en deniers.
20 fontaines publiques.......	100
145 bornes-fontaines..........	145
26 lavoirs publics...........	80
3 hôpitaux................	20
2 forts....................	5
4 casernes................	6
1 abattoir................	8
2 théâtres................	15
1 lazaret..................	18
224 fabriques................	184
20 établissements de bains...	26
49 lavoirs particuliers........	55
815 maisons d'habitation......	335
Concessions non soumises à des redevances annuelles......	20
TOTAL en deniers (1)....	1017

(1) On évalue le denier de Marseille à 0 litre 115 par seconde, ce qui correspond à 10,000 litres par 24 heures; ce denier est donc un peu plus fort que le module, qui est de 0 litre 100, et donne seulement 8,640 litres par 24 heures. Deux deniers de Marseille équivalent, à fort peu près, au pouce d'eau tel qu'il a été fixé par M. d'Aubuisson de Voisins, dans son établissement des fontaines de Toulouse.

La distribution des eaux de l'aqueduc de l'Huveaune s'effectue, en partie, dans des conduites appartenant à la ville de Marseille, et, en partie, dans des conduites établies par des particuliers. Il y a plus : plusieurs fontaines publiques sont alimentées par des conduites qui ne sont pas la propriété de la ville; telles sont celles du cours Bonaparte, de la place Monthyon, de la place Saint-Victor et de la place Castellane. Cet état de choses est le résultat de traités que la ville a passés, soit avec des associations, soit avec de simples particuliers, à des époques où ses ressources ne lui permettaient pas d'établir des conduites à ses frais, et où l'eau, au contraire, était comptée pour peu de chose. Alors la ville fit cession, à perpétuité, d'un certain volume d'eau à des particuliers, à la charge par eux de donner passage, dans les conduites établies à leurs frais, aux eaux destinées à différentes fontaines publiques.

2° *Source du Grand-Puits.*

L'eau de cette source est amenée de son point de départ, situé près de l'église des Réformés, dans un puits situé dans la rue du Grand-Puits, au moyen d'un canal construit en maçonnerie ou creusé dans le roc, dont la section n'est pas régulière, mais qui peut être parcourue par un homme dans toute sa longueur. Son développement est de 858 mètres, et la quantité d'eau qu'il fournit est d'environ 20 deniers, répartis ainsi qu'il suit :

Fontaine de la place Saint-Jean.......	3
— de l'Hôtel-de-Ville..........	2
— du quai de la Bourse.........	2
— du quai Sainte-Anne.........	1
— de la place d'Orléans.........	3
— du quai d'Orléans...........	3
— de la Consigne..............	2
— de deux maisons particulières..	1
Consommation de deux pompes placées sur le Grand-Puits...................	3
TOTAL en deniers.............	20

3° *Puits artésiens.*

La ville de Marseille a fait creuser, en 1829 et 1834, trois puits artésiens placés, l'un au milieu de la place Saint-Ferréol, le second sur la place de la Porte-de-Rome, et le troisième sur la place Noailles. Ces puits donnent ensemble deux deniers d'eau.

4° *Eaux de la Rose.*

La source de la Rose a été amenée à Marseille par une compagnie particulière. Sa hauteur d'arrivée en ville est de 60 mètres au-dessus de la mer ; elle dessert environ 400 maisons. On a employé, pour conduire cette source jusqu'à Marseille, 16,750 mètres de conduite de divers diamètres, dont 12,250 mètres en fonte, 1,000 mètres en tôle galvanisée, 2,000 mètres en plomb et 1,500 mètres en poterie.

Le débit de la source de la Rose est évalué à 60 deniers environ.

5° *Eaux de Malpassé.*

Une compagnie particulière distribuait, en 1846, dans la ville de Marseille, les eaux d'une source située au hameau de Malpassé, sur les bords du ruisseau du Jarret. Ces eaux, élevées au moyen d'une machine à vapeur, étaient amenées dans la ville à la cote de 60 mètres au-dessus de la mer, et desservaient 150 maisons. Le volume total de ces eaux était évalué par la compagnie à 200 deniers; mais le volume placé par elle en 1846 était au plus de 60 deniers.

Toutes les concessions d'eau, ainsi que le matériel d'exploitation et de distribution des eaux, à l'exception de la machine élévatoire, ont été cédés, en 1852, par la compagnie de Malpassé à la ville de Marseille, au prix de 120,000 francs.

6° *Source de la place Noailles.*

Cette source, qui a son origine à trois mètres environ du sol de la chaussée latérale, au nord de la place Noailles, parcourt la rue de ce nom, au moyen d'une conduite placée dans une galerie établie au-dessous du pavé, et arrive à la première île de maisons de la Canebière faisant face au sud. Les eaux de cette source alimentent 18 maisons et présentent un débit de neuf deniers.

7° *Puits des maisons particulières.*

On peut compter à Marseille douze cents maisons, ayant des puits qui fournissent ensemble environ six cent mille litres d'eau par jour.

En résumé, on voit que la ville de Marseille pouvait disposer, en 1846, et en temps ordinaire, des quantités d'eau indiquées en deniers ci-après :

1° Aqueduc de la ville............	1,017
2° Source du Grands-Puits.......	20
3° Puits artésiens...............	2
4° Source de la Rose.............	60
5° Source de Malpassé...........	60
6° Source de la place Noailles......	9
Total en deniers............	1,168

En comptant le denier à 10,000 litres en vingt-quatre heures, on obtient un volume de 11 millions 680,000 litres, et en y ajoutant 600,000 litres extraits des puits, on arrive à un total de 12,280,000 litres. En élevant, pour 1846, la population de Marseille à 160,000 âmes, on verra que la consommation habituelle et journalière était à cette époque de 77 litres par habitant. Mais, comme on l'a déjà fait remarquer, le débit de l'aqueduc et celui des autres sources sont comptés ci-dessus au maximum et se trouvent quelquefois réduits, en été, au cinquième. Quand la sécheresse se prolonge, presque tous les puits tarissent et la disette d'eau devient telle, alors, que la consommation dans la ville est réduite à 12 litres par habitant en vingt-quatre heures ; et encore dans ce faible chiffre comprend-on l'eau destinée aux fontaines publiques, au lavage des rues et au service des fabriques.

Nous ferons observer maintenant que le chiffre de 160,000 âmes, présenté par M. de Mont-Richer comme celui de la population de la ville de Marseille en 1846, s'est accru considérablement depuis cette époque, et qu'aujourd'hui la population totale officielle de cette ville est de 195,257 âmes, d'après le décret du 10 mai 1852. On pourra donc refaire les calculs précédents en adoptant ce dernier chiffre, et on verra à quelle fâcheuse pénurie la ville de Marseille serait exposée, sans son canal, justement aux époques de l'année où l'on a le plus impérieux besoin d'un abondant volume d'eau.

On doit remarquer encore que les eaux de

l'aqueduc de l'Huveaune, fussent-elles suffisamment abondantes, ne peuvent desservir qu'une partie de la ville. Elles arrivent, en effet, à l'est de la ville, à une hauteur de 30 mètres environ au-dessus de la mer ; dans les vieux quartiers, elles atteignent une hauteur de 20 mètres, tandis qu'elles ne se trouvent qu'à une hauteur de 26 à 27 mètres dans la nouvelle ville. Cependant, les points culminants de la vieille ville sont à 42 mètres au-dessus de la mer, et ceux de la nouvelle ville depuis 50 jusqu'à 70 mètres. Aussi, dans l'ancien état de choses, beaucoup de quartiers ne pouvaient-ils participer aux bienfaits de la distribution des eaux. Il est vrai que les sources de la Rose et de Malpassé atteignent une plus grande hauteur ; mais leur débit est si faible qu'il ne peut être compté que pour bien peu dans l'alimentation des vastes quartiers que leur situation élevée prive des eaux fournies par l'Huveaune.

Nous ajouterons aussi à tout ce qui précède que les eaux de l'Huveaune arrivent à Marseille souvent troubles et peu potables, et que les puits fournissent une eau qui ne peut pas servir à tous les usages domestiques.

Enfin, le système de distribution qui existait encore en 1846 présentait l'immense inconvénient de ne pouvoir être surveillé d'une manière à la fois générale et spéciale. En effet, la ville de Marseille était sillonnée, à cette époque, par un grand nombre de conduites en fonte, en tôle, en poterie et en plomb, appartenant, soit à la ville, soit à des compagnies, soit encore à des entrepreneurs, soit enfin à de simples particuliers. Ces tuyaux présentaient ensemble une longueur de plus de cent kilomètres ; mais aucun ordre ne présidait à leur établissement, et il en était résulté une irrégularité dont on peut difficilement se faire une idée. La plus grande partie de ces conduites étant en poterie, lorsqu'il y avait des réparations à faire, on prenait souvent le parti économique d'en remplacer une certaine longueur par des tuyaux neufs parallèlement placés aux anciens. Cette substitution se renouvelant de temps en temps, il en résultait qu'à cette époque, en découvrant de vieilles conduites, il n'était pas rare de rencontrer, à côté des tuyaux que l'on voulait réparer, jusqu'à cinq ou six cours de vieux tuyaux successivement établis et abandonnés. Les conduites des propriétaires ou des compagnies étant entretenues par eux et à leurs frais, à partir du point où la concession leur avait été accordée par la ville jusqu'à leurs établissements, ils chargeaient de ce soin des fontainiers à leurs gages, et la ville leur cédait gratuitement le droit de passage sous la voie publique, se réservant la faculté de faire enlever les conduites, au cas où elle le jugerait nécessaire dans son propre intérêt. Enfin, quoique le soin et la réparation des conduites et canaux qui portaient les eaux de l'aqueduc aux fontaines et aux lavoirs publics, fussent en général confiés à la ville, il existait néanmoins, comme on l'a indiqué précédemment, quelques fontaines publiques dont les eaux, par une exception fâcheuse, étaient amenées dans des conduites qui, appartenant à des particuliers, n'étaient ni entretenues par la ville, ni même surveillées par elle.

De tout ce qui précède, il résulte la preuve que le système de distribution existant en 1846 était à la fois insuffisant et vicieux ; insuffisant, puisque beaucoup de quartiers que leur hauteur privait des eaux courantes de l'aqueduc étaient réduits à l'usage des eaux de puits et de citernes, tandis que les quartiers inférieurs, pour lesquels coulait l'eau de la ville, n'en avaient, à certaines époques, qu'une quantité trop faible pour satisfaire à tous les besoins ; vicieux, en ce que le service d'un grand nombre de conduites et de canaux était en partie confié à la ville et en partie abandonné à des mains tierces, à des particuliers, à des entrepreneurs, sans qu'une gestion sévère pût veiller au bon état des nombreux ouvrages sur lesquels reposent l'existence et le bien-être de la population marseillaise.

Par toutes ces considérations, M. de Mont-Richer, directeur du canal, pensant que l'on devait changer complétement le mode suivi jusqu'alors dans la distribution des eaux, ainsi que dans l'entretien et la surveillance des ouvrages qui s'y rattachent, présenta, le 28 avril 1846, un projet de distribution des eaux du canal dans la ville de Marseille. Ce projet, adopté par le conseil municipal le 17 décembre 1846, fut approuvé, le 18 mai 1847, par M. le Ministre de l'intérieur, et mis à exécution dès l'année 1848.

C'est ce projet dont on poursuit aujourd'hui l'achèvement et dont nous allons faire connaître les principales dispositions, sans entrer toutefois dans des détails trop minutieux, incompatibles avec les limites restreintes du cadre que nous nous sommes imposé.

Nous avons dit précédemment que la dérivation de Longchamp, qui conduit les eaux du canal à la ville de Marseille, part de la dérivation principale près du village de Sainte-Marthe, se développe le long du faîte de Saint-Just et vient aboutir à la ville à l'extrémité du boulevart Longchamp, à une hauteur de 74 mètres 76 au-dessus du niveau de la mer. Les eaux du canal domineront ainsi toute la ville et pourront être amenées dans les quartiers les plus élevés.

La ville de Marseille est établie sur le versant de quatre collines séparées par deux vallées perpendiculaires entr'elles. Ces collines sont celles de Longchamp, de la vieille ville, de la plaine Saint-Michel et de Notre-Dame-de-la-Garde. Les deux premières sont séparées des deux dernières par la vallée qui suit la direction de la Madeleine, des Allées, de la rue Noailles et de la Canebière. Les collines de Notre-Dame-de-la-Garde et de la plaine Saint-Michel sont séparées entr'elles par la vallée du Cours, de la rue de Rome et du Prado.

La colline de Longchamp, sur le versant de laquelle sont établis les nouveaux quartiers de ce nom, ainsi que la partie la plus ancienne de la ville, qui s'étend jusqu'à la rue d'Aix, est séparée de la colline de la vieille ville par le col de l'arc de triomphe. Ce col, dont la cote est de 24 m. 10, sert donc de passage entre ces deux collines, et c'est sur l'extrémité de cette ramification du faîte de Saint-Just qu'est établie la vieille ville, dont la cote maximum est de 42 m. 27, et qui se prolonge, au midi, jusqu'à l'ancien port; au nord, jusqu'au port auxiliaire; et, au couchant, jusqu'au canal de navigation établi dans les fossés du fort Saint-Jean.

La colline de la plaine St-Michel est séparée de celle de Longchamp par le col de la Madeleine, dont la cote maximum est 46 m. 42, et après lequel cette colline se relève jusqu'à la cote 49 m. 50 pour former le plateau appelé la plaine Saint-Michel. Les flancs de cette colline s'étendent, d'un côté, jusqu'aux cours d'eau du Jarret et de l'Huveaune, et, de l'autre, jusqu'à la promenade du Prado et la rue de Rome. Cette promenade, ainsi que différents quartiers de la nouvelle ville, occupent les versants nord et couchant de cette colline, et de nouveaux quartiers, dont le boulevart Chave est l'artère principale, s'établissent sur son versant oriental.

Enfin, la colline de Notre-Dame-de-la-Garde, dernier rameau du faîte de Saint-Just, est séparée de la colline de la plaine Saint-Michel par le col où est établie la place Castellane, à la cote 22 m. 75. Le point culminant de la montagne est à la cote 150 mètres environ ; mais les parties occupées par des constructions sont, en général, inférieures à la cote de 70 mètres. Les versants est et nord sont occupés par la nouvelle ville et s'étendent jusqu'à la rue de Rome, à la Canebière et au port, tandis que les versants ouest et sud sont parsemés de nombreuses maisons de campagne élevées à gauche et à droite de la promenade du Prado. Le pied de ces versants vient atteindre d'un côté les eaux de l'Huveaune et de l'autre celles de la mer.

On voit donc, en résumé, que la ville de Marseille offre quatre points culminants ; ceux de Longchamp, de la vieille ville, de la plaine Saint-Michel et de Notre-Dame-de-la-Garde, séparés par trois cols : ceux de l'arc de triomphe, de la Madeleine et de la place Castellane.

Après s'être ainsi rendu compte de la position topographique de la ville de Marseille, il a fallu examiner quel volume d'eau il convenait de consacrer à cette ville, ainsi qu'aux versants des collines sur lesquels elle est assise, et on a adopté les résolutions suivantes :

Au lieu des 145 bornes-fontaines qui existaient en 1846, on a pensé qu'il en faudrait 800 pour opérer un lavage efficace, eu égard au nombre des rues qui existent et de celles en construction. Les 145 bornes-fontaines fournissaient 145 deniers d'eau en temps ordinaire, et étaient réduites à 30 deniers dans les sècheresses, tandis que les 800 bornes-fontaines devront débiter, en tous temps, 1,600 modules.

Les 20 fontaines monumentales ou de décoration qui existaient en 1846 n'étaient dotées que de 100 deniers d'eau, réduits même à 20 deniers en temps de sècheresse. Elles ne débitaient alors que de rares filets d'eau, et cependant, pour répondre à leur destination, elles auraient dû verser de l'eau à profusion, afin de répandre autour d'elles une fraîcheur salutaire, en modérant l'ardeur du soleil du Midi, et en abattant la poussière que le vent soulève dans les rues. On a pensé qu'il fallait non-seulement enrichir les fontaines existantes, mais encore en créer de nouvelles dans les quartiers élevés qui en étaient complétement dépourvus. C'est ainsi que l'on aura à peu près cinquante-cinq fontaines monumentales ou de décoration à établir ou à conserver, et on devra leur donner au moins 1,800 modules.

Quant aux concessions particulières dans les maisons de la ville, concessions qui s'élevaient, en 1846, à 450 deniers, on a dû penser qu'elles augmenteraient considérablement, lorsque les eaux pourraient arriver dans tous les quartiers de la ville, et même aux étages les plus élevés des plus hautes maisons. Il a été assez difficile de préciser avec exactitude le chiffre de l'accroissement probable de ces concessions ; mais on a calculé qu'en le supposant cinq fois plus considérable que le chiffre de 1846, on ne serait pas éloigné de la vérité. On sait, en effet, qu'aucun propriétaire d'une maison, à Marseille, ne balance, lorsque la possibilité lui en est offerte, à acheter la jouissance d'une fontaine versant un denier, un demi-denier ou un quart de denier. Il en sera de même lorsque chaque maison, quelle que soit sa position, sera à même de profiter de ce bienfait. Il a donc été permis de croire qu'aucun propriétaire ne balancerait à acheter une concession de cette sorte, et, en portant le nombre des maisons de Marseille à 12,000, il est facile de calculer que le volume des concessions particulières ne devra pas être moindre de 2,600 modules.

De nombreuses usines employaient, en temps ordinaire, 200 deniers d'eau. Lors des sècheresses, on laissait aux usines autant que possible la majeure partie des eaux disponibles, afin de ne pas priver de travail de nombreux ouvriers, et l'on faisait plutôt souffrir les concessions particulières et les fontaines. Mais, depuis longtemps, l'administration municipale de Marseille refusait chaque jour d'accorder de nouvelles concessions de dix, quinze et vingt deniers. Aussi n'a-t-on pas mis en doute qu'il serait facile de placer, en peu d'années, dans la ville de Marseille, 2,000 modules, et, en y ajoutant l'eau qui sera demandée par les usines placées au-dehors de la ville, près de la grande route de Toulon, on a compté qu'on pourrait employer 4,000 modules pour les usines et manufactures.

Outre le service du lavage des rues, des fontaines, des maisons et des usines, il a fallu encore amener sur les collines de Notre-Dame-de-la-Garde et de la plaine Saint-Michel les volumes d'eau nécessaires à l'arrosage de leurs versants compris entre la ville, la mer et les cours d'eau du Jarret et de l'Huveaune. Ces versants présentent ensemble une surface de 700 hectares, et sont couverts de maisons de campagne d'une grande valeur. Il a paru indispensable d'amener dans cette partie du territoire un volume d'eau d'un demi-mètre cube, soit 5,000 modules.

En résumé, le volume d'eau à distribuer aux abords et dans l'intérieur de la ville de Marseille a été fixé à 1 m. 50 par seconde, ainsi qu'il suit :

Bornes-fontaines................	0ᵐ 160
Fontaines	0 180
Concessions particulières.........	0 260
Usines et manufactures..........	0 400
Arrosage des abords de la ville....	0 500
Total.................	1ᵐ 500

En réunissant les quantités indiquées dans les trois premiers articles, on obtient un volume total de 0 m. 600 par seconde ou, par jour, 51,840,000 litres pour 195,000 habitants, ce qui fait à peu près 265 litres par jour et par habitant. Ce volume est considérable ; mais il n'a rien d'exagéré, si l'on se représente la sècheresse et la chaleur du climat, les habitudes du pays, les besoins du port et des nombreux navires qui s'y renouvellent sans cesse ; si l'on veut, surtout, donner aux grandes fontaines toute l'eau dont elles ont besoin, et se mettre en état de faire face aux exigences qu'entraînent les progrès incessants de la population. C'est dans des prévisions semblables que sont conçus aujourd'hui la plupart des systèmes de distribution d'eau dont les villes se pourvoient, et c'est ainsi que la ville de New-York a fait arriver dans ses murs les eaux de la rivière de Croton, pour disposer de 568 litres d'eau par habitant, quantité plus que double de celle destinée à la ville de Marseille.

D'après tous les détails dans lesquels nous sommes entrés, il est facile de voir que l'on a eu à transporter, dans les différents quartiers de la ville de Marseille, des volumes d'eau très-considérables. Il a donc fallu nécessairement que les conduites principales à placer dans les rues pour le service des eaux fussent établies dans des galeries, pour faciliter leur entretien et leur réparation, et pour éviter les remaniements trop fréquents du pavé. On n'a pas eu ainsi à redouter les accidents graves qui auraient pu résulter, pour la stabilité des maisons, de la rupture de tuyaux débitant des volumes d'eau considérables sous des pressions de 40 à 60 mètres. On a cherché, d'ailleurs, à coordonner la construction de ces galeries pour la distribution des eaux du canal avec la question de l'établissement d'un nouveau système d'égouts qui pussent permettre le prompt écoulement des eaux d'orage. Personne n'ignore, en effet, que l'écoulement des eaux d'orage dans la ville de Marseille présentait, il y a très-peu d'années, de graves inconvénients, et souvent même du danger. La masse d'eau qui se rendait au port pendant les pluies d'orage était tellement considérable que les rues inférieures de la ville devenaient des torrents impétueux qui interceptaient toute communication. Ces torrents exposaient, en outre, à de véritables dangers les piétons, les chevaux et les voitures qui étaient surpris par l'orage; car on a vu des personnes imprudentes et même des voitures entraînées par la violence du courant. Souvent encore, aujourd'hui, les eaux s'élèvent au-dessus des trottoirs et s'introduisent dans les caves, et même dans les magasins, où elles causent de graves dommages. Enfin, les chaussées pavées des rues sont fortement dégradées par ces masses d'eau qui, en s'écoulant avec une grande vitesse, dégarnissent profondément les joints et arrachent parfois les pavés eux-mêmes. Cet état de choses, qui a déjà reçu de notables améliorations par la construction des galeries qui renferment les conduites du canal, provenait de l'insuffisance des anciens égouts qui, sur un développement total de 4,000 mètres seulement pour toute la ville de Marseille, présentaient non-seulement une section incapable de recevoir l'écoulement des eaux d'orage, mais encore les plus grandes difficultés pour leur curage, un enfant pouvant à peine s'introduire dans leur intérieur, à cause de la faiblesse de leurs dimensions. En outre, l'examen de ces anciens égouts ayant démontré qu'ils étaient presque tous dans un état complet de délabrement, on est demeuré plus que jamais convaincu de la nécessité de les reconstruire sur de nouveaux plans et de faire coïncider leur établissement avec celui des galeries destinées à recevoir les conduites de distribution des eaux dans la ville de Marseille.

D'ailleurs, la question de l'établissement d'un nouveau système d'égouts s'est élevée à une grande hauteur, dès l'instant où on lui a rattaché une autre question qui est aussi de la plus haute importance pour la ville de Marseille ; nous voulons parler de l'assainissement du port.

Tout le monde connaît l'infection et la saleté des eaux du port de Marseille, les dégagements gazeux qui s'en échappent et l'insalubrité qui en résulte. Si l'on n'est pas généralement d'accord sur les moyens à employer pour remédier à cette insalubrité, il n'en est plus de même quant aux causes dont elle émane. On sait, en effet, que cet état des eaux du port de Marseille résulte du mélange avec les eaux de la mer dans le bassin du port :

1° Des eaux sulfureuses provenant des résidus liquides des fabriques de savon ;

2° Des matières végétales et animales entraînées par les égouts de la ville.

On doit ajouter aussi que l'exécution du port auxiliaire, en resserrant la passe à la sortie du port actuel, a rendu les mouvements naturels de l'eau encore plus difficiles, et, par suite, son renouvellement très-incomplet.

Quelques personnes ont pensé que cet état de choses pourrait être amélioré en amenant dans le port une certaine quantité d'eau propre provenant du canal de Marseille ; beaucoup d'autres, au contraire, estiment qu'en introduisant dans l'eau salée du port une quantité considérable d'eau douce, on favoriserait d'une manière complète la décomposition des matières organiques qui peuvent subsister dans l'eau de mer, et que l'on augmenterait ainsi l'insalubrité et l'infection actuelles.

Adoptant cette dernière manière de voir, M. de Mont-Richer, directeur du canal de Marseille, a cru indispensable de réunir les deux moyens, qui avaient été déjà proposés séparément par diverses personnes, pour remédier à cet état de choses, et, conjointement avec son projet de distribution des eaux du canal dans la ville, cet habile ingénieur en chef des Bouches-du-Rhône a proposé, pour obtenir l'assainissement complet du port de Marseille :

1° De détourner les résidus des savonneries et les eaux des égouts de manière à les faire écouler dans la mer ;

2° De faire pénétrer dans le port une certaine quantité d'eau de mer propre pour opérer le renouvellement de la masse d'eau qui s'y trouve, en produisant ainsi dans cette masse un courant vers la rade.

Pour obtenir ces deux résultats, M. de Mont-Richer a proposé un moyen spécial pour chacun d'eux.

Le premier moyen consiste dans la construction d'un égout de ceinture destiné à détourner du port et à conduire à la mer les résidus liquides des fabriques de savon et les eaux sales des égouts de la ville. Cet égout de ceinture aurait aussi pour but de réunir et de conduire dans la rade les eaux d'orage dont nous avons déjà parlé, et qui inondent fréquemment les quartiers inférieurs de la ville. Cet égout serait composé de deux branches ayant leur point de départ à une faible distance du point de réunion de toutes les eaux, et dont l'une déboucherait, en rade, à l'extrémité du Lazaret, et l'autre à l'anse des Catalans.

La branche septentrionale de l'égout de ceinture partirait de la place de Rome, suivrait la rue du même nom, la place Saint-Louis, le Grand-Cours sur toute sa longueur, la rue et la route d'Aix, en passant sous les places de l'Arc-de-Triomphe, Pentagone et Saint-Lazare, pour déboucher enfin à la mer, à l'extrémité du Lazaret. Cette branche desservirait toute la partie est de la ville, présentant une surface d'environ 130 hectares, et les eaux de la vieille ville lui seraient amenées par un égout qui, partant de la place du Palais-de-Justice, suivrait la Grand'Rue jusqu'à la place aux Œufs, et viendrait aboutir à l'extrémité du Grand-Cours, après avoir traversé les places Saint-Martin et du Mont-de-Piété.

La branche méridionale de l'égout de ceinture partirait aussi de la place de Rome, suivrait le boulevart Dumuy, traverserait la rue Paradis et remonterait le cours Bonaparte jusqu'à la rue Breteuil. Là, elle se dirigerait vers le port jusqu'à la rue Sainte, qu'elle suivrait jusqu'à la rue du Fort-Notre-Dame-de-la-Garde ; elle irait ensuite joindre la rue Neuve-Ste-Catherine, longerait l'ancien chantier de construction et se dirigerait vers la place Saint-Victor, passerait au sud du fort Saint-Nicolas, et traverserait la plaine Saint-Lambert pour déboucher enfin dans l'anse des Catalans. Cette branche pourrait ainsi recevoir tous les résidus des savonneries et les eaux sales de toute la portion de la ville comprise au sud du boulevart de Rome, de la place Saint-Ferréol, de la rue Montgrand, de la rue Breteuil et du quai de Rive-Neuve, portion qui présente une surface totale de 78 hectares.

En construisant ainsi ces deux branches formant l'égout de ceinture indiqué comme premier moyen à employer pour l'assainissement du port de Marseille, on évitera complétement les inondations des quartiers inférieurs de la ville, ainsi que l'encombrement du port par les boues, les sables et les autres matières solides entraînées par les pluies d'orage, et on fera, en outre, écouler à la mer tous les résidus des savonneries et la plus grande partie des eaux sales provenant de la ville.

Le second moyen indiqué par M. de Mont-Richer pour l'assainissement du port consiste dans l'établissement, à côté de l'égout des Catalans, d'une galerie avec pente en sens contraire de celle de l'égout. Cette galerie, partant d'une des petites criques situées à une distance d'environ soixante mètres au sud des Catalans, rejoindrait l'égout des Catalans dans la plaine Saint-Lambert, et serait établie au-dessous de cet égout jusqu'à la rue Breteuil, d'où elle se dirigerait vers le quai de Rive-Neuve et irait aboutir, dans le port, au quai d'Orléans. Avec une machine d'épuisement à simple effet, on élèverait les eaux propres destinées à renouveler celles du port, à la hauteur nécessaire pour qu'elles pussent s'écouler dans la galerie établie à cet effet. La surface totale du port étant de 28 hectares environ et sa profondeur moyenne de six mètres, le volume total de l'eau contenue dans le port est de 1,680,000 mètres cubes. En supposant que l'on amène dans le port un mètre cube et demi par seconde, on aura 129,600 mètres par jour et 1,680,000 mètres en treize ou quatorze jours. Les eaux du port seraient donc entièrement renouvelées deux fois par mois, sans même avoir égard au renouvellement partiel qui résulte des variations de niveau de la mer et de l'action des vents.

Telle est la description sommaire du projet

présenté par M. de Mont-Richer pour l'assainissement du port de Marseille, projet dont la dépense est estimée à 2,500,000 fr., et dont une partie est déjà exécutée aujourd'hui. Ce projet présentant un caractère d'utilité générale, et les travaux auxquels il doit donner lieu devant amener une diminution considérable dans les frais d'entretien et de curage du port, le gouvernement fut prié, en 1846, de prendre à sa charge la dépense de ce travail, que l'on peut considérer comme une dépendance des conditions naturelles d'un port qui lui appartient et qui est pour lui la source de magnifiques revenus. Cette prière, après avoir passé, depuis 1846, par diverses phases plus ou moins prospères, vient de recevoir dans ces derniers temps une solution heureuse par la combinaison au moyen de laquelle l'Etat cède tous les terrains du Lazaret, de la Joliette et d'Arenc (sauf une contenance d'environ cinq hectares et demi) à la ville de Marseille, à la charge par celle-ci de vendre, dans le plus bref délai possible, tous les terrains cédés pour fournir, sur le prix de ces terrains, diverses sommes destinées à des travaux d'utilité publique, et, entr'autres, celle nécessaire pour terminer complétement tous les travaux d'assainissement du port.

Revenant maintenant à la distribution des eaux du canal dans la ville de Marseille, nous dirons que, sur chacun des quatre points culminants dont nous avons précédemment parlé, on a établi un bassin de distribution.

Ces quatre bassins sont :

1º Le grand bassin de Longchamp, qui domine toute la ville et doit filtrer toute l'eau nécessaire à ses divers services;

2º Le bassin des Moulins, placé près de la rue de ce nom dans la vieille ville, et dont le radier est à la cote 35 mètres au-dessus du niveau de la mer;

3º Le bassin Bonaparte, placé sur la colline de ce nom, à la cote 50 mètres au-dessus de la mer;

4º Le bassin Vincent, placé près de la rue de ce nom, à la cote 38 mètres au-dessus de la mer.

Outre ces quatre bassins, il en existe encore un cinquième, désigné sous le nom de bassin Vauban, situé à l'extrémité du boulvart de ce nom, et dont le radier se trouve à la cote 96 mètres au-dessus de la mer.

On a donné à chacun de ces bassins les capacités suivantes :

Bassin de Longchamp..	30,000	m. cubes.
— des Moulins....	12,000	—
— Bonaparte......	15,000	—
— Vincent........	60	—
— Vauban........	2,000	—
Total	59,060	m. cubes.

Afin de rafraîchir les eaux contenues dans ces bassins, en leur donnant à peu près la température de la terre, et, pour éviter aussi qu'on y jette des corps étrangers et que les vents, si violents en Provence y entraînent une quantité considérable de poussière et d'autres matières, on a recouvert tous ces bassins au moyen de petites voûtes reposant sur des piliers de 0 30 sur 0 50, espacés de 4 mètres d'axe en axe dans un sens, et de 2 mètres dans l'autre ; et on a mis sur toutes ces voûtes une couche de terre végétale d'un mètre d'épaisseur environ, pour intercepter complétement l'action du soleil sur les eaux. On a pu ainsi conserver la promenade publique existant sur la colline Bonaparte et en créer de nouvelles à Longchamp et dans la vieille ville.

L'idée première qui a présidé à la construction des quatre bassins de Longchamp, des Moulins, Bonaparte et Vincent, a été de les destiner à régulariser le service de l'alimentation de la ville de Marseille. Ces bassins devaient recevoir les eaux arrivant uniformément pour ne les dépenser que d'une manière intermittente, suivant les heures fixées pour le service des eaux et suivant les besoins de la population. Ainsi, le bassin de Longchamp devait recevoir constamment les eaux du canal ; mais il ne devait les transmettre, en général, que pendant la nuit aux bassins des Moulins, Bonaparte et Vincent.

Pendant le jour, ces derniers bassins devaient alimenter les bornes-fontaines, les fontaines et les maisons particulières, tandis que les conduites réunissant le grand bassin de Longchamp aux trois autres réservoirs devaient servir, la nuit, à conduire les eaux dans ces réservoirs, et, le jour, à la distribution dans les différents points de la ville. Dans ce but, on avait projeté pour tous ces bassins la plus grande capacité possible, eu égard aux emplacements dont on pouvait disposer. On conçoit, en effet, que, plus on a d'eau, mieux on peut éviter les inconvénients d'une suspension momentanée dans l'arrivée des eaux, résultant d'un accident ou de toute autre cause, et on avait calculé que le volume d'eau contenu dans les bassins projetés pourrait suffire pour le service complet du lavage des rues, des fontaines publiques, des concessions particulières et des usines, pendant 24 heures, et qu'en réduisant l'alimentation au plus strict nécessaire, on pourrait effectuer le service pendant trois jours au moins.

Mais le besoin d'assurer, pendant le chômage du canal, le service général de distribution des eaux dans l'intérieur de la ville de Marseille ayant fait décider, en 1851, la construction du bassin de Sainte-Marthe, sur la dérivation de Longchamp, on a pu réduire d'un tiers la capacité projetée en premier lieu pour le bassin Bonaparte, et de moitié celle projetée pour le bassin des Moulins. En outre, on a supprimé l'alimentation donnée directement par chacun des trois bassins, Vincent, Bonaparte et des Moulins, pour ne conserver actuellement que l'alimentation prise sur les conduites qui mettent en communication chacun de ces bassins avec le grand réservoir de Longchamp. En d'autres termes, les bassins Vincent, Bonaparte et des Moulins, sont en communication directe et constante, jour et nuit, avec le grand bassin de distribution de Longchamp, par des conduites en fonte de 0 50 de diamètre, et c'est avec ces conduites que s'effectue directement le service de distribution des eaux dans la ville, au moyen de conduites secondaires qui s'embranchent sur ces trois conduites principales.

Il résulte de cette description que chacun des bassins Vincent, Bonaparte et des Moulins, est appelé à faire, pour ainsi dire, l'office de ressort par rapport à l'eau contenue dans les conduites qui les mettent en communication avec le grand réservoir de Longchamp. Chacun des trois bassins précités, renfermant une hauteur d'eau qui ne sera jamais moindre de trois à quatre mètres, exercera sur les conduites une pression qui régularisera l'alimentation des prises d'eau. On a déjà observé, en effet, dans la distribution des eaux à Marseille, que lorsque la pression sur les conduites n'est exercée que d'un seul côté, il se manifeste, sur les points les plus éloignés de l'origine de la pression, des pertes et, pour ainsi dire, des défaillances d'eau dont il est fort difficile de rechercher ou d'expliquer actuellement les causes. C'est pour prévenir ce fâcheux effet que l'on a utilisé, ainsi que nous l'avons expliqué, la construction des bassins Vincent, Bonaparte et des Moulins, qui remplissent ainsi des fonctions analogues à celles des volants dans les machines à vapeur, en servant de réservoir de pression comme les volants servent de réservoirs de force.

C'est ici le lieu de donner la description du grand bassin de Longchamp, afin de faire comprendre à nos lecteurs le mécanisme de toute la distribution des eaux dans la ville de Marseille et sur les versants de ses points culminants.

Le bassin ou réservoir de Longchamp est tout à la fois un appareil de filtrage et de distribution. La surface totale d'un hectare environ occupée par ce bassin est divisée, dans le sens de sa longueur, en deux portions à peu près égales, par un mur, de manière à rendre possible le nettoiement du filtre sans entraîner la suspension du service de distribution des eaux; car chacune de ces deux parties du bassin sera ainsi alternativement en fonction et en réparation. Tout le bassin est partagé, dans le sens de sa hauteur, en deux parties ou en deux étages, par un rang de voûtes reposant sur les mêmes piliers qui supportent aussi les voûtes sur lesquelles se trouve la couche de terre dont nous avons parlé précédemment (1). Les voûtes inférieures sont percées de trous dans lesquels on a introduit des tuyaux de drainage en poterie, de 0 m. 04 de diamètre, qui sont au niveau du sol de l'étage supérieur, et pénètrent à peu près de 0 m. 05 dans l'étage inférieur, après avoir traversé toute la voûte. Il y a environ 4,500 trous faisant ainsi communiquer les deux étages. Sur le sol de l'étage supérieur, on a placé une couche d'un mètre d'épaisseur, formée de cinq à six couches de graviers de diverses grosseurs, de manière à présenter au fond des cailloux de 0 06 à 0 08 de diamètre, et au-dessus un sable très-fin, en passant de bas en haut par toutes les grosseurs intermédiaires. Enfin, à la naissance du bassin et à l'extrémité du pont-aqueduc de Longchamp, se trouve un hémicycle d'environ dix mètres de rayon, percé de deux ouvertures munies de vannes, et dont le sol est au niveau du plancher de l'étage supérieur.

Les eaux qui arrivent par le pont-aqueduc de Longchamp tombent dans l'hémicycle, et, rencontrant les vannes ouvertes, pénètrent dans les

(1) Le bassin de Longchamp étant divisé, dans le sens de sa longueur, en deux portions à peu près égales, on a construit sur une de ces portions les voûtes de l'étage inférieur en briques et celles de l'étage supérieur en béton. Sur l'autre portion, on a construit en béton les voûtes de l'étage inférieur et en briques celles de l'étage supérieur.

galeries qui font suite à ces vannes, et se répandent, au moyen d'ouvertures ménagées dans les murs de ces galeries, sur tout le gravier qui occupe le sol de l'étage supérieur. C'est alors que s'effectue l'opération du filtrage; car les eaux, traversant toute la couche de gravier, tombent par les trous et les tuyaux de drainage placés dans les voûtes, sur le sol de l'étage inférieur, où elles arrivent filtrées. La distribution de ces eaux filtrées s'opère ensuite par les conduites en fonte dont nous avons déjà parlé, qui les amènent dans les bassins Vincent, Bonaparte et des Moulins. Il est, d'ailleurs, facile de comprendre que, si l'on baisse une vanne de l'hémicycle, de manière à boucher l'ouverture d'une des deux galeries d'introduction, les eaux ne se rendront que dans la partie du bassin qui correspond à la vanne ouverte, et que l'on pourra alors nettoyer complétement l'appareil de filtrage de l'autre partie du réservoir.

Tel est le mécanisme, fort simple, du bassin de filtrage et de distribution de Longchamp. Les travaux de ce bassin, commencés en 1848 par les ateliers nationaux, furent interrompus en 1849, parce que l'emprunt de neuf millions, voté par le conseil municipal en 1846, pour les travaux de distribution des eaux dans la ville de Marseille, n'avait pas encore pu être réalisé. Ces travaux furent adjugés le 2 mai 1850, moyennant un rabais de 6 fr. 50 0|0 sur une mise à prix de 560,000 fr., et le creusement du bassin, entrepris immédiatement, marcha d'abord assez lentement par suite de la nécessité où se trouvait l'entrepreneur de transporter les déblais à une grande distance ; mais, au mois d'août, les travaux prirent une plus grande activité, lorsque les déblais purent être déposés, à l'aide d'un chemin de fer, dans les propriétés voisines de l'emplacement du bassin, achetées à cet effet. On commença au mois d'août 1850 les maçonneries des murs d'enceinte ; on exécuta, pendant les années 1851 et 1852, ces murs ainsi que celui de division du bassin en deux parties, et on éleva les piliers sur toute la hauteur qu'ils devaient avoir. On exécuta aussi en 1852 les voûtes de l'étage inférieur, et, en 1853, celles destinées à recevoir une couche de terre végétale. Au 31 décembre 1853, il ne restait plus qu'à terminer le répandage d'une portion de la couche de gravier destinée au filtrage des eaux et le transport des terres végétales sur les voûtes de l'étage supérieur.

Au-dessous du bassin de Longchamp se trouve le souterrain de ce nom, qui est l'origine de toutes les galeries, dans lesquelles sont renfermées les conduites en fonte servant à la distribution des eaux du canal. Ce souterrain, long de 367 m. 30, part de l'extrémité du pont-aqueduc et se termine sous le rond-point du boulevart Longchamp, au bas des trois rangs d'escaliers qui conduisent à la plate-forme où le duc d'Orléans posa, le 15 novembre 1839, la première pierre du château-d'eau. A partir de ce rond-point, on a construit, sous le boulevart Longchamp, deux galeries jumelles qui s'étendent jusqu'à la rue Bernex, et qui, parvenues à ce point, communiquent, d'un côté, avec le boulevart National, et, de l'autre, avec la rue Saint-Savournin, en remontant la rue Bernex, et passant sous la route impériale n° 8 bis, dans la partie connue sous le nom de chemin de la Madeleine.

La description que nous allons donner du parcours des galeries construites pour la distribution des eaux du canal nous permettra de compléter nos premières indications sur les bassins placés dans l'intérieur de la ville de Marseille.

Le bassin des Moulins est alimenté par une conduite en fonte de 0,50 de diamètre qui prend les eaux filtrées dans l'étage inférieur du bassin de Longchamp, suit le souterrain et une des galeries jumelles du même nom, et entre dans une galerie qui remonte le boulevart National et suit le boulevart de la Gare jusqu'à la rue Bernard-du-Bois. A ce point, la galerie se continue en souterrain et se dirige sur le bassin des Moulins, en passant par la rue Bernard-du-Bois, la place de l'Arc-de-Triomphe, les rues des Vieux-Enfants-Abandonnés, des Grands Carmes, des Belles-Ecuelles et par la place du

Panier. Ce souterrain, long de 1,022 m 65 et adjugé le 8 juin 1850, moyennant un rabais de 6 fr. 25 p. 0[0 sur une mise à prix de 150,000 fr. fut commencé au mois d'août de la même année et poursuivi avec activité. Afin de le terminer le plus promptement possible, on creusa six puits sur tout son parcours; mais vers le mois de juillet 1851, l'eau devint si abondante entre les puits 3 et 5 situés le premier sur la place de l'Arc-de-Triomphe et l'autre sur celle des Grands Carmes, qu'il fallut renoncer à avancer du côté de la rue Bernard-du-Bois et se borner à travailler du côté du bassin des Moulins. Dans le mois de septembre 1851, le puits 6, qui a 4 m 50 de profondeur, fut achevé et on entra de suite en galerie du côté du puits 5; deux mois après, les deux galeries se rejoignirent entre ces puits. En novembre 1851, on travailla avec activité à l'ouverture du souterrain entre le puits 6 et le bassin des Moulins; mais les eaux que l'on rencontra dans ce travail en retardèrent l'exécution, et pour l'accélérer, on ouvrit un septième puits à l'intersection des rues du Panier et des Cartiers et de la rue Guintrand. La rencontre eut enfin lieu entre le puits 6 et le bassin des Moulins au mois de février 1852. Au mois de janvier 1854, toutes les eaux étaient réunies dans ce souterrain au point le plus bas qui se trouve vers la place de l'Arc-de-Triomphe, et on travaillait à amener jusqu'à ce point la branche septentrionale de l'égout d'assainissement du port, dans laquelle on devait jeter toutes les eaux du souterrain, afin de pouvoir poser les derniers tuyaux de la conduite qui amènera l'eau filtrée du bassin de Longchamp à celui des Moulins. C'est en construisant cet égout qui passe en souterrain sous la rue d'Aix, à 18 mètres au-dessous du sol vis-à-vis la rue Saint-Sépulcre que, le 9 février 1854, vers six heures du matin, cinq ouvriers mineurs furent surpris par un éboulement et se trouvèrent ensevelis dans la galerie qui, fort heureusement, ne s'éboula qu'aux abords du puits creusé pour l'extraction des déblais. Ces cinq ouvriers se mirent à l'abri dans la partie la plus avancée de la galerie et vers trois heures du soir, deux trous de sonde ayant abouti, on put entendre la voix des mineurs et s'assurer qu'ils étaient tous en vie. Après leur avoir fait passer des aliments, on établit sur l'un des trous une pompe refoulante pour leur donner de l'air et sur l'autre une pompe destinée à épuiser la galerie, pour empêcher que les ouvriers ne fussent envahis par les infiltrations des eaux qui, sans cela, les eussent gagnés à la longue. En même temps, on creusa de la manière la plus active un puits de sauvetage, et, le 11 février au matin, c'est-à-dire deux jours après l'accident, les cinq ouvriers furent extraits sains et saufs de leur tombeau momentané.

Les travaux du bassin des Moulins furent adjugés le 11 avril 1851, moyennant un rabais de 9 fr. 05 p. 0|0 sur une mise à prix de 220,000 fr. Les déblais de ce bassin furent poussés avec autant d'activité que purent le permettre les formalités de l'expropriation des maisons à acquérir sur son emplacement. Les maçonneries furent commencées en septembre 1851 et terminées au milieu de l'année 1852. L'emplacement situé au-dessus de ce bassin repose sur des voûtes soutenues par 160 piliers de 5 mètres de hauteur, espacés de 4 mètres d'axe en axe, dans un sens et de 2 mètres dans l'autre. Cet emplacement pourra être transformé un jour en une promenade fort utile, sous tous les rapports, aux quartiers populeux et peu aérés de la vieille ville.

Le bassin Bonaparte est alimenté par une conduite en fonte de 0,50 de diamètre qui prend les eaux filtrées dans l'étage inférieur du bassin de Longchamp, suit le souterrain et une des galeries jumelles du même nom, entre dans une galerie qui passe sous les rues Bernex et Saint-Savournin, traverse la plaine Saint-Michel, passe sous les rues du Peuple et des Minimes, descend le boulevart de Rome, suit le boulevart Dumuy et le cours Bonaparte pour arriver au bassin de ce nom par un souterrain de $90^m 60$ de longueur et d'une inclinaison d'environ 45 degrés. Ce souterrain, commencé en 1848, fut achevé dans les premiers mois de l'année 1849.

L'entreprise du bassin Bonaparte fut adjugée le 6 août 1850, moyennant un rabais de 6 fr. 50 pour cent sur une mise à prix de 200,000 francs, et les travaux d'escarpement furent commencés immédiatement. Pour éviter des frais considérables de transport, on a creusé un souterrain d'environ 100 mètres de longueur aboutissant au chemin de Saint-Victor et par lequel on a jeté au-dehors la plus grande partie des déblais extraits de l'emplacement du bassin. Ce souterrain a été bouché aujourd'hui du côté du chemin de Saint-Victor, et sa capacité servira à augmenter d'autant celle du bassin Bonaparte et par suite la quantité d'eau tenue en réserve par cet ouvrage. Les voûtes qui soutiennent l'emplacement de ce bassin reposent sur 284 piliers de 5 mètres de hauteur espacés entr'eux aux mêmes distances que pour le bassin des Moulins. On peut voir sur la promenade de la colline Bonaparte les portions les plus élevées des murs d'enceinte du bassin, faisant saillie au-dessus du sol, et sur l'emplacement même du bassin, on remarque les regards qui serviront à pénétrer dans l'intérieur pour les besoins du service des eaux. Il est à croire que tôt ou tard les constructions du bassin Bonaparte seront raccordées avec la promenade, et que les amateurs du magnifique coup d'œil, qui s'étend de ce point sur la rade, la ville et le territoire de Marseille, ne seront pas privés pour longtemps encore de toutes les allées pittoresques qui embellissaient autrefois ce point de vue si cher aux Marseillais.

Le bassin Vincent est alimenté par une conduite en fonte de 0,50 de diamètre qui prend les eaux filtrées dans l'étage inférieur du bassin de Longchamp, suit le souterrain et une des galeries jumelles de ce nom, entre dans la galerie qui contient déjà la conduite du bassin Bonaparte en passant sous les rues Bernex et Saint-Savournin, sous la plaine Saint-Michel et la rue du Peuple jusqu'à la rue des Minimes. A ce point la galerie du bassin Vincent quitte celle du bassin Bonaparte et poursuit son chemin en passant par la rue Fontange, le chemin de Lodi et la rue Vincent, où est construit le bassin de ce nom. Au moment où nous écrivons (mai 1854), le bassin Vincent ne fonctionne pas encore; la conduite de 0,50 qui doit l'alimenter a été prolongée dans la rue de l'Abbé Féraud, et après avoir traversé la route impériale n° 8, de Paris à Toulon, déverse toutes ses eaux d'abord sur la grande roue à augets de l'usine Donadieu, et ensuite sur les turbines qui mettent en mouvement la filature de M. Sibille et les magnifiques ateliers de M. Taylor.

Le bassin Vincent et la galerie aux abords furent adjugés, en 1849, à une association d'ouvriers. Ce travail, mené avec beaucoup de lenteur, dut être terminé en régie aux frais de l'association. Le creusement du bassin fut achevé en janvier 1850, et le revêtement en maçonnerie fut exécuté en juillet et août de la même année. A l'extrémité de la rue du Peuple, on a fait en souterrain la portion de galerie qui s'étend entre la rue des Minimes et le chemin de Lodi. On attaqua par les deux extrémités les travaux de ce petit souterrain, qui a été ouvert dans le poudingue et revêtu en briques. On a pu ainsi, tout en se tenant à une très-petite profondeur au-dessous du sol, éviter tous les inconvénients qui résultent pour une rue de l'ouverture d'une tranchée, du remaniement du pavé, et des tassements qui ont lieu plus tard dans les remblais rapportés sur les voûtes.

A l'extrémité du pont-aqueduc de Longchamp les eaux du canal, sans passer dans le bassin de filtration et de distribution, entrent dans une conduite en fonte de 0,60 de diamètre. Cette conduite suit le souterrain et une des galeries jumelles de Longchamp, passe dans la même galerie que la conduite du bassin Bonaparte, en suivant les rues Bernex et Saint-Savournin, la plaine Saint-Michel, les rues du Peuple et des Minimes, les boulevarts de Rome, Dumuy et Bonaparte jusqu'à la hauteur de la rue Breteuil. A ce point, la conduite de 0,60 suit une galerie creusée sous la rue Breteuil et un souterrain de 252 mètres de longueur percé sous la rue Montebello. Elle vient enfin se terminer à la rotonde Vauban où elle jette ses eaux dans un puisard fermé par un regard qui se trouve à peu près au centre de cette rotonde.

A ce puisard prennent naissance deux souterrains qui se dirigent l'un vers l'est, sur le Prado, et l'autre vers l'ouest, sur Endoume. Le souterrain du Prado, après un parcours de 210 mètres sous un contre-fort de la colline de Notre-Dame-de-la-Garde, donne naissance à une rigole d'arrosage qui se développe à ciel-ouvert le long des hauteurs qui dominent les deux parties de la promenade du Prado et vient se terminer à la cascade et au jet d'eau créés sur le chemin de ceinture qui relie Endoume à cette promenade. L'autre souterrain qui, partant du puits de la rotonde Vauban, fait suite à celui de la rue Montebello, se dirige sous le boulevart Vauban, perce le calcaire compacte de la colline de Notre-Dame-de-la-Garde sur une longueur totale de 580 mètres et donne naissance à une rigole d'arrosage qui se développe sur les coteaux d'Endoume, du vallon de l'Oriol et du Roucas Blanc.

Il résulte de ces travaux que toute l'eau déversée par la conduite en fonte de 0,60 dans le puisard de la rotonde Vauban, se divise à ce point en deux portions qui coulent dans chacun des souterrains du Prado et de Notre-Dame-de-la-Garde pour servir, au sortir de ces souterrains, à l'arrosage de tous les versants compris entre le Prado, l'Huveaune et la mer.

Il se trouve cependant qu'une partie des propriétés qui sont comprises dans ces versants, sont situées à un niveau plus élevé que celui des rigoles dont les eaux sont amenées par la conduite de 0,60. C'est afin de ne pas priver ces propriétés de l'usage des eaux que l'on a construit le bassin Vauban, situé à 96 mètres au-dessus du niveau de la mer, c'est-à-dire, à 22^m mètres plus haut que le bassin de Longchamp. Pour élever à cette hauteur une quantité d'eau suffisante, on avait projeté, en principe, de se servir d'un moteur hydraulique mis en mouvement par une chute d'eau que la ville possède au boulevart Vauban; mais les propriétaires ayant demandé à être mis de suite en possession des eaux, on installa, en 1851, deux machines à vapeur, chacune de la force de six chevaux, afin d'élever l'eau jusqu'à la hauteur du bassin Vauban, avant la fin de l'année. Ce service, en effet, commença à fonctionner dans le mois d'août 1851; mais il donna lieu à de grands inconvénients, tant à cause du dérangement des machines qui, placées très à la hâte, n'étaient pas établies dans les meilleures conditions, qu'à cause des pertes d'eau auxquelles donnaient lieu des rigoles nouvellement faites et d'une longueur trop grande pour le faible volume d'eau élevé par les machines. C'est alors qu'on a songé à desservir cette partie des abords de la ville de Marseille, en alimentant le bassin

Vauban au moyen d'une conduite en fonte dont la prise, opérée sur la dérivation de St-Barnabé, se trouve à 132 mètres au-dessus du niveau de la mer. Cette conduite en fonte devant fournir de l'eau dans les propriétés voisines de son parcours, on a diminué le diamètre de ses tuyaux, au fur et à mesure qu'elle avance vers son point d'arrivée, de sorte que les premiers tuyaux qui ont 0,50 de diamètre en partant de la prise sont bientôt suivis d'autres tuyaux de 0,40, puis de 0,30 et enfin de 0,25 sur tout son parcours dans la ville de Marseille.

La conduite du bassin Vauban prend l'eau de la dérivation secondaire de St-Barnabé, non loin de la Blancarde, suit constamment le chemin de St-Barnabé à Marseille, en passant par le pont de Jarret, traverse la route impériale n° 8 bis, et suit le boulevart Longchamp jusqu'au rond-point où elle entre dans une des galeries jumelles situées sous le boulevart. A partir du rond-point de Longchamp, la conduite du bassin Vauban suit exactement les mêmes galeries que la grande conduite de 0,60; mais, au lieu de déverser, comme elle, ses eaux dans le puisard de la rotonde Vauban, elle se continue dans le souterrain de Notre-Dame-de-la-Garde sur 250 mètres de longueur, et remonte par un puits de 35 mètres de hauteur jusqu'au bassin Vauban qui recueille et emmagasine les eaux. C'est à ce bassin que prend alors naissance la rigole couverte qui suit tous les contours de la colline pour servir à l'alimentation des propriétés inférieures à son parcours, mais supérieures à celui de la rigole qui fait suite au souterrain de Notre-Dame-de-la-Garde.

Les travaux du bassin Vauban et des souterrains aux abords furent adjugés, le 18 mai 1850, moyennant un rabais de 3 fr. 50 pour cent, sur une mise à prix de 120,000 francs. Ce bassin ouvert en entier dans le calcaire compacte présentait, à l'époque de son achèvement, l'aspect d'une vaste grotte dans laquelle on aurait établi une suite de piliers supportant une voûte continue. En effet, ce bassin qui était destiné, en principe, à filtrer les eaux qu'il devait distribuer, a été construit à deux étages, et les voûtes de l'étage inférieur reposent sur 40 piliers espacés entr'eux aux mêmes distances que pour les autres bassins. Mais, dès qu'il a été décidé que le bassin Vauban serait alimenté par une conduite en fonte prenant ses eaux sur la dérivation de St-Barnabé, on a résolu de placer un appareil filtrant à l'origine même de la conduite, et le bassin Vauban, dont on a mis en communication les deux étages par une ouverture pratiquée dans la voûte, n'est plus resté qu'un simple bassin d'alimentation de la rigole couverte qui fournit les eaux d'agrément aux quartiers les plus élevés des versants sud et ouest de la colline de Notre-Dame-de-la-Garde. Les déblais du bassin Vauban furent achevés en octobre 1851, et les maçonneries furent complétement terminées en septembre 1852. Aujourd'hui, que tous les travaux sont finis et que le service des eaux de la conduite qui vient de St-Barnabé est en pleine activité, on ne voit plus rien du bassin Vauban qu'un avancement de mur solidement construit, et formant saillie sur la montagne, à l'extrémité la plus élevée du boulevart Vauban. Cet avancement forme un des angles du mur d'enceinte du bassin, seul angle qui ait été construit en maçonnerie ; car, le bassin étant creusé presqu'en entier dans la montagne, il a suffi de boucher soigneusement toutes les fissures que présentait le rocher pour obtenir un réservoir parfaitement étanche.

La plus grande partie des tranchées qu'on a été obligé d'ouvrir pour construire les galeries de distribution des eaux du canal a été exécutée pendant l'année 1848. Aussitôt après la révolution de Février, l'administration municipale de Marseille se trouva dans la nécessité de créer des ateliers nationaux pour recevoir les ouvriers que la stagnation des affaires venait d'enlever subitement à leurs occupations habituelles. Les plans et devis des travaux de distribution des eaux dans la ville de Marseille, ayant été approuvés, dès l'année 1847, par l'administration supérieure, on était entièrement libre de les exécuter et l'on saisit avec empressement l'occasion qui se présentait de les conduire rapidement à bonne fin. De nombreux chantiers furent alors établis sur tous les points où des galeries devaient être construites, et l'administration put y recevoir des ouvriers de toute profession, qui, sans cela, se seraient trouvés absolument sans ressources. Les premiers travaux, consistant seulement à ouvrir des tranchées, se trouvaient à la portée de tout le monde. Le plus souvent, on était obligé de soutenir par des boisages les tranchées ouvertes dans un terrain argileux, ce qui amenait l'intervention d'ouvriers charpentiers. Quand la construction des galeries nécessitait exclusivement l'emploi des maçons, on ouvrait sur d'autres points de nouveaux chantiers de terrassement et l'on est ainsi parvenu à donner un travail utile à des milliers d'ouvriers que les circonstances auraient plongés dans la misère. La somme dépensée, en 1848, pour les déblais et les maçonneries des galeries de distribution des eaux du canal, s'élève à 1,200,000 francs, en y comprenant la portion de ces galeries qui fait partie du projet d'assainissement du port. En revanche, on fit très-peu de chose en 1849, par suite du manque de ressources, l'emprunt de neuf millions, voté en 1846 pour l'exécution de la distribution des eaux, n'ayant pu être réalisé. On ne dépensa, en 1849, que 190,000 francs pour tous les travaux effectués dans la ville de Marseille. Mais, en 1850, on reprit l'activité ordinaire en adjugeant les bassins de Longchamp, Bonaparte et Vauban, et en commençant le percement des souterrains des Moulins, de Montebello, du Prado et de Notre-Dame-de-la-Garde. En outre, on posa la plus grande partie des grosses conduites destinées à servir d'artères principales au système général de distribution des eaux dans la ville, et la somme dépensée en 1850 fut de 580,000 francs environ. Pendant l'année 1851, la construction des bassins et le percement des souterrains furent continués et la pose des conduites prit un grand développement. La somme dépensée pour les travaux de distribution dans la ville de Marseille s'éleva, en 1851, à 1,300,000 francs, y compris la fourniture des tuyaux en fonte. La longueur des conduites de toutes dimensions, mises en place dans la ville de Marseille, à la fin de l'année 1851, était de 22,500 mètres ; cette même longueur fut de 50,000 mètres à la fin de 1852 et se trouvait de 80,000 mètres à la fin de l'année 1853.

Le projet complet de distribution des eaux dans la ville de Marseille évalue la dépense à neuf millions ainsi qu'il suit :

1° Egouts d'assainissement du
port et galerie d'alimentation.... 2,500,000 f.

A reporter.... 2,500,000 f.

Report.....	2,500,000 f.
2° Bassins de distribution.....	1,200,000
3° Conduites en fonte, bornes-fontaines et appareils divers.....	2,950,000
4° Galeries destinées à contenir les conduites et compléter l'écoulement.....................	1,850,000
5° Fontaines de décoration.....	500,000
Total.........	9,000,000 f.

En déduisant la somme de 2,500,000 francs qui s'applique à l'assainissement du port et par conséquent n'est pas une dépense spéciale de la distribution des eaux du canal, il reste 6 millions 500,000 francs sur lesquels on avait déjà dépensé près de quatre millions au 31 décembre 1853. Il est plus que probable, eu égard aux économies faites sur quelques travaux de bassins et souterrains, sur la fourniture des conduites en fonte (1), et sur la construction des appareils

---

(1) La fourniture des conduites, consoles, bornes-fontaines et autres pièces de fonte nécessaires à la distribution des eaux du canal dans la ville de Marseille, a été adjugée, le 6 août 1849, à MM. Pinart frères, de Marquise (Pas-de-Calais), au rabais de 23 p. 0/0, sur la mise à prix de 28 francs les 100 kilog., ce qui fait revenir à 215 fr. 60 le prix de la tonne de fonte. Une seconde adjudication, du 17 mai 1851, a présenté, de la part des mêmes fournisseurs, un nouveau rabais de 1 fr. 75 p. 0/0 sur celui de 23, ce qui a permis à la ville de Marseille d'avoir une grande partie de la fonte nécessaire à sa dis-

spéciaux de distribution, que la somme prévue de 6,500,000 francs ne sera pas dépassée.

La pose des conduites en fonte et la construction des divers appareils de distribution des eaux dans la ville de Marseille ont donné lieu à de nombreuses recherches et expériences dont nous dirons ici quelques mots au profit des personnes qui pourraient être appelées à diriger de pareils travaux sur une grande échelle.

Les plus petits tuyaux dont on a fait usage à Marseille ont 0,05 de diamètre, et les plus grands 0,60. Ces tuyaux étaient pourvus, en général, d'emboîtements dans lesquels se faisait le joint, et la manière de l'établir a donné lieu à de nombreux essais dans lesquels on a successivement fait usage de caoutchouc vulcanisé, de bitume et enfin de plomb.

Le caoutchouc vulcanisé, dont l'emploi se vulgarise en France depuis quelque temps, présente de notables avantages sur les autres substances jusqu'à ce jour en usage. On en fait des anneaux qui se placent entre les bourrelets du tuyau et entrent ensuite en même temps que lui dans l'emboîtement de l'autre tuyau où ils sont retenus par le bourrelet extrême du tuyau mâle qui ne laisse entre lui et l'emboîtement de

---

tribution d'eau moyennant le prix de 210 fr. 70 la tonne. La première adjudication comportait une fourniture s'élevant au chiffre de 1,800,000 francs, et la seconde au chiffre de 645,000 francs.

l'autre tuyau qu'un vide annulaire de deux à trois millimètres de diamètre. Il semblait impossible que l'anneau en caoutchouc pût jamais s'échapper par un vide aussi étroit ; c'est cependant ce qui a eu lieu sous de fortes pressions. Cet accident, s'étant renouvelé quelquefois, n'a pas permis de généraliser l'usage des anneaux en caoutchouc et on a dû y renoncer ; il y avait cependant sur les joints en plomb une économie d'un tiers environ par joint. En outre, on avait l'immense avantage de pouvoir déplacer un tuyau bien plus facilement, puisqu'il n'y avait ni plomb à fondre, ni tuyau à couper ; il suffisait de faire rentrer ou sortir les tuyaux les uns dans les autres pour défaire le joint. Mais tous ces avantages n'ont pu contrebalancer les inconvénients attachés au peu de fixité des joints exposés à de fortes pressions ; on ne s'est plus servi d'anneaux en caoutchouc que pour des tuyaux à brides auxquels ils s'adaptent très-bien. En ayant soin de les loger dans une rainure ménagée sur les brides et les serrant énergiquement au moyen de boulons, on réussit à obtenir, surtout pour les tuyaux de petit diamètre, un joint bien étanche et d'une solidité durable.

En même temps qu'on essayait les joints en caoutchouc, il fut présenté, par une compagnie établie à Marseille, des offres pour l'expérimentation du bitume asphaltique appliqué à la confection des joints. Des essais furent tentés et semblèrent dès l'abord si concluants que l'on conçut quelque espoir de réaliser une grande économie, en employant sur toutes les conduites le bitume au lieu du plomb. Voici, en effet, l'expérience qui fut faite : une conduite en fonte de 0,25 de diamètre et de 30 à 40 mètres de longueur, mise en communication avec la presse hydraulique, a été assemblée au moyen du bitume asphaltique et soumise ensuite à une pression de 25 atmosphères ; dans cet état, les joints se sont bien maintenus et l'adhérence du bitume sur le métal était telle que le dernier tuyau qui n'était pas buté contre le sol ne s'est pas arraché du reste de la conduite, malgré l'énorme pression qui pesait sur lui à chaque effort du piston de la pompe. Cette expérience, renouvelée pendant plusieurs jours, ne semblait plus laisser aucun doute sur la bonté du joint fait ainsi, et deux marchés de 3,000 francs chacun furent passés avec la compagnie de l'asphalte des Alpes pour la fourniture de 43,000 kilog. de bitume asphaltique. On posa, suivant ce mode, une conduite entre le bassin des Présentines et le nouvel abattoir à Arenc, et on fit aussi de cette manière les joints de quelques conduites dans la section du Prado. Le seul inconvénient qu'entraînât ce mode de joints consistait dans la nécessité où l'on se trouvait de chauffer les tuyaux avant de projeter le bitume dans le joint. Mais un inconvénient bien plus grave ne tarda pas à se manifester ; les joints, au bout de quelque temps, commencèrent à perdre et bientôt les conduites entières où l'on avait employé le bitume ne présentèrent qu'une continuité de fuites si abondantes qu'il fallut enlever le bitume et refaire le joint au plomb.

Ces inconvénients majeurs ne peuvent être attribués qu'au ramollissement du bitume. Pendant son séjour à l'air extérieur et sous l'influence de la sécheresse, il se comportait d'une manière satisfaisante qui faisait espérer la réussite de l'expérience ; mais, soumis à l'humidité incessante de l'eau de la conduite et à celle de la terre environnante, il se sera décomposé rapidement et c'est ainsi que s'expliquent les nombreuses fuites qui ont déterminé l'enlèvement de la conduite et l'abandon final de ce genre de joints. Peut-être que des bitumes d'une autre qualité n'auraient pas eu ces inconvéniens ; mais la ville de Marseille ne pouvant attendre le résultat de nouvelles expériences, lors même qu'elles eussent été plus heureuses, il ne restait plus qu'à s'arrêter à l'emploi du plomb. Cette dernière substance est, en définitive, la seule que l'on puisse employer avec sécurité ; elle est, il est vrai, la plus chère ; mais aussi les joints qu'elle constitue sont d'une solidité certaine, et sous ce rapport on ne saurait se plaindre de la dépense qui amène à ce résultat.

Les joints des tuyaux de fonte ont donc été

faits exclusivement en plomb toutes les fois qu'il s'est agi de tuyaux à emboîtement. On a, dans l'origine, intercalé parmi ces tuyaux à emboîtement et de distance en distance des tuyaux à bride ; par cette mesure, adoptée à Paris et dans la plupart des distributions exécutées, on pensait pouvoir remanier une conduite lorsque cela était nécessaire, en enlevant le tuyau à bride d'entre ses voisins, sans avoir besoin de couper un tuyau. Mais l'expérience a démontré que les tuyaux sont tellement serrés les uns contre les autres que les brides ne peuvent se séparer, et il est préférable de placer, de distance en distance, des tuyaux dépourvus d'emboîtement et dont le joint se fait au moyen d'un manchon cylindrique de 0,30 de longueur. En cas de remaniement de conduite, on fait fondre le plomb des deux joints du manchon, et en faisant couler ce manchon sur un des tuyaux, on se rend maître de l'autre tuyau qui s'enlève ensuite facilement. Ce mode de joint, moins cher que le joint à bride, l'a complétement remplacé pour la distribution des eaux du canal dans la ville de Marseille.

Les appareils de tout genre placés sur les conduites d'eau, dans toute distribution faite sur une échelle un peu importante, sont très-nombreux et remplissent des fonctions diverses. Ainsi, il est indispensable d'avoir à sa disposition :

Des robinets-vannes destinés à arrêter l'écoulement de l'eau dans les conduites, à la répartir entre des conduites secondaires, et à évacuer les eaux dans des puisards placés aux points bas où à l'extrémité de la conduite;

Des ventouses pour permettre la sortie de l'air accumulé dans les conduites à l'instant où on les met en charge ;

Des bornes-fontaines pour le service des eaux gratuites ;

Des robinets pour la distribution des eaux concédées ;

Des bouches sous-trottoirs pour le lavage des ruisseaux et l'arrosage des rues ;

Des regards pour recouvrir les puisards des égouts ;

Des consoles pour supporter les tuyaux dans les galeries.

Ces trois sortes de pièces en fonte, les consoles, regards et bouches sous-trottoirs, ont été faites d'après les modèles le plus récemment adoptés à Paris. Il n'y avait pas à chercher mieux ; on a seulement complété les regards en fonte qui recouvrent chaque appareil distributeur, en les munissant d'une serrure dont l'administration se réserve la clé et qui rendra fort difficile toute atteinte au robinet régulateur de chaque concession. Cette mesure a été appliquée aussi à toutes les plaques de regard posées pour la distribution des eaux dans le territoire de la commune de Marseille ; cette précaution, superflue à Paris où la distribution s'opère dans des rues surveillées incessamment, est indispensable dans le territoire de Marseille où ces appareils distributeurs, s'ils étaient abandonnés à eux-mêmes, pourraient être souvent dérangés soit à dessein soit par inadvertance.

Les bornes-fontaines alimentant le puisage gratuit sont faites à l'extérieur dans le même style que celles de la ville de Paris ; mais, à l'intérieur, on a adopté un mode de construction qui a réalisé une économie énorme ; car une borne-fontaine munie de son appareil distributeur coûte à Paris 400 francs environ, tandis que celles que l'on posera à Marseille coûteront, y compris leur mise en place, 90 fr. au plus.

Les bouches sous-trottoirs se composent d'une boîte en fonte de 0,44 de longueur, de 0,25 de largeur et de 0,22 de hauteur, placée dans la bordure même du trottoir dont elle a les dimensions. Dans cette boîte se trouve un clapet qui ferme un tuyau vertical de 0,06 de diamètre, communiquant avec la conduite de distribution des eaux. Lorsque ce clapet se lève, l'eau sort du tuyau et se dirige par une ouverture latérale vers un orifice d'où elle s'écoule dans le ruisseau avec lequel elle forme un angle peu sensible, ce qui empêche les eaux de se répandre sur la voie et de gêner la circulation. Pour l'arrosage des rues on visse sur cet orifice, dont la surface extérieure est taraudée, une manche en cuir ou en gutta-percha munie d'un ajutage par lequel l'eau s'échappe avec violence et peut s'étendre sur un espace de 20 à 25 mètres d'amplitude. En cas d'incendie, la même manche pourra être employée avec la plus grande utilité. Ces bouches sous-trottoirs, employées au lavage des ruisseaux et à l'arrosage des rues, seront placées à 50 mètres environ les uns des autres, ce qui suppose qu'on en posera environ 2,000 dans toute la ville.

On a modifié le système des robinets-vannes, des ventouses et des robinets régulateurs, tels qu'ils sont employés à Paris, afin d'en diminuer, autant que possible, le prix de revient, tout en leur conservant les conditions essentielles de solidité et de facile manœuvre exigées par les détails du service des eaux. On a pu ainsi, déduction faite des dépenses occasionnées par les nombreux essais qu'on a été obligé de faire sur la nature et le pose des conduites dans le territoire et la ville de Marseille, réaliser une économie d'environ 350,000 francs par l'emploi des appareils nouveaux ou convenablement modifiés d'après ceux employés aux mêmes usages dans la ville de Paris.

Au moyen des appareils indiqués précédemment, on pourra amener les eaux sur tous les points de la ville de Marseille ; les faire monter dans les maisons jusqu'aux étages les plus élevés ; alimenter de nombreuses fontaines et créer des eaux jaillissantes sur toutes les places publiques ; placer des bornes-fontaines précisément au sommet de toutes les rues ; approvisionner directement les navires et enfin, en cas d'incendie soit dans la ville soit dans le port, on pourra obtenir, au moyen de prises sur les conduites, des eaux jaillissant avec force et remplaçant avec avantage les pompes mues à bras d'hommes.

Nous avons fait connaître précédemment (1) que sur le mètre cube et demi d'eau destiné exclusivement à la ville de Marseille, un demi-mètre cube avait été réservé pour l'arrosage des terrains aux abords de la ville. Ces terrains ont été partagés en quatre syndicats, par le même procédé que nous avons développé, en exposant le mode de distribution des eaux du canal dans le territoire (2). Ces quatre syndicats qui, ajoutés aux 110 dont nous avons déjà donné les désignations, complètent le nombre de 114 entre lesquels sont partagés tous les terrains arrosables de la commune de Marseille, portent les noms de Pénitencier, Menpenti, Prado et Endoume, et comprennent ensemble une surface de 700 hectares environ.

(1) Voir page 237.
(2) Voir page 175.

Le syndicat du Pénitencier présente une surface de 50 hectares comprise entre la route impériale n° 8 bis, le boulevart Merentié, le chemin du Camas et le Jarret. La prise d'eau de ce syndicat s'opère sur le pont-aqueduc de Longchamp, au moyen d'une conduite en fonte qui distribue les eaux d'arrosage et d'agrément aux propriétés et aux maisons comprises dans l'enceinte dont nous venons d'indiquer les limites. Au 1er janvier 1854, les redevances annuelles recueillies pour le syndicat du Pénitencier s'élevaient à 720 francs pour les eaux d'arrosage et à 840 francs pour les eaux d'agrément.

Le syndicat de Menpenti présente une surface de 350 hectares, comprise entre le Prado, le chemin de Mazargues, l'Huveaune, le Jarret et la grande route de Toulon. Les eaux d'arrosage et d'agrément sont fournies à ce syndicat par la conduite du bassin Vincent qui, après avoir déversé ses eaux sur les turbines de la filature de M. Sibille et des ateliers de M. Taylor, les rassemble dans une rigole qui les distribue aux diverses propriétés comprises dans l'enceinte précédemment indiquée et se prolonge jusqu'au Château-des-Fleurs. Les redevances annuelles recueillies, au 1er janvier 1854, pour ce syndicat, s'élevaient à 1,350 fr. pour l'eau d'arrosage et 5,360 francs pour l'eau d'agrément.

Enfin, nous avons vu précédemment (1) que le syndicat du Prado est arrosé par la rigole qui part du puisard Vauban, situé sur la rotonde de ce nom, pour aboutir à la cascade du chemin de ceinture d'Endoume au Prado, et que le syndicat d'Endoume, qui ne peut recevoir que des eaux continues, les prend sur la rigole couverte qui part du bassin Vauban, situé à l'extrémité la plus élevée du boulevart de ce nom. Les redevances annuelles recueillies sur le syndicat du Prado étaient, au 1er janvier, de 2,340 francs pour les eaux d'arrosage et de 11,250 francs pour les eaux continues. Elles s'élevaient, à la même époque, à la somme de 16,100 francs pour les eaux continues dont les souscriptions avaient été recueillies sur le syndicat d'Endoume.

Au moyen des quatre syndicats précités, tous les terrains situés près des faubourgs de la ville de Marseille sont arrosés, et les maisons de campagne ainsi que les maisons particulières des abords de la ville jouissent des bienfaits des eaux du canal.

Nous terminerons cet exposé de la distribution des eaux du canal dans la ville de Marseille, par un rapide coup-d'œil jeté sur les fontaines de décoration. Le nombre de ces fontaines est fort restreint, car c'est à peine si l'on en compte

---

(1) Voir page 261.

une vingtaine dans toute la ville, et encore ne brillent-elles pas généralement sous le rapport du goût et de l'élégance. A l'exception du génie sculpté par Chardigny et placé sur la fontaine de la place St-Ferréol et des bustes de Puget et du comte de Villeneuve-Bargemont, qui ornent les fontaines de la rue de Rome et de la place Villeneuve, on ne peut guère considérer comme des objets d'art les décorations qui figurent sur quelques-unes des fontaines de Marseille. Afin de dissimuler cette pénurie, sinon par la décoration, au moins par la puissance des eaux, on a construit en 1852, au milieu de la plaine St-Michel, une fontaine dont le jet d'eau peut atteindre une hauteur de plus de 50 mètres et qui, sous ce rapport, n'a pas sa pareille en Europe. Nous avons fait connaître (1) que la plaine St-Michel est traversée par la galerie qui renferme à la fois la conduite du bassin Vincent et celle du bassin Vauban, ayant leur prise, la première sur le grand bassin de Longchamp à la cote 74 et la seconde sur la dérivation de St-Barnabé à la cote 132. Afin d'utiliser ces ressources, on a eu l'idée de construire, près de cette galerie et au milieu de la plaine St-Michel, une fontaine dont l'eau ferait tous les frais, ce qui a permis de réduire la dépense aux limites les

---

(1) Voir pages 259 et suivantes.

plus restreintes. Cette fontaine se compose d'un vaste bassin de 40 mètres de diamètre et de 0,70 de profondeur, construit en béton et entouré d'une pelouse de 2 mètres de largeur, protégée par une balustrade en fer. Au milieu du bassin, s'élève un massif circulaire entouré d'un socle en pierre de taille orné de consoles. Ce massif a 10 mètres de diamètre et 1,50 de hauteur au-dessus de la plaine St-Michel ; un second massif en rocailles, de 3 mètres de hauteur s'élève au-dessus du socle. Les eaux amenées par la conduite du bassin Vincent s'échappent du sommet du rocher, en passant par quatre ouvertures ménagées à la base du socle, et retombent sur le massif inférieur d'où elles s'échappent en nappes dans le bassin. Une conduite, formant un cercle de 14 mètres de diamètre, entoure la fontaine ; cette conduite est prolongée dans le bassin et porte 100 petits tuyaux en plomb dirigés obliquement sur la fontaine qu'ils enveloppent d'une ceinture de jets d'eau convergeant au pied du rocher. Une bordure de joncs masque la conduite et cache aux regards la naissance des petits jets d'eau du bassin. Enfin, du milieu du socle qui domine la fontaine, jaillit le jet d'eau alimenté par la conduite du bassin Vauban et qui peut atteindre une hauteur de plus de 50 mètres. L'inauguration de cette fontaine eut lieu le 15 août 1852, en présence de toutes les autorités et d'un immense concours de spectateurs. Quelque temps après l'inauguration, on posa sur le sommet du rocher un groupe de statues représentant St-Michel terrassant le démon, et que M. Ramus, l'illustre auteur de la statue de Belzunce, se chargea de faire sans rétribution. Ce groupe fait en plâtre fut rapidement détérioré par l'humidité jointe à toutes les autres influences atmosphériques et il n'en existait bientôt plus que des fragmens informes que l'on s'est hâté de faire disparaître. Faisons des vœux pour que bientôt un groupe plus durable remplace celui qui a déjà disparu.

Avant qu'il fût question de la fontaine de la plaine St-Michel, on avait fait des essais pour élever le jet d'eau qui s'élance de la jolie corbeille de verdure qui termine les allées de Meilhan. Un premier essai tenté, vers la fin du mois d'août 1851, put faire juger de l'effet magnifique et grandiose que produirait ce jet d'eau ainsi modifié. Malheureusement ce premier essai eut lieu pendant un vent violent qui contraria l'émission du jet au point d'inonder la façade des maisons d'alentour. Un second essai eut lieu quelques jours après, et l'essor ayant été donné à la masse d'eau nouvellement introduite dans les tuyaux, l'effet produit fut magnifique. Une foule de personnes purent jouir du coup-d'œil d'une gerbe d'eau d'une hauteur de 30 mètres, coup-d'œil qui pendant quelques moments fut relevé encore par celui d'un fort bel arc-en-ciel. Enfin, le 2 septembre 1851, une nouvelle expérience eut lieu, devant plusieurs membres du conseil général et du conseil municipal. Après divers jeux mis successivement en activité et qui produisirent les effets les plus inattendus, on essaya le jet uniforme qui s'éleva avec rapidité, au milieu des applaudissements de la foule attirée par ce spectacle, à une hauteur de 40 mètres, c'est-à-dire, 15 mètres plus haut que le jet d'eau de St-Cloud, le plus élevé que l'on connaisse en France et qui n'a cependant que 25 mètres de hauteur.

A la fontaine de la place Castellane, on a substitué aux mufles en bronze qui lançaient l'eau dans le bassin des proues antiques de navire, placées de manière à ce que l'eau s'épanche en nappe épaisse sur les flancs de chacune d'elles avant de tomber dans le bassin. On avait placé aussi sur le pourtour du bassin huit piédestaux supportant des dauphins en fonte qui lançaient l'eau vers l'obélisque. Les dauphins ont été enlevés et on a conservé seulement les quatre proues et les huit piédestaux auxquels on a ajouté deux bornes-fontaines supportant des candelabres à gaz.

D'après le projet de distribution des eaux dans la ville de Marseille, le nombre des fontaines de cette ville doit être porté de vingt à cinquante-cinq (1). On n'a créé encore que la fontaine de la plaine Saint-Michel et par conséquent la somme de 500,000 francs destinée à la construction de nouvelles fontaines et à l'enrichissement de celles qui existent, n'a pas été sensiblement touchée. Un concours ouvert pour l'érection d'une fontaine monumentale donnerait certainement naissance à un grand nombre d'excellens projets parmi lesquels l'administration pourrait choisir à son gré, et doter ainsi la ville de Marseille d'un œuvre d'art comparable, par exemple, à la magnifique fontaine de l'Esplanade, à Nimes. Qu'il nous soit permis d'espérer qu'un jour cette pensée aura revêtu une forme réelle et que si la ville de Nimes est prête à suivre l'exemple de la ville de Marseille, pour amener au sein de sa population de grandes masses d'eau, Marseille est prête aussi à suivre l'exemple de Nimes en construisant une fontaine monumentale, une seule, mais qui soit au moins, comme celle de Nimes, un chef-d'œuvre de bon goût, d'élégance et de distinction.

Au point le plus élevé des escaliers qui terminent le boulevart Longchamp, et sur l'emplacement où le Duc d'Orléans posa, le 15 novembre 1839, la première pierre du canal de Marseille, un château-d'eau doit être construit.

(1) Voir page 234.

Les eaux qui s'échapperont de cette construction hydraulique, après avoir produit leur effet, se déverseront en larges nappes le long des escaliers qui seront refaits et disposés de manière à obtenir le plus brillant coup-d'œil de ces eaux tombant en cascades. La construction de ce château-d'eau complétera dignement l'avenue qui conduira vers le Muséum d'histoire naturelle, qui sera édifié sur une portion du grand bassin de distribution de Longchamp réservée à cet effet et sous laquelle on a eu soin de n'établir aucun pilier ni aucune voûte, de manière à faire disparaître ainsi toute chance d'accident ou d'humidité. Le Muséum d'histoire naturelle sera placé, de cette manière, sur un point dont l'achat ne nécessitera aucune nouvelle dépense, et le projet aura quelque chose de grandiose, de pittoresque et d'original tout à la fois; car le Muséum, ainsi placé au-dessus des escaliers du rond-point de Longchamp, et enveloppé par les plantations qui seront faites sur l'emplacement du bassin de distribution, semblera un monument babylonien. Il n'est pas besoin, d'ailleurs, de faire observer combien les galeries du Muséum seront infiniment mieux placées dans un local construit exprès pour elles, sur un emplacement spécial, que dans le bâtiment trop étroit où elles sont entassées aujourd'hui depuis trop longtemps. Faisons des vœux encore pour que ce projet, digne par son importance d'une ville aussi considérable que Marseille reçoive bientôt une exécution habile et définitive,

C'est aux abords du bassin de distribution de Longchamp que doit être placé le jardin zoologique de Marseille. Par ses communications ouvertes avec tous les points du globe, par son climat tempéré pouvant servir de transition entre la zône tropicale et les régions plus froides du nord de l'Europe, par sa position géographique qui en fait le point de passage obligé de l'Italie, de l'Orient, des Indes, de l'Afrique et de l'Espagne, Marseille possède, plus que tout autre ville, tous les élémens nécessaires pour assurer le succès d'un jardin zoologique offrant une collection d'animaux et de végétaux exotiques. L'utilité d'un établissement de ce genre à Marseille est donc incontestable. Le voisinage du bassin de distribution de Longchamp a paru l'emplacement le plus convenable pour y établir le jardin zoologique. La position de cette partie de la ville est magnifique; la vue s'y étend sans limites sur tout le territoire, sur la ville et sur la mer. Les terrains accidentés qui ont été choisis présentent les expositions les plus variées et les plus convenables pour des animaux et des végétaux de toute espèce. Il n'est personne qui ne connaisse les magnifiques résultats scientifiques et financiers obtenus en Angleterre, en Allemagne et en Belgique, par l'établissement des jardins zoologiques de Londres, Dublin, Liverpool, Vienne, Bruxelles, Anvers et Gand. Dans toutes ces villes, on a recherché l'adhésion des commerçants, des fonctionnaires, des industriels et des grands propriétaires. Cet appel a été entendu de tous et, depuis lors, ces établissements prospèrent, s'accroissent chaque jour et donnent financièrement les plus beaux résultats. Nous pensons qu'il en sera de même à Marseille et que le comité formé dans cette ville, pour réaliser un projet si utile, aura bientôt réuni les adhésions nécessaires pour pouvoir inaugurer dans peu de temps le jardin zoologique de Marseille.

TARIF DES EAUX DU CANAL DE MARSEILLE.

Nous avons pensé qu'il pourrait être agréable à quelques personnes de trouver dans cette notice le tarif et les conditions pour la distribution des eaux dans la ville et le territoire de Marseille. C'est pourquoi nous insérons ce tarif et ces conditions, en les faisant suivre de quelques explications qui en faciliteront l'intelligence et permettront d'en faire une appréciation saine et impartiale. Ce tarif qui contient quarante articles réunis sous huit titres a été longuement et mûrement discuté au sein du conseil municipal de Marseille avant d'être soumis à l'approbation de l'autorité supérieure, ainsi que le prouvent les dates des diverses délibérations qui ont eu lieu avant son adoption. Aussi, pouvons-nous le présenter comme le fruit d'une expérience déjà éprouvée par plusieurs années de pratique et d'application.

TARIF ET CONDITIONS

POUR LA

DISTRIBUTION DES EAUX DANS LA VILLE

ET LE TERRITOIRE DE MARSEILLE,

Adoptés par délibérations du Conseil municipal des 22 juillet 1850, 16 juin 1851, 14 juin 1852, 20 et 27 janvier 1853.

Nous, Préfet du département des Bouches-du-Rhône, Commandeur de la Légion-d'Honneur,

Vu la délibération du conseil municipal de Marseille, en date du 22 juillet 1850, sur les tarif et conditions de la distribution des eaux de la Durance dans la ville et le territoire de Marseille, et le projet de règlement adopté par cette assemblée ;

Vu le procès-verbal de l'enquête à laquelle ce projet de règlement a été soumis, ledit procès-verbal ouvert le 25 mars 1851, et clos le 11 avril suivant par M. Fabrissy, juge de paix, par nous délégué à cet effet ;

Vu l'avis de M. le commissaire enquêteur

et la délibération du conseil municipal, en date du 16 juin 1851, sur les résultats de l'enquête ;

Vu les avis et propositions de MM. les ingénieurs des ponts et chaussées ;

Vu, en outre, les délibérations du conseil municipal de Marseille, en date des 14 juin 1852, 20 et 27 janvier 1853 ;

Vu le décret du 14 floréal an XI, la loi du 18 juillet 1837, celle du 4 juillet 1838, et le décret du 25 mars 1852,

ARRÊTONS :

La distribution, dans la ville et dans le territoire de Marseille, des eaux qu'elle a été autorisée à dériver de la Durance, sera faite conformément au tarif et aux conditions fixés par le réglement ci-après :

TITRE Ier.

Des concessions et prix des eaux.

Article 1er. — Les eaux de la Durance ne pourront être concédées, soit dans la ville, soit dans le territoire, que pour une durée de cinquante années à partir de la date du présent règlement. Toutes les concessions devront conséquemment expirer le 21 février 1903.

Art. 2. — Les eaux périodiques ou d'arrosage seront concédées moyennant le paiement d'une somme fixe représentant les frais d'établissement des rigoles, et d'une redevance annuelle, conformément au tarif ci-après :

QUANTITÉ D'EAU EN LITRES par seconde.	SOMME représentant les frais d'établissement des rigoles.	REDEVANCE ANNUELLE.
1, litre.	400 fr.	80 fr.
0,50	200	46

Il ne sera fait aucune concession d'eau périodique inférieure à un demi-litre par seconde.

Art. 3. — Les eaux continues seront concédées dans le territoire moyennant le paiement d'une somme fixe, représentant les frais d'établissement des conduites et d'une redevance annuelle, conformément au tarif ci-après :

QUANTITÉ D'EAU		SOMMES représentant les frais d'établissement des conduites.	REDEVANCE ANNUELLE.
EN MODULES.	EN LITRES pour 24 heures.		
2 mod.	17,280 litres.	500 fr.	190 fr.
1 00	8,640	250	115
0 50	4,320	125	72
0 20	1,728	65	44
0 10	864	35	27

Art. 4. — On n'accordera de concession de deux dixièmes de module qu'aux propriétés rurales dont la surface sera inférieure à vingt

ares, et d'un dixième de module qu'à celles d'une contenance de dix ares et au-dessous.

Art. 5. — Dans la ville et ses faubourgs, y compris les agrandissements successifs, on ne concédera que des eaux continues, moyennant le paiement d'une somme fixe représentant les frais d'établissement des conduites, et d'une redevance annuelle, conformément au tarif ci-après :

QUANTITÉ D'EAU		SOMMES représentant les frais d'établissement des conduites.	REDEVANCE ANNUELLE.
EN MODULE un décilitre par seconde.	EN LITRES par 24 heures.		
1, 00	8,640	1,000 fr.	100 fr.
0, 90	7,776	940	94
0, 80	6,912	880	88
0, 70	6,048	820	82
0, 60	5,184	760	76
0, 50	4,320	700	70
0, 40	3,456	640	64
0, 30	2,592	580	58
0, 20	1,728	520	52
0, 10	864	300	40
0, 05	432	150	30

Les concessionnaires dont les propriétés rurales deviendront urbaines seront soumis au tarif de la ville et de ses faubourgs, s'ils veulent conserver tout ou partie de leurs concessions ; s'ils y renoncent, les concessions d'eau, soit périodiques, soit continues, seront résiliées sans indemnité.

Art. 6. — Il pourra, toutefois, être fait aux établissements industriels des concessions d'eau continues réduites ainsi qu'il suit, quant à la durée et au prix pour frais d'établissement des conduites :

Pour 5 ans, un module 200 f. ou 1|2 mod° 140 f.
      10   "   325   "   225
      15   "   430   "   300
      20   "   520   "   365
      25   "   600   "   420

La redevance annuelle reste fixée comme au tarif.

En cas de renouvellement, les frais de premier établissement devront être de nouveau payés pour toute la durée de la concession.

Il ne pourra jamais être concédé moins d'un demi-module aux établissements industriels.

Art. 7. — La force du cheval dans les chutes d'eau sera représentée par un volume de cent litres d'eau par seconde tombant d'une hauteur d'un mètre. La redevance annuelle pour chaque force de cheval sera de 275 fr. pour les chutes situées sur le canal et ses dérivations.

Art. 8. — Lorsque les eaux ne seront pas employées dans les rigoles pour les arrosages, elles pourront être temporairement concédées pour les usines. Elles seront alors payées au mois à raison de 25 francs par force de cheval et par mois.

Art. 9. — Les chutes d'eau seront concédées pour un nombre d'années qui ne pourra être moindre de six ans, ni supérieur au nombre des années restant à courir pour compléter la période de cinquante ans dans laquelle on se trouvera.

Art. 10. — Le tarif indiqué dans les articles précédents pourra être modifié après cinquante ans.

Art. 11. — Outre les sommes fixées dans les articles précédents, les propriétaires auront à payer dans le territoire et dans la ville les frais de robinets, vannes et déversoirs destinés à prendre et à régler les eaux concédées.

La ville fera exécuter ces travaux moyennant les prix suivants, qui devront être payés en même temps que le prix de la concession :

1º Prise d'eau périodique sur une rigole, 15 fr.;

2º Prise d'eau continue dans le territoire, appareil régulateur et regard à serrure, 30 fr.;

3º Prise d'eau dans la ville avec conduites jusqu'au mur de face, appareil régulateur et regard à serrure, 60 fr.

Art. 12. — Les travaux à faire pour la fuite des eaux, ainsi que les dommages qui pourront résulter des eaux de colature, resteront aussi à la charge des propriétaires.

Art. 13. — Les propriétaires auront enfin à

payer les frais d'enregistrement qui pourront être exigés par le Trésor pour leurs concessions.

Art. 14. — Les eaux de colature ou celles que la ville pourra être autorisée à prendre dans les cours d'eau qu'elle alimentera directement ou indirectement, pourront être concédées par la ville aux mêmes conditions que celles du canal auxquelles elles seront assimilées.

Art. 15. — En cas de vente partielle d'un immeuble, avec cession partielle des eaux concédées à cet immeuble, le montant des redevances, tant pour les parties vendues que pour celles restant aux propriétaires, sera réglé d'après le tarif, à raison de la quantité d'eau attribuée à chaque partie de l'immeuble.

TITRE II.

Exécution des travaux de rigoles et conduites dans le territoire et dans la ville, et service des eaux.

Art. 16. — Moyennant les sommes fixées dans les articles précédents, la ville sera chargée :

1° D'amener dans les propriétés du territoire de la commune les eaux périodiques, par des rigoles découvertes ou couvertes, et les eaux continues, par des conduites fermées jusqu'à la limite de chaque propriété, de manière que les propriétaires n'aient à exécuter aucun ouvrage chez leurs voisins;

2° D'amener dans la ville et ses faubourgs les eaux continues devant la maison de chaque concessionnaire ;

2° De faire le service des arrosages et d'entretenir les rigoles et conduites, soit dans le territoire, soit dans la ville.

Art. 17. — La ville ne fera exécuter dans le territoire les travaux des rigoles et conduites que dans les sections où la réunion des sommes fixes à payer par chaque souscripteur couvrira au moins la moitié de la dépense.

Art. 18. — La ville exécutera également les travaux dans les sections où la moitié des dépenses sera couverte par des avances faites par un ou plusieurs propriétaires.

Art. 19. — Dans ce cas, les avances des propriétaires, déduction faite du montant de leur concours fixé conformément aux articles 3 et 4, leur seront remboursées sans intérêt sur les premières souscriptions obtenues dans la même section.

TITRE III.

Des eaux d'arrosage ou périodiques.

Art. 20. — Les irrigations auront lieu du 1er avril au 1er octobre, de jour et de nuit, de manière à employer utilement toutes les eaux du canal. Les heures d'arrosage seront fixées pour chaque propriétaire de manière à partager également entre les usagers les arrosages de jour et de nuit.

Art. 21. — Les eaux concédées ne pourront être employées que dans les propriétés pour lesquelles elles auront été acquises.

Il est interdit de les céder, en tout ou en partie, à d'autres propriétés.

Art. 22. — Les eaux périodiques ne pourront être retenues dans des bassins, ni servir à d'autres usages qu'à l'irrigation ou à la formation des engrais.

Les eaux de colature ne pourront pas être retenues par les propriétaires usagers, ni cédées par eux à des propriétaires inférieurs.

Art. 23. — Tout propriétaire qui recueillera l'eau d'irrigation dans des bassins, mares, puits ou autres récipients, sera tenu de payer, pour l'année où la contravention aura été constatée, ses eaux d'arrosage d'après le tarif des eaux continues.

TITRE IV.

Des eaux continues.

Art. 24. — Les eaux continues pourront être reçues et accumulées dans des bassins pour être employées à tel usage qu'il plaira aux concessionnaires.

Art. 25. — Les eaux continues ne pourront pas être cédées par les usagers à d'autres propriétaires; si cette clause venait à être éludée, la ville aurait le droit d'exiger une double redevance du concessionnaire primitif.

TITRE V.

Des forces motrices.

Art. 26. — Les chutes d'eau pourront être utilisées soit sur le canal ou ses dérivations, soit sur les rigoles particulières.

Art. 27. — Toutes les forces motrices, susceptibles d'être utilisées sur les rigoles particulières des sections resteront la propriété de la ville, et ne pourront être employées que moyennant le paiement de la redevance fixée par l'art. 6.

Art. 28. — Les eaux employées aux chutes pour usines devront être ramenées dans le canal, au point qui sera indiqué par la ville.

Art. 29. — Les eaux concédées comme force motrice ne pourront servir ni à l'arrosage ni à aucun usage, sauf convention spéciale avec la ville.

Art. 30. — Les concessionnaires de force motrice seront chargés de faire et d'entretenir les travaux nécessaires pour détourner les eaux du canal ou de ses dérivations, et pour les rendre dans le canal ou ses dérivations, de manière à ne pas nuire aux parois des rigoles.

Art. 31. — Les eaux pour force motrice ne

pourront être ni accumulées ni retenues dans des bassins.

Art. 32. — La ville pourra, lorsqu'elle le jugera convenable, établir des prises d'irrigation sur les canaux de dérivation destinés aux chutes d'eau.

TITRE VI.

Chômage et diminution temporaire des eaux.

Art. 33. — Le service des eaux du canal pourra être soumis à deux chômages, l'un de quinze jours, avant le 1er avril, et l'autre de même durée, après le 15 octobre, pour le curage et la réparation de la branche-mère, de ses dérivations, des rigoles et des conduites. Ces chômages ne pourront donner lieu à aucune indemnité.

Art. 34. — En cas d'insuffisance temporaire des eaux périodiques ou continues, les quantités concédées seront réduites proportionnellement, sans qu'il y ait lieu à une diminution dans la redevance.

Il n'y aura pas non plus lieu à une diminution dans la redevance pour les eaux périodiques ou continues, en cas de suspension temporaire nécessitée par des accidents ou tout autre cas de force majeure.

Toutefois, si l'insuffisance ou la suspension temporaire des eaux périodiques ou continues durait plus de trente jours consécutifs, il serait fait, pour toute indemnité, une remise proportionnelle sur le montant de la redevance annuelle.

Cette remise serait calculée, pour les eaux périodiques, en considérant le tarif annuel comme ne s'appliquant qu'aux six mois d'arrosage.

Si la suspension des eaux périodiques durait pendant deux mois consécutifs, entre le 1er mai et le 1er septembre, il serait fait remise de la redevance entière de l'année.

Art. 35. — En cas de diminution ou de suspension temporaire dans le service des eaux, il sera accordé aux concessionnaires une réduction de soixante-quinze centimes par jour, par force de cheval supprimée, lorsque cette diminution ou suspension aura été régulièrement constatée.

TITRE VII.

Rédaction des rôles et paiement des redevances.

Art. 36. — Les rôles des redevances seront dressés au commencement de chaque année, et le recouvrement des taxes sera fait par le receveur municipal comme en matière de contributions publiques.

Art. 37. — Les réclamations relatives à la confection des rôles seront portées devant le conseil de préfecture.

Art. 38. — Les propriétaires qui n'auront pas

payé leurs redevances, quatre mois après la publication des rôles, pourront être privés de leurs eaux jusqu'à ce qu'ils aient acquitté leur redevance de l'année.

TITRE VIII.

Dispositions générales.

Art. 39. — Le maire de Marseille arrêtera, sauf approbation du préfet, toutes les mesures nécessaires pour assurer la conservation et le service des eaux. Le préfet pourra néanmoins, s'il y a lieu, prescrire d'office lesdites mesures.

Art. 40. — La ville sera soumise à tous les règlements généraux intervenus et à intervenir sur l'usage et le bon emploi des eaux dérivées du domaine public.

Marseille, le 21 février 1853.

SULEAU.

Certifié conforme pour être transmis à M. le maire de Marseille :

Le conseiller de préfecture, secrétaire général,

V. FOURNIER.

Tels sont le tarif et les conditions de la distribution des eaux du canal de Marseille. Voici maintenant les explications et observations dont nous croyons devoir faire suivre ce tarif :

Art. 1er.—La durée des concessions est fixée par l'art. 1er à cinquante années. Il est évident, en effet, que l'on doit accorder des concessions pour un laps de temps aussi long que possible, afin que les propriétaires n'hésitent pas à faire les travaux et les constructions nécessaires pour profiter soit des eaux d'arrosage, soit des eaux d'agrément.

Art. 2. — Nous avons déjà expliqué (1) sur quelles bases avait été fixée la somme représentant les frais d'établissement des rigoles.

Quant à la redevance annuelle, nous devons dire tout d'abord qu'elle se compose de deux parties, l'une afférente à l'usage des eaux et l'autre à l'entretien des rigoles d'arrosage. On peut donc décomposer les sommes de 80 francs et 46 francs demandées pour un litre et un demi-litre, en deux portions, ainsi qu'il suit :

$$80 = 67 + 13 ; \quad 46 = 40 + 6.$$

Les chiffres 67 et 40 étant spécialement applicables à l'usage des eaux, et les chiffres 13 et 6 à l'entretien des rigoles d'arrosage. Nous ne nous occuperons d'ailleurs que de la fixation de la redevance annuelle relative au litre d'eau d'arrosage, tout ce que nous allons dire s'appliquant textuellement à celle du demi-litre.

Le chiffre de 67 francs par litre d'eau d'arrosage a été fixé en supposant qu'un litre par se-

---

(1) Voyez page 192.

conde puisse arroser un hectare trente-trois ares (1 hect. 33 a.) comme l'a admis le conseil général des ponts et chaussées pour le canal de Marseille. Cette fixation de 67 francs par litre correspond alors à celle de 50 francs par hectare. Ce chiffre, qui serait trop élevé pour des terres placées à une grande distance d'une ville importante, est cependant modéré pour le territoire de Marseille, qui offre de si grandes facilités pour la vente des denrées et pour la production économique des engrais indispensables à la culture des terrains arrosés : ce chiffre de 67 francs par litre suit d'ailleurs à peu près la proportion de la valeur des propriétés à Marseille et concilie par conséquent à la fois les intérêts de la commune et ceux des propriétaires. En effet, l'hectare de vignes et de terres à blé vaut, dans le territoire de Marseille, 6,000 francs et même davantage dans certains quartiers ruraux. L'hectare de prairies vaut 15,000 francs ; mais il est inévitable que les eaux du canal, en multipliant l'irrigation, ne fassent baisser cette valeur. Supposons donc qu'elle descende à 12,000 fr. ; le bénéfice de l'irrigation sera alors de 6,000 fr. par hectare, représentant, au taux de 4 p. 0/0, un revenu de 240 francs. Il faut en déduire 50 fr. représentant le coût de l'arrosage par hectare ; il restera donc 190 francs de bénéfice au propriétaire. Mais il ne faut point oublier que sur cette dernière somme de 190 francs, le propriétaire doit payer les frais de l'établissement de la prise et des rigoles, leur entretien annuel, les dépenses de la préparation du sol pour le rendre propre à l'irrigation et enfin les constructions que nécessite ce nouveau genre de culture pour remiser les produits. On voit donc qu'il n'y a pas d'exagération dans le bénéfice laissé aux propriétaires, et il est d'ailleurs important de leur en laisser assez pour les encourager à utiliser les eaux que la ville de Marseille pourra leur concéder.

Nous concluons, en conséquence, que le chiffre de 67 francs établi par litre d'eau d'arrosage, relativement à l'usage des eaux, est très-convenable et n'est point trop élevé pour un territoire aussi précieux et aussi bien placé que la banlieue de Marseille.

Quant au chiffre de 13 francs relatif à l'entretien des rigoles, il a été fixé, conjointement avec celui de 15 francs relatif à l'entretien des conduites, d'après les considérations que nous développerons en expliquant l'art. 3 du tarif, et auxquelles nous renvoyons en ce moment.

Il résulte donc de ces explications que la redevance annuelle de 80 francs demandée pour un litre d'eau d'arrosage est parfaitement motivée et, en appliquant les mêmes raisonnements aux chiffres fixés pour un demi-litre, on arrivera au même résultat, en remarquant toutefois qu'on a, pour ces fixations, suivi l'usage général qui consiste à élever les prix à mesure qu'on détaille davantage, c'est-à-dire, que l'on vend par quantités plus faibles. Ainsi, le chiffre fixé pour le litre étant de 67 francs, celui du demi-litre n'est pas de 33 fr. 50 c. mais bien de 40 francs.

On a d'ailleurs adopté le demi-litre comme minimum des concessions, car il n'est aucune propriété qui n'ait au moins cette quantité d'eau à employer en arrosages à sa surface.

Art. 3. — Nous renvoyons pour la fixation des sommes représentant les frais d'établissement des conduites, aux mêmes explications que nous avons déjà rappelées, dans l'article 2, à propos de cette fixation pour les rigoles.

Quant à la redevance annuelle de 115 francs demandée pour un module, elle se compose de 100 francs, représentant la somme afférente à l'usage des eaux, et de 15 francs représentant celle afférente à l'entretien des conduites.

Nous rappellerons qu'on a désigné par module le volume d'eau fourni par le débit d'un décilitre par seconde produisant en vingt-quatre heures 8,640 litres. Ce volume est très-peu inférieur à celui que fournit le denier, mesure locale adoptée à Marseille, équivalant à peu près à un demi-pouce fontainier. Il a paru indispensable d'adopter, pour l'unité de mesure des eaux d'agrément, une mesure métrique et l'on a choisi le module, afin de se rapprocher autant que possible, de la mesure vulgairement employée à Marseille.

Le chiffre de 100 francs par module, qui correspond à 220 francs par pouce, est le plus bas de ceux qui existent en France pour des distributions d'eau récemment exécutées, ainsi qu'on peut le voir par les développements donnés à l'article 5 du tarif des eaux de Marseille. Conformément, d'ailleurs, à ce que nous avons déjà dit à l'article 2, le chiffre relatif à l'usage des eaux va en augmentant pour des quantités inférieures à un module. Ainsi, pour un demi-module, le prix est fixé, non pas à 50 francs, mais à 65 francs par an, ce qui correspondrait pour un pouce à 280 francs. Pour un cinquième de module, le prix est fixé, non pas à 20 francs, mais à 40 francs par an, ce qui, pour un pouce d'eau, ferait 350 francs. Enfin, pour un dixième de module, le prix est fixé, non pas à 10 fr., mais à 25 francs par an, ce qui correspondrait pour un pouce d'eau à une redevance annuelle de 440 francs environ.

En revanche, le prix du module n'est plus que de 80 francs par an, non compris l'entretien des conduites, quand on en prend deux et au-dessus. Ainsi, deux modules coûtent $2(80+15) = 190$ francs ; trois modules coûteraient $3(80+15) = 285$ francs, et ainsi de suite.

Nous devons maintenant expliquer les prix de 13 francs et de 15 francs demandés par litre pour l'entretien des rigoles, et par module pour l'entretien des conduites.

Le Conseil municipal de Marseille avait d'abord pensé devoir laisser à la charge des propriétaires la surveillance, le service et l'entretien des rigoles et conduites dans le territoire; mais après de mûres reflexions et sur les nombreuses réclamations des propriétaires qui demandaient à être exonérés de cette charge dont ils redoutaient le poids, le Conseil municipal se décida, vers la fin de l'année 1850, à se charger de l'entretien des rigoles et conduites. Voici les bases sur lesquelles on s'est appuyé pour adopter les chiffres de 13 francs par litre d'eau périodique et de 15 francs par module d'eau continue.

On a supposé que l'entretien et la surveillance des rigoles et conduites, à cause de leur énorme développement de près de 400 kilomètres, entraîneraient à peu près une dépense du trentième de leur coût primitif, soit environ.. 108,000 f.

On a admis, de plus, que le service des eaux, en le supposant étendu dans tout le territoire, exigerait le personnel suivant :

50 Gardes arroseurs à 700 fr....	35,000 f.
2 Inspecteurs à 1,800 fr........	3,600 f.
Somme à valoir...............	10,400 f.
Total.........	157,000 f.

En admettant que l'on concède, en définitive, les 4,375 litres et les 6,000 modules dont nous avons déjà parlé (1), on aurait, au moyen des chiffres fixés ci-dessus, un revenu annuel de 157,000 francs, ainsi qu'il suit :

4,375 litres à 13 fr............	56,875 f.
6,000 modules à 15 fr..........	90,000 f.
Forces motrices...............	10,125 f.
TOTAL ÉGAL........	157,000 f.

On pourra donc, au moyen des chiffres de 13 francs par litre et 15 francs par module, parer à toutes les charges de l'entretien des rigoles et conduites. On pourrait objecter que de longtemps encore on ne placera pas les quantités d'eau prévues ci-dessus ; mais on peut répondre que, de son côté, la dépense d'entretien ne s'élèvera qu'en proportion des travaux exécutés et des concessions faites, quoique, pendant les premières années, les dépenses d'entretien soient proportionnellement plus élevées que lorsque les travaux seront en grande partie achevés et les eaux concédées.

Art. 4. — Le Conseil municipal de Marseille avait d'abord fixé la limite inférieure des concessions dans le territoire à un demi-module ; mais, sur les réclamations d'un grand nombre de propriétaires de petites *bastides*, il s'est décidé

(1) Voyez page 195.

pour les propriétés d'une très-petite étendue, à réduire le minimum des concessions à un dixième de module. Le nombre des petites propriétés dont la surface n'atteint pas vingt ares est déjà considérable et tend à s'accroître de plus en plus par le morcellement des propriétés situées près de la ville. Le dixième de module est d'ailleurs la plus faible quantité que l'on puisse concéder dans le territoire. On conçoit, en effet, que des eaux qui doivent servir à la fois aux besoins domestiques et à l'arrosage d'un jardin, d'un parterre ou de bosquets, n'exigent pas une division plus grande.

Art. 5. — L'article 5 du tarif est relatif aux prix des concessions d'eau dans la ville de Marseille et les faubourgs.

Il n'existe en France aucun tarif aussi bas pour des distributions d'eau récemment exécutées, ainsi qu'on peut le voir dans le tableau suivant :

DÉSIGNATION DES VILLES.	REDEVANCE annuelle pour un module.	OBSERVATIONS.
Paris. { Eau de la Seine...	3456	1/6 de module se paie 75 fr.
— de l'Ourcq...	432	
— de Grenelle...	864	Les concessions sont toutes temporaires.
Versailles	1728	
Nevers................	1296	On donne 200 litres par jour, soit 1/43 de module pour 30 fr. par an.
Clermont-Ferrand........	777	
Toulouse...............	864	Concession de jour ; on ne vend que pour 7,400 fr. d'eau.
Le Havre...............	1750	
Lyon.. { de.............	1576	
à..............	3152	
Dijon..................	864	
Amiens................	864	
Angleterre { Londres, par maison......	12	Pour 2 pièces.
	25	Pour 4 pièces.
	50	Pour 10 pièces.
	100	Pour les grands hôtels.
Glascow *id.*	environ 5 1/2 p. 0/0 du loyer.	
Greenock *id.*	environ 2 1/2 p. 0/0 du loyer.	

On voit donc que les prix fixés par la ville de Marseille pour la distribution et la vente de ses eaux sont bien inférieurs à ceux des tarifs adoptés dans la plupart des villes de France et d'Angleterre.

Il est vrai que les prix fixés par l'article 5 du tarif sont bien supérieurs à ceux des eaux que la ville de Marseille distribue déjà par l'ancien aqueduc de l'Huveaune, et dont le tarif a été réglé par arrêt du conseil d'Etat du 25 mai 1766, ainsi qu'il suit :

DÉSIGNATION.	ACHAT primitif.	REDEVANCE annuelle.
Un denier d'eau pris aux serves principales......	300	30
Un denier d'eau pris aux serves secondaires.....	200	20

Dans ce tarif de 1766, l'unité de mesure adoptée est le denier. On désigne à Marseille sous ce nom la quantité d'eau fournie par un orifice carré de dix-sept millimètres de côté, percé en mince paroi, sans pression déterminée. Le silence gardé sur un point aussi important que celui de la pression rend le débit essentiellement variable, suivant la hauteur de l'eau dans les serves ou réservoirs, et la charge qui en résulte sur les orifices. Dans les serves principales où l'eau se maintient ordinairement à 0,19 au-dessus du centre des orifices, on compte que le denier débite ordinairement de 20,000 à 25,000 litres par vingt-quatre heures. Dans les serves secondaires, où la charge d'eau n'est au maximum que de 0,06 sur le centre des orifices, le débit est beaucoup moindre et on le compte comme n'étant que de 9,000 à 10,000 litres. Il résulte de cette absence de mention de la hauteur de charge, dans les concessions de deniers, que les obligations de la ville à l'égard des concessionnaires sont complétement incertaines; de sorte qu'en réalité les concessions faites ne confèrent que le droit de recevoir de l'eau sortant par un orifice de dimensions données, mais en volume variable.

Le tarif de 1766 est extrêmement faible et hors de toute proportion avec ceux des principales villes de France que nous avons indiqués précédemment ; il était donc impossible d'adopter un tarif si peu en harmonie avec les dépenses de construction du canal de Marseille et avec la valeur actuelle de l'argent. Il faut remarquer, d'ailleurs, que les concessionnaires des eaux de l'Huveaune sont chargés des frais d'établissement et d'entretien des conduites ; que les eaux ne parviennent, en général, qu'au rez-de-chaussée des maisons ; qu'elles manquent, chaque été, au moment où l'on en a le plus besoin, et enfin, qu'elles sont souvent troubles et jamais potables. Au contraire, les eaux de la Durance que la ville concédera seront filtrées ; elles seront prises par chaque propriétaire devant sa maison ; elles pourront monter à tous les étages, et seront distribuées régulièrement pendant toute l'année.

Si nous comparons les prix du tarif de la ville de Marseille avec ceux du tarif de la compagnie de la Rose, dont nous avons parlé précédemment (1), et qui se trouvent indiqués dans le tableau suivant :

(1) Voyez page 224.

le Conseil municipal de Marseille délibéra, le 20 janvier 1853, qu'il serait fait aux établissements industriels des concessions plus courtes que celle de cinquante années indiquée par le tarif, et dont les frais d'établissement seraient gradués de la manière indiquée par les chiffres de l'article 6 de ce tarif, la redevance annuelle restant fixée par les articles 3 ou 5 du même tarif, suivant que l'établissement industriel se trouverait placé dans le territoire ou dans la ville et ses faubourgs. La même assemblée stipula, en outre : 1° que dans les concessions de ce genre, faites spécialement pour l'industrie, il ne serait pas concédé moins d'un demi-module; 2° que, dans le cas où des titulaires des anciennes eaux réclameraient le bénéfice de ces concessions à courte échéance, ils perdraient le droit de faire entrer en ligne de compte les sommes déjà payées pour frais de premier établissement et seraient considérés comme ayant renoncé à leurs précédentes concessions.

Telles sont les conditions de l'article 6.

Art. 7. — Dans l'article 7, on a fixé le prix de la location des forces motrices.

La force du cheval-vapeur n'est ordinairement que de 75 litres soit 75 kilogrammes tombant d'un mètre de hauteur par seconde. On l'a fixée pour les eaux du canal à 100 litres pour tenir compte de la perte qui résultera nécessairement des frottements produits par le mécanisme qui transmettra la force de la chute au mouvement de l'usine. On sait, en effet, que les meilleures roues hydrauliques laissent toujours perdre une quantité notable de la force employée et qu'il faut même des appareils bien perfectionnés pour ne perdre que 25 p. 0|0 de la force qui met en jeu ces appareils.

Le prix de 275 francs par an, fixé par cheval pour les chutes d'eau, est bien inférieur au prix que coûte une force égale par la vapeur. On calcule, en effet, la dépense annuelle d'une machine à vapeur de 15 à 30 chevaux à 800 francs environ par force de cheval. L'économie que présentent les chutes d'eau du canal sur les machines à vapeur est donc très-considérable, et il est certain que partout où l'on pourra adopter un moteur hydraulique, on ne manquera pas de le faire.

Quelques personnes ont trouvé que le chiffre de 275 francs fixé pour la redevance annuelle par force de cheval de 100 kilogrammètres était trop peu élevé. Pour se rendre compte de l'erreur contenue dans cette assertion, il ne suffit pas de comparer ce prix à celui que coûtent les machines à vapeur. Car, la vapeur étant une force très-coûteuse et par cela même exceptionnelle, on ne l'emploie pas quand on peut avoir des chutes d'eau. Ce n'est donc pas précisément au prix de la force de la vapeur qu'il faut comparer celui des forces motrices du canal ; il est plus équitable de le comparer au prix des chutes d'eau, autres que celles du canal, qui existent dans le territoire de Marseille, et si, après cette comparaison, nous trouvons que le prix fixé à 275 fr. par cheval n'est point inférieur à celui de ces dernières forces motrices, il nous semblera prouvé que ce prix adopté par le Conseil municipal de Marseille et par l'autorité supérieure n'est point trop faible.

Pour faire cette comparaison, supposons une usine de 12 chevaux, ce qui est la force nécessaire pour un moulin ordinaire. La redevance annuelle fixée à 275 francs par cheval sera de 3,300 francs; il faut ajouter à cette somme 2,000 francs pour l'intérêt de la valeur de l'usine et de tous ses accessoires, et 1,000 francs pour le bénéfice annuel du propriétaire chez qui l'industriel s'établira; c'est donc environ 6,000 francs par an que coûtera cette usine. Or, ce prix est très-peu au-dessous de la valeur locative des chutes d'eau, autres que celles du canal, qui existent aux abords de Marseille, excepté de celles qui sont très-rapprochées de la ville. Il faut, d'ailleurs, tenir compte de la dépréciation qui résultera de la grande quantité de chutes que la ville de Marseille pourra céder dans son territoire; car cette force ne peut être évaluée à moins de 4,000 chevaux. Il faut aussi prendre en considération les avantages de tout genre dont profitera la ville de Marseille en augmentant les moyens de travail et en favorisant le développement des forces motrices dans son territoire. Nous croyons donc avoir prouvé que le chiffre de 275 francs, fixé par force de cheval n'est point inférieur à ce que l'on doit légitimement demander à l'industrie.

Quelques personnes avaient pensé aussi que, pour les forces motrices, on aurait pu faire des catégories de prix, en abaissant la redevance pour les usines éloignées de la ville de Marseille. Mais il fut répondu à ce sujet que, si l'on adoptait ces catégories, il pourrait arriver que si plus tard la banlieue de Marseille était divisée en communes, ceux qui aujourd'hui se trouvent éloignés, appartenant alors à une autre commune, seraient plus favorisés que les propriétaires de Marseille. Le Conseil municipal de Marseille pensa donc et l'autorité supérieure décida qu'il n'y aurait qu'un seul prix pour toutes les forces motrices et toutes les usines.

Art. 8. — L'article 8 établit que les eaux d'arrosage pourront être temporairement concédées pour des usines, quand elles ne seront pas employées pour les arrosages. Ainsi, l'époque des arrosages étant fixée pour les eaux du canal de Marseille à six mois, qui commencent le 1er avril et finissent le 1er octobre, il a paru naturel d'utiliser ces eaux, pendant tout le reste de l'année, pour des moulins à huile d'olive ou pour d'autres industries qui peuvent souffrir une interruption pendant l'été. On sait, en effet, que les rigoles d'arrosage (1) du territoire de Marseille présentent, en général, des pentes très-fortes, ce qui permet à leurs eaux d'alimenter de nombreuses chutes.

Le tarif adopté de 25 francs par mois et par force de cheval de 100 kilogrammètres est très-modéré.

Art. 9. — L'article 9 permet de concéder des forces motrices pour un laps de temps moindre que celui fixé pour les eaux d'arrosage et d'agrément. On conçoit, en effet, que l'industrie ne peut pas s'engager pour un aussi long espace de temps que l'agriculture et l'agrément, et qu'il faut pouvoir concéder les chutes pour un espace de temps variable suivant les besoins et les projets des manufacturiers.

Art. 10. — L'article 10 établit que le tarif actuel pourra être modifié après cinquante ans. On sait que la valeur de l'argent change notablement dans le cours d'un siècle; il convenait donc de pouvoir changer le tarif au bout de cinquante ans et de le faire varier dans la même proportion. Il arrive, en effet, que par la succession des temps la monnaie diminue de valeur réelle sans changer de valeur nominale; ainsi, la même unité monétaire, le franc, par exemple, peut ne pas représenter la même quantité

---

(1) Voyez page 180.

de travail, ou la même quantité de denrées à deux époques différentes. Il pourrait donc se faire qu'à un certain moment, la ville de Marseille éprouvât une grave altération de revenus par suite du maintien perpétuel du même tarif.

Art. 11. — Les concessionnaires des eaux du canal, dans la ville de Marseille, avaient, en principe, la faculté de faire exécuter leur prise d'eau par leurs propres ouvriers. Il en résultait que l'on employait des appareils de forme différente que chacun faisait poser à sa manière, ce qui entravait le service lorsqu'il y avait à régler ou à fermer les prises. Le Conseil municipal, ému de cet état de choses, délibéra, le 14 juin 1852, qu'il y avait lieu de faire procéder par les ouvriers de la ville de Marseille, et sous la surveillance des agents de l'administration municipale, à l'installation des robinets de prise d'eau avec leurs accessoires, depuis la conduite-mère jusqu'au regard dans lequel se place le robinet régulateur, et de fixer par abonnement à 60 fr. la somme que les concessionnaires auraient à payer pour tous frais généralement quelconques d'installation de leur prise.

Par analogie avec la précédente délibération, le Conseil municipal décida aussi, le 27 janvier 1853, qu'il y avait lieu de faire établir par les ouvriers de la ville de Marseille et sous la surveillance des agens de l'administration municipale, les prises des concessions d'eau du canal à faire dans le territoire, et de fixer, par abonnement, les frais généralement quelconques d'installation de ces prises à 30 francs pour l'eau continue et à 15 francs pour l'eau périodique, l'entretien des appareils restant à la charge de la ville de Marseille.

Telles sont les dispositions que consacre l'article 11 du tarif.

Art. 12. — L'article 12 stipule que les dépenses relatives à la fuite des eaux concédées resteront à la charge des propriétaires. Il est bien entendu, d'ailleurs, puisque d'après le même article les dommages qui pourront résulter des eaux de colature restent aussi à la charge des propriétaires, que ces derniers exécuteront à leur gré, aussi bien qu'à leurs risques et périls, tous les travaux nécessaires pour la fuite des eaux concédées, l'administration municipale devant rester étrangère à toute indication sur le mode d'exécution de ces travaux.

Art. 13. — Cet article nous paraît assez clair de lui-même pour n'exiger aucun développement.

Art. 14. — Il résulte de la teneur de cet article que les eaux de colature, c'est-à-dire, celles qui s'échappent hors de la surface des terrains, après l'opération de l'arrosage, n'appartiennent pas aux propriétaires. Ces eaux de colature viennent tomber nécessairement et se réunir dans les nombreux ruisseaux qui servent dans l'état actuel, à l'écoulement des eaux pluviales. Lorsque les eaux de colature peuvent être concédées de nouveau, il est naturel que le tarif des eaux du canal leur soit appliqué.

Art. 15. — Cet article a pour but de faire bénéficier la ville de Marseille de l'avantage obtenu par l'augmentation de redevance annuelle, à mesure que les quantités d'eau concédées se fractionnent davantage. Ainsi, par exemple, un module étant partagé en deux parties, en même temps que la propriété qui en était concessionnaire, chaque moitié de la propriété paiera une redevance annuelle de 72 francs, ce qui procurera à la ville de Marseille un revenu de 144 francs, au lieu de celui de 115 fr. qu'elle avait pour le module non fractionné.

Art. 16. — L'article 16 stipule les obligations de la ville de Marseille à l'égard des propriétaires souscripteurs aux eaux du canal. Il indique, d'une manière explicite, que les eaux continues seront amenées, par des conduites fermées, jusqu'à la limite de chaque propriété. Il est, en effet, impossible d'admettre, ainsi qu'on l'avait proposé, en principe, que les eaux continues pussent être amenées dans les propriétés, soit par des conduites fermées, soit par des rigoles découvertes. Cette faculté ne tendait à rien moins qu'à supprimer complétement tout le bénéfice des eaux d'agrément et à faire perdre ainsi à la ville de Marseille la plus importante branche des produits du canal. A la vérité, si un propriétaire, ne pouvant payer la moitié de la somme nécessaire pour amener jusque chez lui les eaux continues par des conduites fermées, consent à recevoir ces eaux par des rigoles découvertes et à payer, d'ailleurs, outre le coût de ces rigoles, la redevance annuelle des eaux continues qu'il reçoit, il est de toute évidence que la ville peut et doit, dans son propre intérêt, faire des concessions d'eaux continues à ces conditions. Mais, du moment où un propriétaire s'engage à payer, outre les redevances annuelles, la somme fixe nécessaire pour couvrir au moins la moitié de la dépense, ainsi que le prescrit l'article 17 du tarif, la ville ne peut se soustraire à l'obligation imposée par l'article 16 de fournir les eaux continues au moyen de conduites fermées.

Art. 17, 18 et 19. — Nous renvoyons pour l'intelligence de ces articles aux explications et aux développements que nous avons déjà donnés (1) en faisant connaître le mode de distribution des eaux du canal dans le territoire de Marseille.

Art. 20. — L'article 20 stipule que les arrosages auront lieu pendant six mois, de jour et de nuit, et que la fixation des heures d'arrosage sera faite pour chaque propriétaire de manière

---

(1) Voyez pages 193 et suivantes.

à partager également entre les usagers les arrosages de jour et de nuit.

On comprend sans peine qu'il soit nécessaire de faire les arrosages la nuit comme le jour, pour employer utilement toutes les eaux du canal. Cependant, il est peu de mesures qui aient provoqué de plus vives et de plus instantes récriminations que celle de l'arrosage de nuit, auquel les propriétaires et les cultivateurs marseillais ne voulaient recourir que contraints et forcés. Les plaintes ont été si nombreuses et si accentuées qu'un arrêté de M. le Préfet des Bouches-du-Rhône, pris à la date du 24 novembre 1853, et dont nous ferons connaître la teneur, a donné quelques facilités aux personnes qui repoussaient l'arrosage de nuit comme trop incommode. Mais ces facilités que chaque propriétaire peut obtenir par l'achat d'une certaine quantité d'eau continue, proportionnée à celle qu'il emploie déjà pour l'arrosage, ces facilités, disons-nous, ne mettent nullement en question l'arrosage de nuit. Bien au contraire, il est certain que l'arrosage de nuit est la règle générale; chaque concessionnaire y est obligé à son tour de rôle; car, s'il en était autrement, il y aurait une grande partie de l'eau du canal qui ne serait point utilisée. Si les propriétaires ou cultivateurs concessionnaires des eaux d'arrosage trouvent trop onéreuses les conditions faites par l'arrêté du 24 novembre 1853, il leur sera facultatif de ne pas souscrire à ces conditions ; mais alors ils devront se soumettre à l'arrosage de nuit. En résumé, l'arrêté du 24 novembre 1853 n'a rien d'obligatoire ; il offre aux propriétaires et agriculteurs une simple faculté dont ils useront, s'ils le veulent, comme aussi ils pourront se borner à l'usage de l'eau périodique, pourvu qu'ils se soumettent à faire l'arrosage aux heures fixées par les tableaux de roulement.

Ces tableaux de roulement, qui fixent les heures d'arrosage pour chaque propriétaire et pour toute la saison, sont arrêtés chaque année par l'administration municipale. Ils sont basés sur deux arrosages par semaine fournissant chacun trente litres par seconde et pendant trois heures chaque fois. En effet, les arrosages ne devant durer que six mois, du 1er avril au 1er octobre, l'administration ne doit que 15,768,000 litres, pour ces six mois, à chaque propriétaire souscripteur pour un litre d'eau d'arrosage par seconde. Comme chaque arrosage de trente litres par seconde et pendant trois heures ne représente que 324,000 litres, il est facile de voir que cet arrosage doit être répété un peu plus de 48 fois pendant les six mois d'arrosage, et on en conclura aisément que la rotation, c'est-à-dire, le nombre de jours qui sépare deux arrosages, est de trois jours et onze heures, soit environ trois jours et demi, que l'administration municipale a réduits à trois jours seulement, ce qui est à l'avantage des propriétaires. En donnant 30 litres pendant trois heures, on ne peut arroser que huit propriétaires par chaque jour de 24 heures, et comme on n'arrose jamais le dimanche, ce qui réduit la semaine à six jours, on ne peut donner de l'eau qu'à vingt-quatre propriétaires différents dans une semaine, en supposant que chacun de ces propriétaires n'ait souscrit que pour un litre ; si on doit arroser plus de vingt-quatre propriétaires ou si les souscriptions dépassent un litre d'eau d'arrosage, on met alors 60 litres ou même 90 litres dans la rigole et on donne les eaux à deux ou trois propriétaires à la fois. Il est, d'ailleurs, facultatif à chaque propriétaire de ne pas user des eaux d'irrigation, s'il pense ne pas en avoir besoin au moment où le tableau de roulement indique son tour d'arrosage.

Quant à la seconde partie de l'article 20, c'est-à-dire, à la fixation des heures d'arrosage, de manière à partager également entre les usagers les heures de jour et de nuit, on a adopté comme principe qu'il y aurait six heures de nuit, commençant à neuf heures du soir et finissant à trois heures du matin. Les heures de nuit représentent donc le quart de la journée, et on s'est arrangé de manière à ce que, pour une quinzaine, chaque propriétaire eût le quart de ses heures d'arrosage pendant la nuit. Il en résulte que les souscripteurs à un litre d'eau d'arrosage doivent avoir trois heures de nuit sur quatre arrosages ; ceux à deux litres devront avoir six heures de nuit sur quatre arrosages, et ainsi de suite.

Art. 21. — L'article 21 oblige les concessionnaires à employer dans leurs propriétés les eaux concédées et en interdit la cession. On ne doit pas perdre de vue, en effet, que la concession est faite à la propriété plutôt qu'au propriétaire, et on doit empêcher tout commerce des eaux concédées. Il était nécessaire d'introduire cette prohibition dans le tarif ; car, le prix des eaux augmentant avec leur fractionnement, on aurait pu éluder cette augmentation de prix en achetant une certaine quantité d'eau et en la revendant en détail.

Art. 22. — Les dispositions de l'article 22 sont nécessitées par la distinction établie entre les eaux périodiques ou d'arrosage et les eaux continues ou d'agrément, et au sujet de laquelle nous avons déjà donné (1) les développements nécessaires. Les eaux d'arrosage, payées à 50 francs l'hectare (2) à Marseille, sont cédées à un prix modique ; car, dans la banlieue de cette ville, un hectare de terre qui, sans arrosage, ne vaut que 5,000 à 6,000 francs et rapporte à

(1) Voyez pages 177 et suivantes.
(2) Voyez page 302.

peine 200 francs par an, vaut plus de 12,000 fr., une fois arrosé, et rapporte plus de 500 francs par an. Mais les eaux d'arrosage ne pourront nullement indemniser la ville de Marseille des sacrifices considérables qu'elle a faits pour fertiliser son territoire ; car pendant longtemps elles ne pourront donner un revenu supérieur à 150,000 francs, et la limite de leurs produits peut être évaluée à 300,000 francs. C'est cette considération qui a fait songer à distribuer des eaux d'agrément ou continues, jaillissant dans toutes les propriétés à une certaine hauteur au-dessus du sol et pouvant parvenir à tous les étages des maisons de campagne. Les eaux continues sont payées environ quinze fois plus que les eaux périodiques ; car le module, soit un décilitre par seconde, est payé 100 francs par an, tandis qu'un volume décuple, un litre par seconde d'eau d'arrosage, est payé 67 francs par an, non compris l'entretien dans les deux cas. Les eaux d'agrément pourront fournir dans un avenir plus ou moins prochain un revenu annuel de plus de 500,000 francs et ce revenu pourra s'accroître jusqu'à près d'un million. On compte, en effet, dans la banlieue de Marseille, environ 10,000 maisons de campagne, et, en supposant que chaque maison prenne, en moyenne, un module, on placera ainsi dix mille modules qui, à 100 francs chacun, fourniront à la ville un revenu d'un million.

Il a donc été très-important, comme on peut en juger par cet exposé, d'établir une démarcation bien tranchée entre les eaux d'arrosage et les eaux d'agrément, et de prendre toutes les mesures nécessaires pour que les premières ne servissent qu'au but qu'elles ont à remplir, sans pouvoir être employées à d'autres usages qu'à ceux autorisés par le tarif. C'est à ce point de vue que l'article 22 interdit l'accumulation des eaux d'arrosage dans des bassins. Cette interdiction est nécessaire ; car, s'il était permis de retenir les eaux données pour l'irrigation, on établirait sur le point le plus élevé de la propriété un bassin qui pourrait alimenter, dans les points les plus bas, des jets d'eau ou des cascades. Personne, évidemment, ne consentirait à payer un prix plus élevé pour l'eau d'agrément, si avec l'eau d'arrosage, qui coûte beaucoup moins, on pouvait atteindre le même but, au moyen d'un réservoir, et, en demandant pour cette eau d'irrigation une rotation très-courte dans le service des arrosages, on pourrait arriver à ce que le bassin ne fût jamais à sec. Il était donc indispensable d'interdire de retenir l'eau d'arrosage dans des bassins, du moment où l'on fixait des prix différents pour les deux catégories établies dans la distribution des eaux du canal dans le territoire.

Il a été objecté à cette disposition de l'article 22 que les propriétaires seraient bien aises de construire des bassins pour capitaliser seulement l'eau d'irrigation et en faire usage plus tard. Mais il a été répondu que le canal de Marseille capitalise cette eau pour chaque propriétaire sans bassin, en lui donnant à chaque période d'arrosage toute l'eau représentée par un écoulement non interrompu, depuis l'arrosage précédent, de la quantité d'eau achetée. La construction d'un bassin ne serait donc qu'une dépense inutile pour un propriétaire qui voudrait seulement capitaliser l'eau d'arrosage.

Toutefois, il est un cas spécial où la ville de Marseille n'a plus aucun intérêt à empêcher un propriétaire d'user de ses eaux d'arrosage comme il lui convient et, notamment, de les approvisionner dans un bassin. C'est le cas où ce propriétaire a pris toute l'eau continue dont il a besoin. Dans ce cas, mais dans ce seul cas, la faculté laissée aux concessionnaires d'user de l'eau d'arrosage à leur fantaisie revêt un caractère incontestable de justice et d'équité. Aussi, dès que M. le Préfet des Bouches-du-Rhône a eu connaissance des réclamations soulevées par l'exacte application du tarif, surtout en ce qui concerne les arrosages de nuit, ce magistrat s'est empressé, sur la délibération, du 27 juin 1853, du conseil municipal de Marseille, de prendre, à la date du 24 novembre 1853, l'arrêté dont nous avons parlé au sujet de l'article 20, et dont nous donnons ici la teneur :

Nous, Préfet du département des Bouches-du-Rhône,

Vu la délibération du conseil municipal de Marseille en date du 27 juin 1853, qui, par dérogation aux dispositions de l'art. 22 du règlement et tarif de la distribution des eaux de la Durance dans le territoire, propose d'accorder aux propriétaires, sous certaines conditions, la faculté d'accumuler les eaux périodiques dans des bassins ;

Vu le règlement et tarif général pour la distribution et la vente des eaux de la Durance, dans la ville et le territoire de Marseille, approuvé par arrêté de notre prédécesseur en date du 21 février 1853 ;

Vu les avis et propositions de MM. les ingénieurs des ponts-et-chaussées ;

Vu le décret du 14 floréal an XI, la loi du 18 juillet 1837 et le décret du 25 mars 1852 ;

Considérant que le vote du conseil municipal n'a point pour effet d'imposer de nouvelles obligations aux concessionnaires des eaux, mais seulement de leur accorder une faculté qu'ils n'avaient pas ;

Qu'il n'est, du reste, rien changé aux dispositions du règlement ;

Qu'il est juste que les anciens concessionnaires jouissent des nouvelles dispositions adoptées ;

Arrêtons :

Article 1er. — Par dérogation à l'article 22 de l'arrêté de notre prédécesseur, en date du 21 février 1853, les concessionnaires des eaux du canal auront la faculté d'accumuler les eaux périodiques dans des bassins, à la charge par ceux qui voudront user de cette faculté, soit pour la nuit seulement, soit à la fois pour la nuit et le jour, de prendre, aux conditions ordinaires, un volume d'eau continue proportionné à l'importance des eaux périodiques dont ils sont concessionnaires, conformément aux énonciations des tableaux ci-après :

Première catégorie.

Accumulation de l'eau de nuit seule dans des bassins.

1º Pour un litre correspondant pour la nuit à 1/4 de litre 1/2 module.
2º   deux litres............ à 1/2 id.   1   id.
3º   trois litres............ à 3/4 id.   1 mod. 1/2
4º   quatre litres.......... à 1 litre   2 modules.
5º   cinq litres............ à 1 litre 1/4 2 mod. 1/2
6º   six litres et au-dessus .... 3 modules.

Deuxième catégorie.

Accumulation de l'eau de nuit et de jour dans des bassins.

1º Pour un demi-litre................. 1 module.
2º Pour un litre 2   id.
3º Pour deux litres et au-dessus 3   id.

Art. 2. — La ville ne sera tenue de poser les conduites pour ces eaux continues, que sur les points où les souscriptions ou les avances des propriétaires couvriront la moitié des frais d'établissement de ces conduites.

Art. 3. — Lorsqu'un concessionnaire d'eau périodique voudra user de la faculté concédée par l'art. 1er ci-dessus, et que sa souscription ou ses avances ne couvriront pas les frais d'établissement des conduites, on se bornera à lui fournir le volume d'eau continue auquel il aura droit par des rigoles d'arrosage.

Art. 4. — Les anciens souscripteurs et concessionnaires d'eau, quels qu'ils soient, auront la faculté de faire modifier leur acte de concession, de manière à profiter des avantages résultant des dispositions ci-dessus.

Art. 5. — M. le maire de Marseille est chargé d'assurer l'exécution du présent arrêté.

Fait à Marseille, le 24 novembre 1853.

Signé : CRÉVECŒUR.

Pour copie conforme :
Pour le secrétaire-général et par délégation,
Le Conseiller de Préfecture,
Signé : V. FOURNIER.

Certifié conforme :
Le Maire de Marseille,
Signé : C. DE CHANTÉRAC.

D'après cet arrêté, les dispositions de l'article 22 sont maintenues en principe, c'est-à-dire, que les propriétaires qui ne prendront que de l'eau périodique ne pourront pas l'accumuler dans des bassins et seront obligés d'arroser aux heures fixées par le tableau de roulement, aussi bien la nuit que le jour.

Les autres propriétaires ont été divisés en deux catégories.

La première comprend les concessionnaires qui, tout en retenant dans des bassins les eaux d'arrosages de nuit, sont astreints à ne pas retenir celles de jour. Cette mesure est surtout utile pour les propriétaires qui, sans faire une question d'agrément de leurs arrosages, voudraient éviter pour les jardins potagers les difficultés de l'arrosage de nuit. Cette combinaison ne peut présenter aucune difficulté d'exécution, parce que, les concessionnaires ne pouvant accumuler les eaux d'arrosage que pendant la nuit, il sera toujours facile de vérifier s'ils appliquent cette mesure le jour, auquel cas ils seraient passibles de la sévère pénalité indiquée à l'article 23 du tarif. Pour déterminer le volume d'eau continue qu'on imposerait aux concessionnaires de cette première catégorie, on a posé en principe, ainsi que nous l'avons dit précédemment, que les arrosages de nuit n'auraient lieu que pendant six heures, c'est-à-dire, pendant le quart de la durée totale des arrosages, et on a obligé ces concessionnaires à prendre un volume d'eau continue correspondant au quart de leur concession entière d'eau périodique. Ainsi ceux qui ne possèdent que de petites propriétés ou des jardins peu étendus n'ont à payer pour un litre, correspondant à un quart de litre de nuit, qu'un demi-module et cette dernière quantité augmente d'un demi-module pour chaque litre d'eau d'arrosage, jusqu'à 3 modules qui est le maximum de ce qu'on a cru devoir exiger, ce volume suffisant largement à tous les besoins même d'une propriété importante.

La seconde catégorie comprend les propriétaires qui désireront retenir leur eau périodique dans des bassins, aussi bien le jour que la nuit, pour s'en servir au moment qui leur paraîtra le plus opportun et pour employer à l'irrigation le volume qu'ils jugeront convenable. Ces propriétaires, pour avoir la faculté que nous venons d'indiquer, devront obtenir la concession d'un ou deux modules, en sus de celle de leur eau périodique d'un demi-litre ou d'un litre, et de 3 modules à ajouter à leur concession d'eau périodique, si elle est de deux litres et au-dessus.

Au moyen des sages dispositions de l'arrêté du 24 novembre 1853, les propriétaires seront parfaitement libres de disposer des eaux d'arrosage, comme bon leur semblera. D'un autre côté, la ville de Marseille aura l'avantage d'employer ses eaux la nuit et le jour, d'exécuter ainsi les prescriptions de son tarif, de pouvoir plus facilement fixer les heures d'arrosage, et de placer, à coup sûr, beaucoup plus d'eau continue ; car tous les propriétaires qui regardent plus à l'agrément qu'à l'utilité prendront de l'eau continue, pour avoir le droit de retenir les eaux périodiques dans des bassins et de disposer leurs arrosages de la manière la plus satisfaisante pour eux.

Il est une autre faculté que les propriétaires peuvent obtenir sous certaines conditions : c'est celle d'employer à des chutes d'agrément ou à des cascades l'eau périodique qui leur est concédée pour l'arrosage de leurs propriétés. Un grand nombre de propriétaires ayant demandé l'autorisation de créer des cascades chez eux au moyen de l'eau périodique, et, sous la condition expresse de ne point retenir cette eau dans des bassins, le conseil municipal de Marseille délibéra, le 2 février 1852, que l'autorisation d'établir des chutes d'agrément ne serait accordée aux concessionnaires d'eau périodique du canal que sous la condition qu'ils obtiendraient, en outre, une concession d'eau continue dont la quantité devrait être d'un demi-module, au moins. Mais, quelque temps après cette délibération, un propriétaire ayant exposé que le demi-module dont on exigeait qu'il fît l'acquisition lui serait à charge et ayant offert de le remplacer par une redevance annuelle, le conseil municipal délibéra, le 22 avril 1852, d'accorder désormais la faculté d'établir des chutes d'agrément, au moyen des rigoles d'arrosage, à tous les propriétaires qui, sans remplir les conditions prescrites par la délibération du 2 février 1852, consentiraient à payer une redevance annuelle de 40 francs. Cette délibération ayant été approuvée, à la date du 7 mai 1852, par M. le Préfet des Bouches-du-Rhône, il en résulte qu'à la condition expresse de n'user des eaux périodiques qu'à leur passage, sans les retenir en aucune façon et moyennant la redevance annuelle de 40 francs, les concessionnaires d'eau d'arrosage peuvent se servir de ces eaux pour établir des cascades et des chutes d'agrément pour l'embellissement de leurs propriétés.

L'article 22 indique enfin que les eaux de colature ne pourront être retenues par les propriétaires usagers, ni cédées par eux à des propriétaires inférieurs. Le premier cas se présentera très-rarement dans les propriétés, en général si peu étendues, du territoire de Marseille. Il est, d'ailleurs, une conséquence du principe posé dans le même article pour les eaux d'arrosage, et le second cas est une conséquence du principe posé dans l'article 21 du tarif.

Art 23. — L'article 23 établit une pénalité pour le cas où les règles posées dans l'article 22 ne seraient pas observées. Elle consiste à faire payer, d'après le tarif des eaux continues, les eaux d'arrosage qui auraient été employées comme eau d'agrément, en les recueillant dans des bassins, mares, puits ou autres récipients. Cette pénalité ne nous semble pas exagérée, eu égard à l'importance qu'il y a à maintenir une séparation bien tranchée entre les eaux périodiques et les eaux continues, et à s'opposer à l'emploi des premières pour les usages exclusivement attribués aux secondes.

Art. 24. — L'article 24 est relatif à l'emploi des eaux continues, et les détails dans lesquels nous sommes entrés à ce sujet nous dispensent de donner de nouvelles explications.

Art. 25. — L'article 25 prohibe la vente des eaux continues entre propriétaires et établit qu'en cas d'infraction à cette règle, la ville de Marseille pourra réclamer une double redevance du concessionnaire primitif. On conçoit, en effet, qu'il importe d'empêcher la subdivision des eaux qui se ferait au préjudice de la ville de Marseille, puisque le prix de l'eau augmente à mesure de son fractionnement. Il faut pour cela établir une pénalité, et celle qui résulte de l'article 25 ne nous semble pas exagérée.

Art. 26, 27, 28, 29, 30, 31 et 32. — Les articles 26 et suivants jusqu'à l'article 32 inclusivement sont relatifs à l'emploi des chutes d'eau que l'on pourra établir et concéder sur les dérivations du canal et sur les rigoles d'arrosage. Les conditions exprimées dans ces articles se motivent d'elles-mêmes et n'ont pas besoin d'explication.

L'article 31 indique que les eaux pour forces motrices ne pourront être ni accumulées ni retenues dans des bassins. Cette disposition est destinée à réserver cette faculté pour les eaux continues. Par l'article 32, la ville de Marseille s'est réservé le droit d'établir, lorsqu'elle le jugera convenable, des prises d'irrigation sur les canaux de dérivation destinés aux chutes d'eau. Cette disposition a été adoptée, afin de prévenir toute réclamation ultérieure de la part des usiniers concessionnaires de forces motrices.

Art. 33. — L'article 33 prévoit le cas de deux chômages de quinze jours ; l'un au printemps avant l'arrosage, et l'autre en automne. Ces chômages sont indispensables pour le curage et la réparation du canal, de ses nombreuses dérivations, des rigoles d'arrosage et des conduites pour les eaux continues. On comprend, d'ailleurs, que ces chômages ne peuvent donner lieu à aucune indemnité envers les concessionnaires des eaux ; car ce sont des interruptions prévues et qui doivent entrer dans les calculs de tous ceux qui ont acheté de l'eau.

Art. 34. — L'article 34 stipule qu'en cas d'insuffisance temporaire des eaux périodiques ou continues, les quantités concédées seront réduites proportionnellement, sans que les redevances annuelles soient diminuées. On conçoit, en effet, que dans le cas d'une baisse extraordinaire des eaux de la Durance ou de nécessité absolue de réduire le débit du canal, la diminution des eaux devra nécessairement porter sur toutes les concessions, et il est naturel d'admettre que, pour un état de choses momentané qui ne portera, en général, qu'un préjudice insensible aux usagers, on ne doit pas diminuer la redevance annuelle.

Même en cas de suspension temporaire et de peu de durée, il n'y aura pas lieu à diminuer la redevance. En effet, on comprend encore qu'un accident à la prise, une fuite, un tassement, puissent nécessiter un chômage de quelques jours, sans qu'il en résulte un grand dommage pour les usagers des eaux, et que, dans ce cas encore, il n'y a pas lieu à diminuer la redevance.

Mais si l'insuffisance ou la suspension temporaire des eaux périodiques ou continues dure plus d'un mois, alors il est juste de diminuer la redevance et il sera fait aux concessionnaires une remise sur le montant de la redevance annuelle proportionnellement à la durée de l'insuffisance ou de la suspension des eaux. Pour les eaux périodiques, on considérera le tarif annuel comme ne s'appliquant qu'aux six mois d'arrosage, c'est-à-dire, que la remise proportionnelle sera calculée pour un litre, par exemple, sur le prix de 80 francs pour six mois. Enfin, si la suspension des eaux d'arrosage durait pendant deux mois consécutifs, entre le 1er mai et le 1er septembre, la redevance entière serait remise aux concessionnaires. Il nous semble qu'on ne peut exiger davantage, et la ville de Marseille avec ces conditions aura un interêt évident à maintenir en bon état le canal et toutes ses dérivations. L'existence du revenu important qu'elle attend du canal et les intérêts de ses habitants lui feront une loi de veiller avec le plus grand soin à la régularité et au maintien du service des eaux du canal.

Art. 35. — L'article 35 est relatif aux forces motrices des usines. Les propriétaires de ces établissements sont placés, en cas de diminution ou de suspension temporaire dans le service des eaux, dans une situation bien plus défavorable que les concessionnaires d'eau d'arrosage ou ceux qui usent des eaux continues. Il ne s'agit pas, en effet, pour eux, en cas de diminution ou de suspension temporaire des eaux, d'une récolte un peu moins abondante ou de la privation d'un agrément; mais ils sont exposés à des pertes réelles et considérables par la nécessité de payer des ouvriers déjà engagés et inoccupés et par le risque de ne pouvoir exécuter des commandes ou d'accomplir des engagements pris d'avance. C'est par ces motifs que l'article 35 stipule qu'en cas de diminution ou de suspension temporaire dans le service des eaux, on tiendra compte aux concessionnaires de chutes d'eau de la diminution de leurs forces motrices, à raison de 0,75 par force de cheval et par jour, ce prix correspondant à très-peu près au prix total de 275 francs par force de cheval pour l'année entière. Cette remise indemnisera bien imparfaitement, sans doute, les concessionnaires de la diminution de force ou de la suppression totale de leurs moteurs. Mais on ne peut exiger davantage de la ville de Marseille et elle aura d'ailleurs ainsi un très-grand intérêt à prendre toutes les précautions nécessaires pour éviter, autant que possible, tout accident et toute interruption dans le service des eaux.

Art. 36, 37, 38, 39 et 40. — Les articles 36 et suivants jusqu'à l'article 40 inclusivement sont relatifs aux actes purement administratifs qui concernent la gestion des revenus et le service des eaux du canal. Ils ne nécessitent, par conséquent, aucune explication et ne comportent aucun développement. Ainsi les articles 36 et 37 se rapportent à la confection et au recouvrement des rôles de redevance, ainsi qu'aux réclamations relatives à la confection de ces rôles. L'article 38 établit une pénalité contre les propriétaires qui n'auront pas payé leurs redevances quatre mois après la publication des rôles. Enfin, l'article 39 mentionne les autorités auxquelles est dévolu le soin de prendre toutes les mesures nécessaires pour assurer la conservation et le service des eaux, et l'article 40 stipule que la ville de Marseille sera soumise à tous les règlements généraux intervenus ou à intervenir sur l'usage et le bon emploi des eaux dérivées du domaine public.

PRODUITS DU CANAL.

Les produits du canal ont été de 20,000 francs en 1849, de 56,000 fr. en 1850, de 80,000 fr. en 1851, de 200,000 fr. en 1852, de 300,000 fr. en 1853; et tout fait présumer qu'ils suivront une progression rapide.

Ces produits sont de plusieurs sortes :

1º Les eaux d'arrosage livrées au prix de 80 francs le litre par seconde, entretien compris ;

2º Les eaux continues dont le module, soit un décilitre par seconde, se paie 115 francs, entretien compris ;

3º Les concessions de chutes d'eau pour forces motrices, dont le prix est de 275 francs par force de cheval, représentée par un volume de 100 litres d'eau par seconde, tombant d'une hauteur d'un mètre ;

4º Les concessions d'eau continue dans la ville qui se paient 100 francs par module ;

5º Enfin, les ventes d'eau continue hors du territoire.

Les eaux d'arrosage ont donné un produit de 90,000 francs environ pour l'année 1853. Le maximum de ce produit peut être évalué à 300,000 francs ; car, sur les 9,000 hectares embrassés par les dérivations principales et secondaires dans le territoire de Marseille, il n'y en aura pas plus de 6,000 qui pourront être arrosés, le reste étant occupé soit par la ville de Marseille, soit par des terres incultes, des cours d'eau ou des chemins, soit enfin par des terrains déjà arrosés avant la création du canal.

De toutes les branches des produits du canal l'une des plus importantes, celle qui dans un avenir très-rapproché donnera, sans doute, des résultats très-avantageux, est la distribution d'eau continue dans la ville et dans le territoire. Tout semble justifier cette prévision ; car les souscriptions obtenues sur des conduites posées à peine dénotent chez les propriétaires et habitants de Marseille un empressement bien justifié, du reste, par l'extrême pénurie dans laquelle ils se sont trouvés jusqu'à ce jour. Nous devons faire observer d'ailleurs que la décision (1), en vertu de laquelle les travaux de rigoles et conduites ne sont exécutés que sur les points où les propriétaires par leurs souscriptions ou même par des avances ont couvert la moitié de la dépense, n'est point applicable à l'intérieur de

---

(1) Voir page 194.

la ville de Marseille. En effet, on a compris aisément que le meilleur moyen de stimuler les propriétaires de la ville à prendre de l'eau du canal, était de poser les conduites devant leur maison; car c'est alors seulement qu'ils se décideront à la demander, parce qu'en la voyant à leur porte, ils n'auront plus à craindre les embarras ni l'incertitude attachés à l'établissement des conduites. D'ailleurs, l'administration municipale a eu d'autant plus d'intérêt à entrer dans cette voie qu'une grande partie des tuyaux qu'elle avait à poser dans l'intérieur de la ville était déjà payée au fournisseur, et cette dépense représentant une valeur au moins double de celle qui restait à faire pour mettre la conduite en état de fonctionner, c'était donc avec peu de frais que l'administration pouvait arriver à faire rendre à ses travaux tout le produit qu'elle était en droit d'en attendre, en ayant soin d'ailleurs de commencer la pose des conduites dans les rues les plus productives. Le produit des eaux continues s'est élevé, pour 1853, à 160,000 francs, dont 120,000 francs pour le territoire et 40,000 francs pour l'intérieur de la ville. Le maximum de cette branche de produit peut être évalué à 1,300,000 francs, en estimant que chacune des 10,000 maisons de campagne situées dans le territoire prenne, en moyenne, un module, et que l'on puisse placer environ 3,000 modules pour les maisons particulières situées dans l'intérieur de la ville de Marseille.

La principale condition du prompt placement des eaux continues sera leur épuration et leur limpidité. Le filtre du bassin de Longchamp clarifiera parfaitement celles destinées au service de la ville de Marseille ; mais on n'a encore aucun moyen d'épurer convenablement celles qui seront distribuées sur les divers points du territoire et il serait cependant très-avantageux que les unes et les autres pussent être appliquées à tous les besoins du ménage. M. de Mont-Richer, directeur du canal, ayant été frappé de l'état d'impureté dans lequel arrivent les eaux du canal toutes les fois que de violents orages éclatent dans la vallée de la Durance a compris la nécessité de recourir à de nouvelles dispositions pour les dépouiller du limon qu'elles charrient et dont elles ne sont privées qu'imparfaitement dans les bassins d'épuration placés sur la ligne du canal. Dans ce but, il a proposé d'établir à l'origine de chaque syndicat un bassin découvert dans lequel serait pratiqué un filtre en gravier reposant sur une série de petites voûtes en pierres sèches au travers desquelles s'écouleraient les eaux après leur passage dans le lit de gravier. Il suffirait d'un mètre carré de surface de filtre pour épurer un module d'eau continue et la ville de Marseille pourrait se charger de l'établissement de ces filtres, moyennant une somme une fois payée par module. Une expérience d'essai de ces filtres a eu lieu sur une assez grande échelle dans la propriété diocésaine de Mgr. l'Evêque de Marseille, sur le passage de la dérivation de St-Louis, et les résultats en ont été très-satisfaisants. Il est probable que très-prochainement, on installera, à la tête de chaque prise d'eau continue établie sur les dérivations du canal, un système filtrant qui épurera complétement les eaux d'agrément et leur donnera ainsi la condition essentielle de leur acceptation par les propriétaires. Enfin, il est même question d'établir sur la branche-mère du canal un bassin d'épuration qui ne contiendrait rien moins que cinquante millions de mètres cubes d'eau, de manière à pouvoir se passer entièrement de la Durance, lorsque ses eaux seraient par trop chargées de limon.

La vente des chutes destinées à servir de forces motrices pour des usines de tout genre promet aussi de devenir tôt ou tard une branche importante des produits du canal. La configuration si accidentée du territoire de Marseille donne lieu d'utiliser à chaque pas les chutes d'eau que le canal a créées, et de nombreuses demandes ont déjà attesté le parti que pourra en retirer l'industrie. Les chutes pour forces motrices, tant sur le territoire qu'en dehors du territoire de la commune de Marseille ont fourni en 1853 un produit de 55,000 francs environ, ce qui correspond à une force de 200 chevaux. Il est hors de doute qu'à mesure que l'industrie rentrera dans la sphère de calme et de sécurité qui lui est indispensable pour combiner ses opérations à terme plus ou moins long, les souscriptions pour forces motrices deviendront plus nombreuses et la ville de Marseille verra alors se développer rapidement autour d'elle les éléments d'une prospérité toujours croissante. On peut estimer à 4,000 chevaux environ la force créée par les eaux du canal de Marseille et mise à la disposition des usines industrielles de cette ville. Il en résulte que le chiffre maximum de cette branche de produits peut être évalué à peu près à un million, et qu'en somme les diverses parties des produits du canal représentent, dans leur chiffre le plus élevé, un revenu annuel de 2,500,000 francs.

Parmi les concessions pour forces motrices, il faut comprendre celles faites sur les cours d'eau naturels du territoire de Marseille, concession qui ont formé, de prime abord, une source de produits assez importants. Ces cours d'eau, qui sont la rivière de l'Huveaune, et les ruisseaux des Aygalades, de Jarret et de Plombières, n'avaient jusqu'à ce jour qu'une alimentation fort précaire, les chaleurs de l'été leur enlevant périodiquement presque toutes leurs eaux. Margré cette situation défavorable, de nombreuses usines, s'y étant établies, subissaient les conséquences de la sècheresse et de fréquents chômages venaient chaque année paralyser leur marche, au grand préjudice des industries qu'elles faisaient vivre. Pour remédier à un état de choses aussi fâcheux, les propriétaires de ces usines n'ont pas manqué de demander à la ville des concessions d'eau du canal aussitôt que ces eaux sont arrivées dans le territoire, et il a été très-facile d'accéder à leurs désirs, puisqu'il a suffi, pour leur donner de l'eau, de la déverser dans les cours d'eau sur lesquels leurs usines sont établies et sans avoir besoin de faire la moindre dépense.

Les propriétaires arrosants de la rivière de l'Huveaune, des ruisseaux des Aygalades, de Jarret et de plusieurs autres petits cours d'eau moins importants se sont trouvés pour l'arrosage de leurs prairies dans une situation analogue. Ils ont de l'eau pour arroser leurs terres pendant les mois de mars, avril et mai ; mais à cette époque déjà l'eau diminue tellement que leurs arrosages ne se font qu'imparfaitement et ne tardent pas à cesser pour peu que la sècheresse se prolonge, de sorte que leurs dernières coupes de fourrages sont le plus souvent complétement perdues. Au moyen d'une certaine quantité d'eau du canal introduite dans les cours d'eau qui arrosent leurs propriétés, ils pourraient assurer l'avenir de leurs récoltes et relever les produits de leurs terres au niveau de celles arrosées directement par le canal. Pour se procurer cet avantage, quelques-uns d'entr'eux ont demandé à l'administration municipale et obtenu provisoirement la faculté d'arroser leurs terres au moyen d'une certaine quantité d'eau que la ville a jetée dans les cours d'eau qui les desservent, et le prix de cet arrosage a été calculé à raison de 20 francs l'hectare ; mais d'autres propriétaires ayant abusivement profité pour leurs arrosages des eaux jetées par la ville au profit des usines dans les ruisseaux des Aygalades, de Jarret et de l'Huveaune, on va procéder, pour remédier à ces abus, à un règlement général de tous les cours d'eau indiqués ci-dessus, aussi bien au point de vue de l'arrosage qu'à celui des eaux pour forces motrices.

Dans la ville de Marseille, les eaux du canal sont destinées à se substituer à d'autres services qui procureront, au moyen de cette rénovation, un accroissement de bénéfices assez notables pour les finances de la ville. C'est ainsi que les eaux du canal remplaceront partout celles dérivées de l'Huveaune et dont le tarif (1) établi depuis près d'un siècle n'est plus en harmonie avec le prix de l'argent et constitue ainsi une perte dont la caisse municipale

(1) Voir page 310.

souffre chaque jour davantage. Le tarif des eaux de l'Huveaune n'est justifiable que par l'époque ancienne de son établissement et par l'infériorité des eaux dont il fixe la redevance ; ainsi ces eaux ne sont pas filtrées, la pression qui les dirige ne leur permet pas de jaillir dans les étages supérieurs des maisons, et, ce qui est bien plus grave, à l'époque des sècheresses, c'est-à-dire, pendant les trois mois les plus brûlants de l'année ; leur volume est tellement réduit que toutes les concessions diminuent, au grand détriment des concessionnaires qui s'estiment encore heureux lorsqu'elles ne cessent pas tout à fait. Les eaux du canal de Marseille ne participeront d'aucun de ces inconvénients, et il était dès-lors naturel de chercher à en généraliser l'emploi en supprimant toutes les distributions d'eau de l'Huveaune. C'est à ce but que tend chaque jour l'administration municipale, but qu'elle a déjà atteint en ce qui concerne les établissements industriels, ainsi que nous l'avons expliqué dans nos développements sur l'article 6 du nouveau tarif (1).

Enfin, les produits du canal recevraient encore un grand accroissement, si l'on se décidait à vendre de l'eau périodique et continue aux communes d'Aubagne, Gémenos, Lafare, Ventabren, Berre et autres qui en ont de-

(1) Voir page 312.

mandé. Cette extension des produits du canal aurait les résultats les plus heureux pour les finances de Marseille et ne saurait porter préjudice à son territoire, pourvu que la priorité fût toujours réservée à la ville de Marseille et à son territoire, et que les concessions fussent faites sur le nouveau volume de quatre mètres cubes demandé à l'Etat, le 17 janvier 1853, par le conseil municipal de Marseille et, le 25 août 1853, par le conseil général des Bouches-du-Rhône. Si l'on adoptait prochainement ce système, nous ne doutons pas que les produits du canal ne s'élevassent rapidement à une somme de 500,000 francs au moins. Un produit aussi élevé, après quatre ou cinq ans seulement d'exploitation, serait assez satisfaisant et nous pensons qu'il convient de faire tout ce qu'on pourra pour le réaliser. D'ailleurs, la situation financière faite par la construction du canal à la ville de Marseille s'améliore de jour en jour ; les souscriptions nouvelles suivent constamment leur cours et, si on est bien loin encore d'avoir atteint le terme auquel elles devront s'arrêter, il faut reconnaître cependant que chaque année on s'en approche davantage et que, par la force même des choses, un jour viendra où, toutes les dépenses ayant été définitivement soldées, il ne restera plus à la ville de Marseille que la propriété exclusive d'une œuvre inappréciable par les bienfaits qu'elle réserve à la population de la seconde ville de France.

CONCLUSION.

Nous voici parvenus, avec ce dernier chapitre, au terme de notre promenade sur les bords du canal de Marseille. Nous n'avons qu'un désir : c'est que notre travail soit agréable aux Marseillais, nos concitoyens, et qu'ils prennent à le lire le même intérêt que nous avons pris à le composer. S'il nous a paru utile de faire connaître aux habitants de cette belle cité les nombreux et importants ouvrages d'art créés par la construction du canal de Marseille, il nous a été bien doux aussi de rendre hommage au zèle infatigable et aux qualités éminentes de l'ingénieur illustre qui a accompli de si grands travaux et qui a bien voulu guider nos premiers pas dans la carrière que nous avons toujours suivie. Puissent ces quelques pages atteindre le but que nous nous sommes proposé, et nos vœux seront exaucés.

FIN.

TABLE DES MATIÈRES

CONTENUES DANS CET OUVRAGE.

                                                       Pages

INTRODUCTION 3

TRACÉ GÉNÉRAL DU CANAL DE MARSEILLE. 5
Projet d'Adam de Craponne, p. 6. — Projet de Floquet, p. 7. — Projets de M. Garella et de M. Bazin, p. 8. — Projet du canal de Marseille, p. 8. — Loi du 4 juillet 1838, p. 10. — Configuration topographique du département des Bouches-du-Rhône, p. 11. — Description du tracé général du canal de Marseille, p. 16. — Dimensions et débit du canal de Marseille, p. 20. — Coup-d'œil sur les dépenses occasionnées par la construction du canal de Marseille, p. 22.

PRISE D'EAU A LA DURANCE 30
Régime de la Durance, p. 30. — Radier général de la prise-d'eau, p. 31. — Inondations de 1843 et 1846, p. 33. — Description de la prise d'eau à la Durance, p. 34. — Graviers amenés par la Durance, p. 35. — Barrage mobile placé sur le radier général, p. 37. — Coût de la prise d'eau à la Durance, p. 38.

BASSIN D'ÉPURATION DE PONSEROT 40
But des bassins d'épuration en général, p. 40. — Description du bassin d'épuration de Ponserot,

p. 41. — Expulsion du limon et de la vase déposés par les eaux, p. 42. — Souterrain de St-Christophe, p. 44. — Ruines de l'Abbaye de Sylvacane, p. 45. — Pont-aqueduc de Jacourelle, p. 47. — Pont-aqueduc de Valbonette, p. 48.

SOUTERRAIN DES TAILLADES............ 49
Utilité générale des souterrains, p. 50. — Position et longueur du souterrain des Taillades, p. 51. — Origine du nom de Taillades, p. 52. — Creusement des puits du souterrain des Taillades, p. 53. — Difficultés d'exécution rencontrées dans ce creusement, p. 56. — Percement des galeries, p. 58. — Etablissement d'une machine de 100 chevaux pour épuiser les eaux du versant aval, p. 63. — Percement d'une galerie auxiliaire sur le versant amont, p. 65. — Ouverture complète du souterrain des Taillades, le 26 mai 1846, p. 67. — Coût du souterrain des Taillades et prix de revient des puits et galeries, p. 68. — Perte des eaux de la propriété de M. d'Abel de Libran, au quartier de Garachon, commune de Lambesc, p. 69. — Indemnité de 50,000 fr. accordée à M. d'Abel de Libran, p. 76. — Pont-aqueduc de Valmousse ou de la Touloubre, p. 77. — Souterrains percés dans les contreforts de la chaîne de Ste-Victoire, p. 78.

PONT-AQUEDUC DE ROQUEFAVOUR........ 79
Dimensions du pont-aqueduc de Roquefavour, p. 80. — Motifs de l'adoption d'un pont-aqueduc préférablement à un siphon pour la traversée de la vallée de l'Arc, p. 80. — Travaux préparatoires effectués en 1840 pour la construction du

pont-aqueduc de Roquefavour, p. 84. — Recherches de carrières de pierres de taille et pose d'un chemin de fer de 9 kilomètres de longueur pour le transport des pierres à pied d'œuvre, p. 86. — Construction de grues mobiles pour le dressage et le bardage des matériaux sur le pont-aqueduc, p. 88. — Etablissement de ponts de service pour mettre toutes les piles en communication, p. 89. — Montage des matériaux par une roue hydraulique et un plan incliné, p. 90. — Etablissement des voûtes du premier rang d'arcades, p. 91. — Passage ménagé sur les voûtes du premier rang, p. 92. — Construction des voûtes du second rang, p. 94. — But du passage ménagé entre les voûtes du second et du troisième rang, p. 95. — Construction des piliers et voûtes du troisième rang, p. 96. — Achèvement du pont-aqueduc de Roquefavour et premier passage sur ce pont des eaux de la Durance le 30 juin 1847, p. 96. — Histoire du site où est construit le pont-aqueduc de Roquefavour, p. 97. — Tranchée du camp de Marius, p. 101. — Souterrain et déversoir de Roquefavour, p. 101. — Utilité générale des déversoirs, p. 102. — Coût du pont-aqueduc de Roquefavour, p. 103.

BASSINS D'ÉPURATION DE VALLOUBIER ET DE LA GARENNE.......................... 104

Parcours du canal de Marseille entre le pont-aqueduc de Roquefavour et le souterrain de l'Assassin, p. 105. — Description des bassins d'épuration de Valloubier et de la Garenne, p. 106. — Tranchée de Réaltort, p. 108. — Souterrain et tranchée d'Arbois, p. 109.

Souterrain de l'Assassin 109
Position et longueur du souterrain de l'Assassin, p. 109.— Creusement des puits de ce souterrain, p. 110. — Percement des galeries de ce souterrain, p. 111. — Coût du souterrain et prix de revient des puits et galeries, p. 114.— Tranchée de l'Assassin et levée des Giraudets, p. 116.

Souterrain de Notre-Dame 116
Position et longueur du souterrain de Notre-Dame, p. 117.—Creusement des puits de ce souterrain, p. 117. — Percement des galeries et difficultés éprouvées dans leur exécution, p. 118. — Pose d'une machine à vapeur, pour l'épuisement des eaux, p. 123. — Coût du souterrain et prix de revient des puits et galeries, p. 127.—Tranchée de la Gavotte, p. 128.—Fin de la branche-mère du canal à l'entrée du territoire de Marseille, p. 130. — Coût de la branche-mère du canal de Marseille et prix de revient de divers ouvrages, p. 130.

Dérivations du canal dans le territoire de Marseille 133
Etudes faites au moyen de courbes horizontales dans le territoire de Marseille, p. 134. — Topographie de ce territoire, p. 135. — Enumération des diverses dérivations du canal établies dans ce territoire, p. 136.

Dérivation principale 138
Parcours de la dérivation principale depuis la route impériale n° 8, de Paris à Toulon, jusqu'à la sortie du souterrain de la Marionne, p. 138. — Traversée de l'Huveaune et parcours de la dérivation principale depuis ce point jusqu'à la mer, p. 139. — Travaux de la section des Aygalades,

p. 140. — Travaux de la section de Château-Gombert, p. 143. — Travaux de le section d'Allauch et souterrain de la Marionne, p. 144. — Travaux de la section de la Valentine, p. 147. — Travaux de la section de St-Loup et siphon de l'Huveaune, p. 148. — Travaux de la section de Montredon, p. 151.

DÉRIVATION DE ST-HENRY................ 152

DÉRIVATION DE ST-LOUIS................ 154

DÉRIVATION DE LONGCHAMP.............. 158
Prise de la dérivation de Longchamp sur la dérivation principale, p. 157. — Déversoir Barbarin et première entrée des eaux de la Durance dans la ville de Marseille par le ruisseau de Jarret au mois d'octobre 1847, p. 159. — Pont-aqueduc de Longchamp, p. 160. — Bassin d'alimentation et d'épuration de Ste-Marthe, p. 162.

DÉRIVATION DE ST-BARNABÉ............. 164

DÉRIVATION DES CAMOINS............... 165
Parcours de la dérivation des Camoins, p. 166. — — Demande d'eau de la part des communes d'Aubagne et de Gémenos, p. 167. — Coût des dérivations établies dans le territoire de Marseille, p. 169. — Prix de revient de divers ouvrages, p. 170. — Réception des travaux des dérivations et fête de l'inauguration de l'entrée des eaux du canal dans la ville de Marseille, le 19 novembre 1849, p. 171.

DISTRIBUTION DES EAUX DANS LE TERRITOIRE. 173
Insuccès des tentatives pour la formation d'associations syndicales, p. 173. — Résolution prise par l'administration municipale de Marseille d'exécu-

ter elle-même les travaux de distribution dans le territoire, p. 174. — Description du mode de distribution des eaux dans le territoire et formation de 114 sections ou syndicats, p. 176. — Constructions des rigoles principales ou secondaires, p. 176. — Explications relatives à la distribution des eaux d'agrément, p. 177. — Projets relatifs à la distribution des eaux d'arrosage et d'agrément, p. 180. — Description des prises d'eau établies sur les dérivations à la tête de chaque syndicat, p. 181. — Utilité d'un débit constamment assuré et réglé à la naissance de chaque syndicat, p. 184. — Examen des abus qui avaient lieu sur les anciens canaux de la Lombardie, et travaux de Soldati pour réglementer les prises d'eau, p. 187. — Adoption en France des concessions d'eau délivrées au volume, afin de faire cesser tout abus dans l'emploi des eaux, p. 189. — Application de ce mode de concession au canal de Marseille, p. 190. — Projet général de distribution des eaux dans le territoire de Marseille, p. 191. — Les travaux de distribution des eaux dans le territoire ne doivent rien coûter à la ville de Marseille, p. 192. — Essais pour la distribution des eaux d'agrément par des conduites de diverses matières, p. 196. — Tuyaux en poterie, p. 197. — Tuyaux en grès, p. 199. — Tuyaux en verre, p. 199. — Tuyaux en béton asphaltique, p. 200. — Tuyaux en ciment, p. 200. — Tuyaux en tôle bituminée, de M. Chameroy, p. 201. — Adoption définitive des tuyaux en fonte et conditions de leur établissement dans le territoire de Marseille, p. 203. — Travaux exécutés au 1er janvier 1854 pour la

distribution des eaux dans le territoire, p. 204.
—Enumération des syndicats compris dans le territoire de Marseille, p. 205. — Travaux d'utilité et d'embellissement auxquels a donné lieu la construction du canal de Marseille, p. 215.

DISTRIBUTION DES EAUX DANS LA VILLE DE MARSEILLE..................... 218
État du service des eaux, en 1846, dans la ville de Marseille, p. 218. — Eaux de l'Huveaune et du Jarret, p. 218. — Source du Grand-Puits, p. 223. — Puits artésiens, p. 224. — Eaux de la Rose, p. 224. — Eaux de Malpassé, p. 225. — Source de la place Noailles, p. 225. — Puits des maisons particulières, p. 226. — Disette d'eau à Marseille pendant les sécheresses, p. 227. — Insuffisance et vice du système de distribution des eaux, en 1846, dans la ville de Marseille, p. 230. — Adoption d'un projet de distribution des eaux du canal dans la ville de Marseille, p. 231. — Topographie de la ville de Marseille, p. 231. — Quantité d'eau consacrée à la ville de Marseille pour les bornes-fontaines, les fontaines monumentales, les concessions particulières, les usines et les arrosages, p. 234. — Quantité d'eau par jour et par habitant, p. 237. — Établissement de galeries pour la distribution des eaux et concordance de cet établissement avec celui d'un nouveau système d'égouts pour les eaux d'orage, p. 238. — Question de l'assainissement du port de Marseille et moyens proposés par M. de Mont-Richer pour résoudre cette question, p. 240. — Egout de ceinture à deux branches, p. 242.— Renouvellement, par quinzaine, des eaux du port au moyen d'eaux salées

prises dans l'anse des Catalans, p. 244. — Construction de cinq bassins de distribution des eaux du canal dans la ville de Marseille, p. 246. — Destination de ces divers bassins, p. 247. — Description du bassin de Longchamp, p. 250. — Souterrain de Longchamp, p. 253. — Description et travaux du bassin des Moulins, p. 254. — Description et travaux du bassin Bonaparte, p. 257. — Description et travaux du bassin Vincent, p. 259. — Puisard Vauban, origine des souterrains du Prado et de Notre-Dame-de-la-Garde, p. 260. — Description et travaux du bassin Vauban, p. 262. — Exécution des travaux de distribution des eaux dans la ville de Marseille, p. 265. — Dépense à faire pour la distribution des eaux dans la ville de Marseille, p. 267. — Pose des conduites en fonte et façon des joints pour la distribution des eaux du canal de Marseille, p. 269. — Appareils divers nécessaires pour la distribution des eaux dans la ville de Marseille, p. 274. — Syndicats établis aux abords de la ville de Marseille, p. 277. — Description de la fontaine de la plaine St-Michel, p. 280. — Fontaine des allées de Meilhan, p. 282. — Fontaine de la place Castellane, p. 283. — Château d'eau de Longchamp, p. 284. — Museum d'histoire naturelle, p. 285. — Jardin zoologique de Marseille, p. 286.

TARIF DES EAUX DU CANAL DE MARSEILLE. 287
Tarif et conditions pour la distribution des eaux dans la ville et le territoire de Marseille, p. 288. — Observations et explications sur ce tarif, p. 301.
PRODUITS DU CANAL DE MARSEILLE 342
CONCLUSION 352

NÎMES. — Typographie BALLIVET, rue de l'Hôtel-de-Ville, 11.

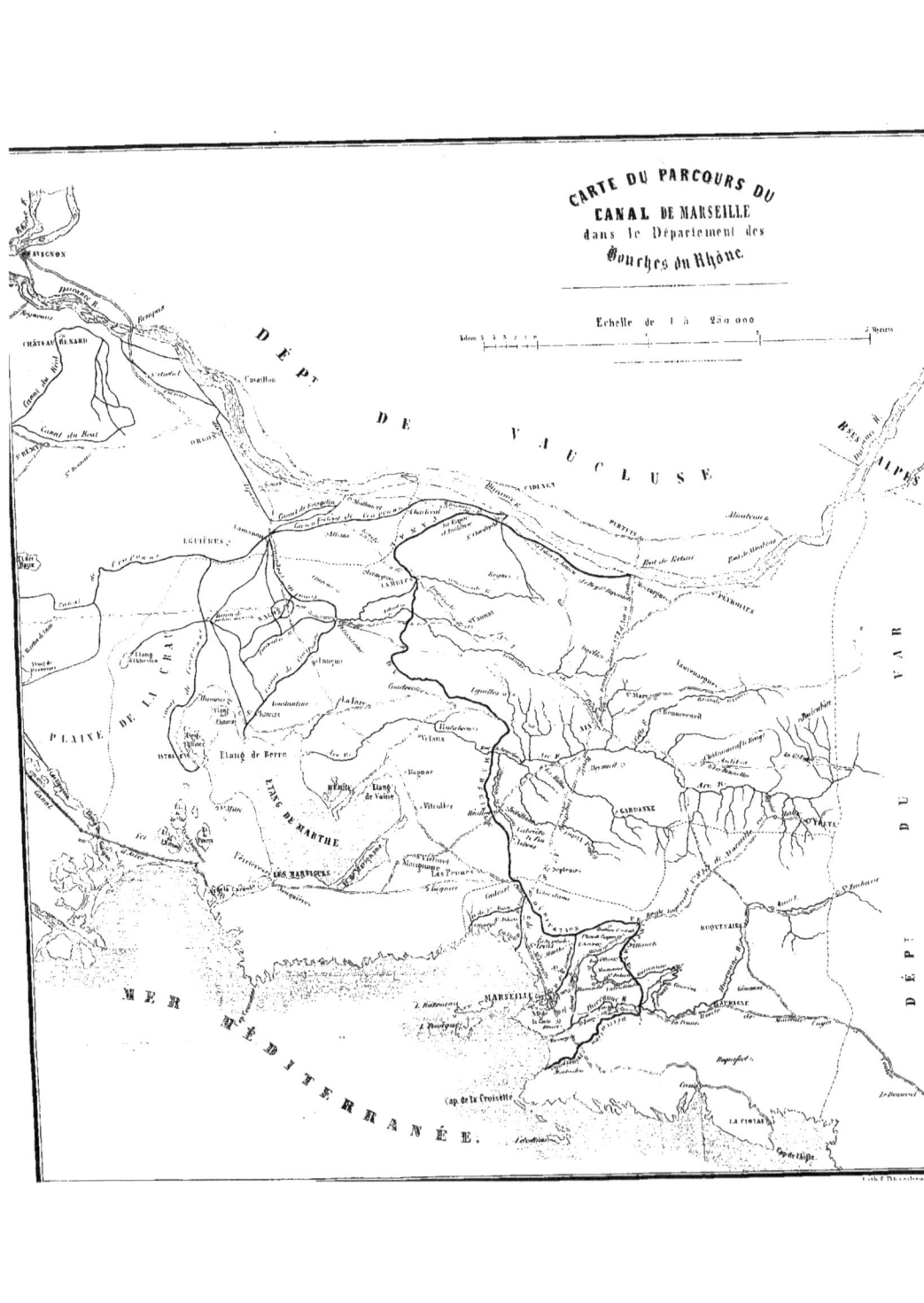

www.ingramcontent.com/pod-product-compliance
Lightning Source LLC
Chambersburg PA
CBHW070846170426
43202CB00012B/1971